本书得到国家自然科学基金项目（71961025）、内蒙古自治区自然科学基金项目（2023MS07005）的资助。

共享单车大数据分析与管理应用研究

周瑜 等著

中国社会科学出版社

图书在版编目（CIP）数据

共享单车大数据分析与管理应用研究 / 周瑜等著. 北京：中国社会科学出版社，2024.7. -- ISBN 978-7-5227-4042-3

Ⅰ. F512.3

中国国家版本馆 CIP 数据核字第 2024EK0567 号

出 版 人	赵剑英
责任编辑	王　衡
责任校对	王　森
责任印制	郝美娜

出　　版	中国社会科学出版社
社　　址	北京鼓楼西大街甲 158 号
邮　　编	100720
网　　址	http://www.csspw.cn
发 行 部	010-84083685
门 市 部	010-84029450
经　　销	新华书店及其他书店
印　　刷	北京明恒达印务有限公司
装　　订	廊坊市广阳区广增装订厂
版　　次	2024 年 7 月第 1 版
印　　次	2024 年 7 月第 1 次印刷
开　　本	710×1000　1/16
印　　张	19.75
插　　页	2
字　　数	265 千字
定　　价	99.00 元

凡购买中国社会科学出版社图书，如有质量问题请与本社营销中心联系调换
电话：010-84083683

版权所有　侵权必究

前　言

共享经济催生下，交通共享资源建设涌现。共享单车是交通共享资源中最典型的代表。随着共享单车的成熟发展，其运维管理问题逐渐成为关注的重点。共享单车是典型的劣化系统，即随着使用时间的增长，其可用性水平会不断下降。如果不及时处理，故障单车会大量堆积在站点，则会增加用户出行风险，降低用户出行满意度，甚至影响共享交通的可持续发展。例如，纽约 Citi Bike 公司报告称，2022 年 1 月，纽约 BSS 共检查或维修了 21099 辆共享单车，并执行了 34024 次维修任务。2013—2021 年，每年每 1000 英里的自行车维护次数从 1.93 次增加到 10.52 次。[①] 基于系统可用性理论视角，构建恰当的共享单车预防性维护策略，可延缓或降低共享单车劣化和运行故障。因此，学术界一直呼吁开展共享单车的预防维修管理研究。各大共享单车企业拥有用户出行大数据集，但遗憾的是缺乏共享单车的故障数据，导致研究进展缓慢。

我们团队在挖掘真实的共享单车用户出行数据时，偶然发现接近 10% 的用户出行数据存在"异常"。这部分数据的"异常"主要体现为"短时间内的退租现象"，于是一个很自然的想法油然而生——"退租数据是否隐含了共享单车的可用性信息"。带着这个疑问，我们团队查阅

---

① 统计结果通过汇总 Citi Bike 公司月报得出，https://ride.citibikenyc.com/system-data/operating-reports。

文献发现，已经有 Bordagaray 等在文献中提到这个现象，称之为用户的"试用"行为，并推测是共享单车可用性带来的影响。① 我们团队将这种现象恰当地命名为"用户取消租赁"。假设用户更喜欢使用健康状态较好、没有故障的共享单车，那么极短时间内发生的共享单车退租行为很可能是共享单车糟糕的可用性水平而导致的。从这个意义上说，一旦不可用的共享单车不能迅速恢复到正常状态，用户取消租赁的现象就会频繁发生。为了证实这一猜想，我们走访了共享单车企业、共享单车用户，并注册了各类共享单车，通过实际出行体验进一步佐证我们的想法。

自 2020 年深入讨论了这一研究内容的可行性后，我们团队就专门布置了这个研究主题。从最初探索退租数据特征和用户出行偏好分析开始，逐渐深入挖掘退租数据背后隐含的共享单车可用性信息。之后，研究团队独辟蹊径，基于用户出行链、系统可用性和维修管理等理论，综合运用深度学习、强化学习、函数型数据分析、贝叶斯分析、离散事件仿真方法等，构建共享单车可用性分析、不可用共享单车识别和广义可用性评估及预测方法，并从应用角度进行了预防维修优化探索，从而形成了系列研究。本书是对该系列研究的一个系统总结。希望通过我们团队的研究，为共享单车可用性分析及预防维修管理提供理论、方法及技术路径方面的研究参考，期待研究结果可以辅助共享单车企业运维管理决策优化。本书研究的内容来源于实际需求，通过深入挖掘提炼科学问题，最终将研究结果落脚于实际问题求解，依然是"实际需求数据—数据提炼信息—信息辅助决策"的理论与实践研究。

周　瑜

2024 年 7 月

---

① M. Bordagaray, L. dell'Olio, A. Fonzone, et al., "Capturing the Conditions that Introduce Systematic Variation in Bike-Sharing Travel Behavior Using Data Mining Techniques", *Transportation Research Part C：Emerging Technologies*, Vol. 71, 2016, pp. 231-248.

目 录

第一章 绪论 ··· 1
  第一节 研究背景及意义 ······································· 1
  第二节 研究思路 ·· 12
  第三节 主要研究内容 ·· 14
  第四节 主要创新点 ·· 17

第二章 国内外研究现状综述 ····································· 19
  第一节 基于广义故障数据的系统可靠性分析 ·················· 19
  第二节 基于数据挖掘的系统故障知识发现 ···················· 22
  第三节 数据驱动的维修管理与决策优化研究 ·················· 26
  第四节 BSS 健康管理 ·· 29
  第五节 本章小结 ·· 32

第三章 系统可用性分析方法与模型 ······························ 35
  第一节 系统可靠性理论 ······································ 35
  第二节 系统可用性分析 ······································ 38
  第三节 系统可用性优化与保障 ······························· 41

第四节　数据缺失及函数型数据分析 …………………… 43
第五节　本章小结 ………………………………………… 46

第四章　系统可用性数据来源及统计分析 …………………… 47
第一节　数据来源及预处理 ……………………………… 47
第二节　统计分析 ………………………………………… 51
第三节　系统可用性特征分析 …………………………… 54
第四节　多粒度下用户出行模式的研究方法 …………… 58
第五节　真实需求问题分析 ……………………………… 70
第六节　本章小结 ………………………………………… 72

第五章　基于函数型主成分及聚类的可用性分析方法 ……… 73
第一节　函数型数据构造 ………………………………… 73
第二节　函数型可用性指标构建 ………………………… 76
第三节　函数型可用性分析方法 ………………………… 77
第四节　案例及分析结果 ………………………………… 90
第五节　本章小结 ………………………………………… 99

第六章　基于出行链的可用性排序方法 ……………………… 101
第一节　问题的提出 ……………………………………… 101
第二节　图论的基本概念 ………………………………… 102
第三节　构建基于出行链的可用性拓扑关系 …………… 109
第四节　基于滑动时间窗口的动态更新 ………………… 123
第五节　案例及分析结果 ………………………………… 126
第六节　本章小结 ………………………………………… 132

第七章　基于贝叶斯模型的单车不可用概率 ······ 133
 第一节　问题的提出 ······ 133
 第二节　模型假设 ······ 134
 第三节　贝叶斯基础模型 ······ 135
 第四节　带有协变量的贝叶斯扩展模型 ······ 139
 第五节　案例及分析结果 ······ 142
 第六节　本章小结 ······ 150

第八章　基于强化学习和 PageRank 的可用性分析方法 ······ 151
 第一节　问题提出 ······ 151
 第二节　不可用共享单车检测方法 ······ 156
 第三节　案例及分析结果 ······ 163
 第四节　本章小结 ······ 171

第九章　广义系统可用性仿真及迁移预测方法研究 ······ 173
 第一节　问题提出 ······ 173
 第二节　文献综述 ······ 177
 第三节　基于离散系统仿真的可用性分析方法 ······ 180
 第四节　系统真实需求仿真预测结果分析 ······ 190
 第五节　案例及结果分析 ······ 198
 第六节　本章小结 ······ 211

第十章　基于深度学习的广义系统可用性预测方法 ······ 213
 第一节　站点真实需求 ······ 213
 第二节　预测模型构建 ······ 219
 第三节　实验参数设置 ······ 225

第四节　预测结果与评价 ………………………………… 227
第五节　本章小结 ………………………………………… 229

第十一章　基于谱聚类和随机森林的用户出行需求预测方法 ……… 231
第一节　基于随机森林的用户出行需求预测方法 ………… 233
第二节　实验及结果分析 ………………………………… 243
第三节　本章小结 ………………………………………… 249

第十二章　模型结果应用 ………………………………………… 251
第一节　系统可用性优化 ………………………………… 251
第二节　预防维修管理决策 ……………………………… 254
第三节　基于真实需求预测的调度优化 ………………… 256
第四节　检修路线优化 …………………………………… 268
第五节　本章小结 ………………………………………… 272

第十三章　总结 …………………………………………………… 274

参考文献 …………………………………………………………… 277

后　记 ……………………………………………………………… 308

第一章 绪论

第一节 研究背景及意义

2020年9月22日，在第七十五届联合国大会一般性辩论中，习近平主席表示，中国二氧化碳排放将力争2030年前实现碳达峰、2060年前实现碳中和。在2021年的国务院政府工作报告中，"做好碳达峰、碳中和工作"也被列为2021年重点任务之一。"十四五"规划也将加快推动绿色低碳发展列入其中。要想实现这一战略目标，需要提早进行能源机构转型，要实施重点行业领域减污降碳行动，工业领域要推进绿色制造，建筑领域要提升节能标准，交通领域要加快形成绿色低碳运输方式，要把节约能源资源放在首位，实行全面节约战略，倡导简约适度、绿色低碳生活方式。因此，绿色低碳出行必将成为城市交通实现"碳达峰、碳中和"战略目标的重要途径。绿色低碳出行日益成为热门话题被持续关注。

由城市轨道交通、公交车、私家车和共享单车等构成的多元化城市交通体系逐步形成，在满足大部分居民的各种出行需求的同时，城市出行仍然存在环境污染严重、道路拥堵和"最后一公里"等问题。共享单车系统（Bike Sharing System，BSS）作为交通设施中的重要组成部分，不仅可以有效地解决市民出行"最后一公里"问题，还能满足低碳环保的要求。当前，西班牙的巴塞罗那市、丹麦的哥本哈根市、法国的里昂等全球200多个城市都具备了较完善的BSS。我国的第一个BSS于2008年5月在杭州市投入运营。根据当前研究，BSS取代其他交通出行方式可以减少温室气体的排放且效果显著。[①]基于全球减排的时代背景，BSS的应用和相关研究可能会持续成为热点。

一般来说，BSS由软件系统、硬件系统和服务中心三大部分构成，其中硬件系统包括站点系统和共享单车系统。此外，共享单车系统分为有桩式和无桩式。随着共享经济的发展，无桩式已经成为主流。在不特别说明的情况下，本书研究对象不严格区分系统类型。换句话来说，本书的研究内容对有桩式和无桩式共享单车都适用。目前，国内外关于BSS的研究主要围绕以下几个方面展开。[②]从用户出行特征角度出发，优化桩点站点布局和解决系统不平衡问题，如撤销不必要的站点或减少非频繁站点多余的共享单车投放，增加频繁站点的共享单车投放，制定合理的调度策略，等等。有关用户出行特征的研究主要包括用户出行目的、出行时间和出行强度等。Zhang等发现用户的出行目的主要是购物、娱乐、通勤、上学等，[③]且较发达的城市如华盛顿、北京和上海等

[①] Z. Kou, X. Wang, S. F. Chiu, et al., "Quantifying Greenhouse Gas Emissions Reduction from Bike Share Systems: A Model Considering Real-World Trips and Transportation Mode Choice Patterns", *Resources, Conservation and Recycling*, Vol. 153, 2020, p. 104534; H. Luo, "Comparative Life Cycle Assessment of Station-Based and Dock-Less Bike Sharing Systems", *Resources, Conservation, and Recycling*, Vol. 146, No. 3, 2019, pp. 180 – 189; H. Luo, F. Zhao, W. Chen, et al., "Optimizing Bike Sharing Systems from the Life Cycle Greenhouse Gas Emissions Perspective", *Transportation Research Part C: Emerging Technologies*, Vol. 117, 2020, p. 102705.

[②] H. Si, J.-g. Shi, G. Wu, et al., "Mapping the Bike Sharing Research Published from 2010 to 2018: A Scientometric Review", *Journal of Cleaner Production*, Vol. 213, 2019, pp. 415 – 427.

[③] Y. Zhang, M. J. G. Brussel, T. Thomas, et al., "Mining Bike-Sharing Travel Behavior Data: An Investigation into Trip Chains and Transition Activities", *Computers, Environment and Urban Systems*, Vol. 69, 2018, pp. 39 – 50.

地方的用户出行目的为通勤的比例比普通城市更高;[1] 有学者发现用户出行强度主要受社会属性、周边环境、出行天气和日期属性的影响。[2] 此外，用户出行与站点选址和车桩数量设置有关，Caggiani 团队建立了一个线性规划模型来确定共享单车站点的数量和布局，以及每个站点的共享单车数量，旨在尽量减少与系统实施和运作有关的费用，同时提升用户的服务水平。[3] 关于 BSS 的平衡问题，马尔科夫需求预测模型、[4] SMVP 预测模型、[5] BPNN 模型、[6] 用户激励措施[7]等方法被广泛应用于

---

[1] L. Caggiani and M. Ottomanelli, "A Dynamic Simulation Based Model for Optimal Fleet Repositioning in Bike-Sharing Systems", *Procedia-Social and Behavioral Sciences*, Vol. 87, 2013, pp. 203 – 210; J. Pfrommer, J. Warrington, G. Schildbach, et al., "Dynamic Vehicle Redistribution and Online Price Incentives in Shared Mobility Systems", *IEEE Transactions on Intelligent Transportation Systems*, Vol. 15, No. 4, 2014, pp. 1567 – 1578.

[2] S. A. Shaheen, A. P. Cohen and E. W. Martin, "Public Bikesharing in North America: Early Operator Understanding and Emerging Trends", *Transportation Research Record*, Vol. 2387, No. 1, 2013, pp. 83 – 92; D. Buck, R. Buehler, P. Happ, et al., "Are Bikeshare Users Different from Regular Cyclists?: A First Look at Short-Term Users, Annual Members, and Area Cyclists in the Washington, D. C., Region", *Transportation Research Record*, Vol. 2387, No. 1, 2013, pp. 112 – 119; A. Faghih-Imani, N. Eluru, A. M. El-Geneidy, et al., "How Land-Use and Urban Form Impact Bicycle Flows: Evidence from the Bicycle-Sharing System (BIXI) in Montreal", *Journal of Transport Geography*, Vol. 41, 2014, pp. 306 – 314.

[3] L. Caggiani, R. Camporeale, B. Dimitrijević, et al., "An Approach to Modeling Bike-Sharing Systems Based on Spatial Equity Concept", *Transportation Research Procedia*, Vol. 45, 2020, pp. 185 – 192; L. Caggiani, A. Colovic and M. Ottomanelli, "An Equality-Based Model for Bike-Sharing Stations Location in Bicycle-Public Transport Multimodal Mobility", *Transportation Research Part A: Policy and Practice*, Vol. 140, 2020, pp. 251 – 265.

[4] E. Crisostomi, M. Faizrahnemoon, A. Schlote, et al., "A Markov-Chain Based Model for a Bike-Sharing System", in *International Conference on Connected Vehicles and Expo (ICCVE)*, 2015, pp. 367 – 372.

[5] F. Lin, J. Jiang, J. Fan, et al., "A Stacking Model for Variation Prediction of Public Bicycle Traffic Flow", *Intelligent Data Analysis*, Vol. 22, 2018, pp. 911 – 933.

[6] X. Xu, Z. Ye, J. Li, et al., "Understanding the Usage Patterns of Bicycle-Sharing Systems to Predict Users' Demand: A Case Study in Wenzhou, China", *Computational Intelligence and Neuroscience*, Vol. 2018, 2018, p. 9892134.

[7] C. Fricker and N. Gast, "Incentives and Redistribution in Homogeneous Bike-Sharing Systems with Stations of Finite Capacity", *EURO Journal on Transportation and Logistics*, Vol. 5, No. 3, 2012, pp. 261 – 291; Z. Haider, A. Nikolaev, J. E. Kang, et al., "Inventory Rebalancing Through Pricing in Public Bike Sharing Systems", *European Journal of Operational Research*, Vol. 270, No. 1, 2018, pp. 103 – 117.

用户出行需求预测,① 基于预测制订合理的调度计划。② 从 BSS 建设为城市带来的效益角度出发,探究了 BSS 对城市碳排放减少的贡献、③ 给城市带来的经济效益,④ 以及对居民幸福指数的影响。⑤

然而,从共享单车硬件出发,对共享单车进行运维管理的研究却非常少。设备运维管理的理论、模式、制度是人机结合的前瞻性管理,它以设备的运行可靠性和可用性为核心。科学合理的维护、保养、检查制度可以保持设备运行状态的持久性和稳定性,减少停工损失和维修成本。作为劣化系统,随着使用时间的增长,共享单车会出现运行状态劣化的现象,导致维修成本增加且影响用户的出行体验。对共享单车进行科学的设备运维管理可以减少不必要的维修成本。但目前关

---

① R. Alvarez-Valdes, et al., "Optimizing the Level of Service Quality of a Bike-Sharing System", *Omega*, Vol. 62, 2016, pp. 163 – 175.

② L. Caggiani, R. Camporeale, M. Ottomanelli, et al., "A Modeling Framework for the Dynamic Management of Free-Floating Bike-Sharing Systems", *Transportation Research Part C: Emerging Technologies*, Vol. 87, 2018, pp. 159 – 182; D. Chemla, F. Meunier and R. Wolfler Calvo, "Bike Sharing Systems: Solving the Static Rebalancing Problem", *Discrete Optimization*, Vol. 10, No. 2, 2013, pp. 120 – 146.

③ N. Mahmood, Z. Wang and S. T. Hassan, "Renewable Energy, Economic Growth, Human Capital, and CO_2 Emission: An Empirical Analysis", *Environmental Science and Pollution Research*, Vol. 26, No. 20, 2019, pp. 20619 – 20630; Z. Ahmed, Z. Wang and S. Ali, "Investigating the Non-Linear Relationship Between Urbanization and CO_2 Emissions: An Empirical Analysis", *Air Quality Atmosphere and Health*, Vol. 12, No. 8, 2019, pp. 945 – 953.

④ J. Bachand-Marleau, B. H. Y. Lee and A. M. El-Geneidy, "Better Understanding of Factors Influencing Likelihood of Using Shared Bicycle Systems and Frequency of Use", *Transportation Research Record*, Vol. 2314, No. 1, 2012, pp. 66 – 71; E. Fishman, S. Washington and N. Haworth, "Bike Share's Impact on Car Use: Evidence from the United States, Great Britain, and Australia", *Transportation Research Part D: Transport and Environment*, Vol. 31, 2014, pp. 13 – 20.

⑤ A. C. Bernatchez, L. Gauvin, D. Fuller, et al., "Knowing About a Public Bicycle Share Program in Montreal, Canada: Are Diffusion of Innovation and Proximity Enough for Equitable Awareness?", *Journal of Transport & Health*, Vol. 2, No. 3, 2015, pp. 360 – 368; E. Fishman, S. Washington and N. Haworth, "Barriers and Facilitators to Public Bicycle Scheme Use: A Qualitative Approach", *Transportation Research Part F-Traffic Psychology and Behaviour*, Vol. 15, No. 6, 2012, pp. 686 – 698; D. Fuller, L. Gauvin, Y. Kestens, et al., "The Potential Modal Shift and Health Benefits of Implementing a Public Bicycle Share Program in Montreal, Canada", *International Journal of Behavioral Nutrition and Physical Activity*, Vol. 10, 2013, pp. 66.

于共享单车的设备运维管理的研究较少。以中国知网上 BSS 研究的各类文献情况为例（见图 1-1），大多数文献主要关注用户出行特征分析、BSS 需求预测、BSS 平衡问题、BSS 站点与车桩的规划等，且这些文献都是基于用户真实、有效的起讫点数据（Origin to Destination Data，OD 数据），剔除非真实、无效的 OD 数据；有较少的文献基于设备运维理论研究 BSS 中共享单车的运行状况问题。有鉴于此，本书从共享单车运维管理的角度出发，基于用户失败、非真实的 OD 数据探索共享单车运行状况，根据研究结果提出相应的维修策略和建议，丰富此方面的研究内容。

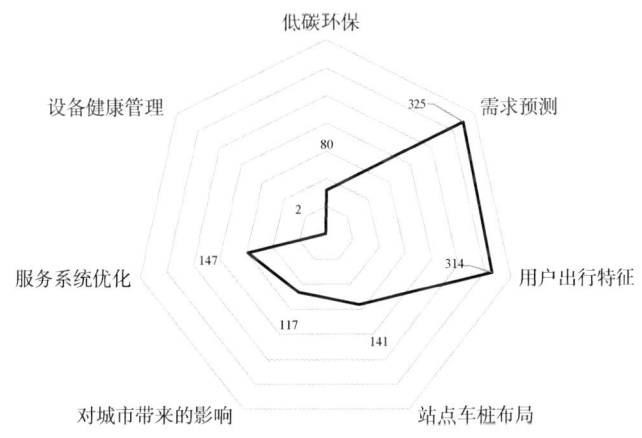

图 1-1　中国知网上关于 BSS 的研究主题分布情况（单位：篇）

随着使用时间的增长，共享单车会出现劣化现象，如果不及时处理，故障单车大量堆积在站点，则会增加用户出行风险，降低用户出行满意度甚至影响共享交通的可持续发展。[①] 以纽约的 Citi Bike 为例，该

---

①　G. Kou, O. Olgu Akdeniz, H. Dinçer, et al., "Fintech Investments in European Banks: A Hybrid IT2 Fuzzy Multidimensional Decision-Making Approach", *Financ Innov*, Vol. 7, No. 1, 2021, p. 39.

公司报告称，2022年1月，纽约BSS共检查或维修了21099辆共享单车，并执行了34024次维修任务。2013—2021年，每年每1000英里的共享单车维护次数从1.93次增加到10.52次。① 从可用性角度出发，构建适当的共享单车预防性维护策略，可以防止共享单车劣化和运行故障。② 但遗憾的是，用于共享单车维护管理的可用性信息收集比较困难。Bordagaray等很早就指出，BSS的用户出行数据很难得到充分利用，这不仅是因为对其潜在应用（如用户满意度、共享单车车队的管理和维护）缺乏完整的认识，还因为缺乏标准的分析程序。③ 在对BSS的用户出行数据进行分析时，他们发现了一种"试用"或"替代"的现象，即"如果共享单车不能正常工作，用户归还共享单车，并从同一终端选择一辆新的共享单车"，④ 设计了一种算法来识别"试用"或"替换"记

---

① 统计结果通过汇总Citi Bike公司月报得出，网址https：//ride.citibikenyc.com/system-data/operating-reports.

② G. Levitin, L. Xing and H. -Z. Huang, "Cost Effective Scheduling of Imperfect Inspections in Systems with Hidden Failures and Rescue Possibility", *Applied Mathematical Modelling*, Vol. 68, 2019, pp. 662 – 674; G. Levitin, L. Xing and Y. Dai, "Minimum Cost Replacement and Maintenance Scheduling in Dual-Dissimilar-Unit Standby Systems", *Reliability Engineering & System Safety*, Vol. 218, 2022, p. 108127; R. Peng, X. He, C. Zhong, et al., "Preventive Maintenance for Heterogeneous Parallel Systems with Two Failure Modes", *Reliability Engineering & System Safety*, Vol. 220, 2022, p. 108310; H. Xiao, C. Lin, G. Kou, et al., "Reliability Modeling and Configuration Optimization of a Photovoltaic Based Electric Power Generation System", *Reliability Engineering & System Safety*, Vol. 220, 2022, p. 108285; G. Kou, H. Xiao, M. Cao, et al., "Optimal Computing Budget Allocation for the Vector Evaluated Genetic Algorithm in Multi-Objective Simulation Optimization", *Automatica*, Vol. 129, 2021, p. 109599; H. Choi, D. Kim, J. Kim, et al., "Explainable Anomaly Detection Framework for Predictive Maintenance in Manufacturing Systems", *Applied Soft Computing*, Vol. 125, 2022, p. 109147; H. Xiao, Y. Yan, G. Kou, et al., "Optimal Inspection Policy for a Single-Unit System Considering Two Failure Modes and Production Wait Time", *IEEE Transactions on Reliability*, Vol. 72, No. 1, 2023, pp. 395 – 407.

③ M. Bordagaray, A. Fonzone and L. dell'Olio, et al., "Considerations about the Analysis of ITS Data of Bicycle Sharing Systems", *Procedia-Social and Behavioral Sciences*, Vol. 162, 2014, pp. 340 – 349.

④ M. Bordagaray, L. dell'Olio, A. Fonzone, et al., "Capturing the Conditions that Introduce Systematic Variation in Bike-Sharing Travel Behavior Using Data Mining Techniques", *Transportation Research Part C：Emerging Technologies*, Vol. 71, 2016, pp. 231 – 248.

录。他们呼吁未来的工作应考虑这类数据,以获得更多的有关 BSS 管理和设计的有趣的信息。在探索不同 BSS 的用户出行数据时,有研究也发现了类似的现象,即用户会在很短的时间内在同一站点换乘另一辆共享单车。① 在我们的研究中,将这种现象命名为用户取消租赁。② 假设用户更喜欢使用健康状态较好、没有故障的共享单车,我们认为极短时间内共享单车的出租很可能是由于单车故障或 Bordagaray 等的假设。③ 从这个意义上说,一旦不可用的共享单车不能迅速恢复到正常状态,用户取消租赁的现象则会频繁发生。

因此,如何处理故障单车,以提高共享单车系统的可持续性,应该被给予更多的关注。④ 已有的关于故障共享单车的研究从不同角度进行了探讨。Zhang 等和 Usama 等考虑了故障共享单车的共享系统再平衡问题。⑤ Chang 等采用 K - 均值方法对故障共享单车进行聚类,并制定了故障共享单车回收优化模型,但是没有考虑可用共享单车的重新定位。⑥

---

① Y. Zhou, G. Kou, Z. -Z. Guo, et al., "Availability Analysis of Shared Bikes Using Abnormal Trip Data", *Reliability Engineering & System Safety*, Vol. 229, 2023, p. 108844; J. Wood, A. Slingsby and J. Dykes, "Visualizing the Dynamics of London's Bicycle-Hire Scheme", *Cartographica*, Vol. 46, No. 4, 2011, pp. 239 – 251.

② Y. Zhou, G. Kou, Z. -Z. Guo, et al., "Availability Analysis of Shared Bikes Using Abnormal Trip Data", *Reliability Engineering & System Safety*, Vol. 229, 2023, p. 108844; Y. Zhou, R. Zheng and G. Kou, "Detection Approach for Unusable Shared Bikes Enabled by Reinforcement Learning and PageRank Algorithm", *Journal of Safety Science and Resilience*, Vol. 4, No. 2, 2023, pp. 220 – 227.

③ M. Bordagaray, A. Fonzone, L. dell'Olio, et al., "Considerations about the Analysis of ITS Data of Bicycle Sharing Systems", *Procedia-Social and Behavioral Sciences*, Vol. 162, 2014, pp. 340 – 349.

④ H. Si, J. -g. Shi, G. Wu, et al., "Mapping the Bike Sharing Research Published from 2010 to 2018: A Scientometric Review", *Journal of Cleaner Production*, Vol. 213, 2019, pp. 415 – 427.

⑤ S. Zhang, G. Xiang and Z. Huang, "Bike-Sharing Static Rebalancing by Considering the Collection of Bicycles in Need of Repair", *Journal of Advanced Transportation*, Vol. 2018, 2018, p. 8086378; M. Usama, O. Zahoor, Y. Shen, et al., "Dockless Bike-Sharing System: Solving the Problem of Faulty Bikes with Simultaneous Rebalancing Operation", *Journal of Transport and Land Use*, Vol. 13, No. 1, 2020, pp. 491 – 515.

⑥ S. Chang, R. Song, S. He, et al., "Innovative Bike-Sharing in China: Solving Faulty Bike-Sharing Recycling Problem", *Journal of Advanced Transportation*, Vol. 2018, 2018, p. 4941029.

Wang 和 Szeto 使用人工蜂群算法和混合整数线性规划，分析故障共享单车的重新定位问题。[①] Teng 等考虑共享单车的随机需求以及不可用共享单车的概率，制定了随机混合整数编程模型，解决了在特定区域无法召回使用共享单车和补充共享单车的联合优化问题。[②] Du 等通过运营商对共享单车的重新定位和故障车辆的收集，实现对站点正常共享单车的分配和故障共享单车的维修调度，提高了可用共享单车重新定位和故障共享单车维修调度的效率。[③] 时中朝等在对共享单车系统租用记录、维修记录和用户评价进行深入分析后，精选了 15 个共享单车故障分类指标，并构建了朴素贝叶斯诊断模型，从而实现了对共享单车的分类，并成功地进行了故障预测和诊断。[④] Liu 等提出一种以函数主成分分析为基础的离群值检测方法，该方法能够对函数进行离群值检测，然后将所提出的方法应用于巴黎 Vélib 的共享单车系统数据集，识别 BSS 运营商特别感兴趣的异常模式，以识别系统效率低下。[⑤] Zhou 等通过"黑洞"预测故障共享单车，提高故障共享单车维修效率，并以维修时间成本和出行时间成本之和最小为目标，提出两种不同的维修分配决策。[⑥]

[①] Y. Wang and W. Y. Szeto, "Static Green Repositioning in Bike Sharing Systems with Broken Bikes", *Transportation Research Part D: Transport and Environment*, Vol. 65, 2018, pp. 438–457; Y. Wang and W. Y. Szeto, "An Enhanced Artificial Bee Colony Algorithm for the Green Bike Repositioning Problem with Broken Bikes", *Transportation Research Part C: Emerging Technologies*, Vol. 125, 2021, p. 102895.

[②] Y. Teng, H. Zhang, X. Li, et al., "Optimization Model and Algorithm for Dockless Bike-Sharing Systems Considering Unusable Bikes in China", *IEEE Access*, Vol. 8, 2020, pp. 42948–42959.

[③] M. Du, L. Cheng, X. Li, et al., "Static Rebalancing Optimization with Considering the Collection of Malfunctioning Bikes in Free-Floating Bike Sharing System", *Transportation Research Part E: Logistics and Transportation Review*, Vol. 141, 2020, p. 102012.

[④] 时中朝等：《基于朴素贝叶斯分类器的公共自行车系统故障诊断方法》，《中国机械工程》2019 年第 8 期。

[⑤] C. Liu, X. Gao and X. Wang, "Data Adaptive Functional Outlier Detection: Analysis of the Paris Bike Sharing System Data", *Information Sciences*, Vol. 602, 2022, pp. 13–42.

[⑥] J. Zhou, Y. Guo, J. Sun, et al., "Review of Bike-Sharing System Studies Using Bibliometrics Method", *Journal of Traffic and Transportation Engineering*, 2022.

管理者为了保障用户出行安全，减缓共享单车劣化速度，应及时将发生故障的共享单车恢复到正常状态。白雪等研究可用共享单车再分配的过程，综合考虑待修理共享单车的收集和运输问题，以最小化运输成本为目标，讨论了维修车辆数量的影响。① 结果显示，维修车辆数量增加导致运输成本增加的同时，模型的求解时间降低，可以更有效地调度系统现有资源。许美贤、郑琰在对故障共享单车回收现状进行简要分析的基础上，对其进行了明确的定义和分类，并制定了科学的回收准则和具体流程，从而规划出高效的回收路径。② 在考虑共享单车回收库存成本、回收投放周期等因素的基础上，孙一榕、郑国华提出一种故障共享单车回收站选址模型，旨在优化物流系统总成本。结果表明，系统总成本与运输成本呈强正相关，与回收周期及租赁成本呈弱正相关，并且计算出回收站最优服务半径以及回收期的合理范围。③ 张巍等以回收成本最小化为目标，针对故障共享单车的回收路径分配问题，采用禁忌搜索法和遗传算法相结合的方法对模型进行求解。④ 该研究给出了算法，对两种算法所得结果做了比较和分析。徐阳等提出一种以最小化行驶距离为目标的模型，该模型考虑了需求不确定条件下故障共享单车的回收问题。⑤ 然而，在实践中，有时候故障车辆的数量很大，回收卡车在再平衡过程中很难做到完全回收每个站点的故障共享单车，因此需要优先满足那些严重影响运营的站点。

---

① 白雪等：《考虑维修车辆的公共自行车系统再平衡问题》，《系统工程理论与实践》2018 年第 9 期。
② 许美贤、郑琰：《城市故障共享单车回收路径优化——以摩拜单车为例》，《科学技术与工程》2021 年第 13 期。
③ 孙一榕、郑国华：《故障共享单车回收站选址库存问题模型及算法》，《工业工程与管理》2022 年第 6 期。
④ 张巍等：《基于损坏车辆分布预测与损益阈值分析下的共享单车回收研究》，《工业工程》2020 年第 3 期。
⑤ 徐阳等：《不确定需求下故障共享单车回收周期性车辆路径问题研究》，《系统科学与数学》2022 年第 2 期。

徐国勋等研究了针对故障共享单车回收问题的共享单车调度方法，该方法考虑了调运可利用共享单车时故障共享单车的同步回收，建立了运营商总成本最低的混合整数线性规划模型。① 结果表明，回收惩罚系数能改变站点回收优先级，可用共享单车的装载需求和故障共享单车的回收需求，通过变大（变小）该站点的回收惩罚系数来增加（减少）故障共享单车回收量。

尽管在广泛的文献和实践中都进行了大量的研究，但其着眼点主要集中在共享单车的服务可用性上。② Kaspi等根据可用的行程交易数据，利用了贝叶斯模型估算特定共享单车无法使用的概率以及站点中不可用的共享单车数量。③ 有研究对站点中可用共享单车的数量进行了短期预测。④ 鄢章华、刘蕾通过用车需求和还车需求的不确定性，研究

---

① 徐国勋等：《考虑损坏自行车回收的共享单车调度问题》，《系统工程》2019年第2期。
② M.-F. Tsai, P. Chen and Y. J. Hong, "Enhancing the Utilization of Public Bike Sharing Systems Using Return Anxiety Information", *Future Generation Computer Systems*, Vol. 92, 2019, pp. 961–971; L. Shi, Zhang, Y, Rui, W, Yang, X., "Study on the Bike-Sharing Inventory Rebalancing and Vehicle Routing for Bike-Sharing System", *Transportation Research Procedia*, Vol. 39, 2019, pp. 624–633; X. Liang, T. Chen, M. Ye, et al., "A Hybrid Fuzzy BWM-VIKOR MCDM to Evaluate the Service Level of Bike-Sharing Companies: A Case Study from Chengdu, China", *Journal of Cleaner Production*, Vol. 298, 2021, p. 126759; N. Lathia, S. Ahmed and L. Capra, "Measuring the Impact of Opening the London Shared Bicycle Scheme to Casual Users", *Transportation Research Part C.: Emerging Technologies*, Vol. 22, 2012, pp. 88–102.
③ M. Kaspi, T. Raviv and M. Tzur, "Detection of Unusable Bicycles in Bike-Sharing Systems", *Omega*, Vol. 65, 2016, pp. 10–16.
④ M. H. Almannaa, M. Elhenawy and H. A. Rakha, "Dynamic Linear Models to Predict Bike Availability in a Bike Sharing System", *International Journal of Sustainable Transportation*, Vol. 14, No. 3, 2020, pp. 232–242; C. Feng, J. Hillston and D. Reijsbergen, "Moment-Based Availability Prediction for Bike-Sharing Systems", (in English), *Performance Evaluation*, Vol. 117, 2017, pp. 58–74; A. Kaltenbrunner, R. Meza, J. Grivolla, et al., "Urban Cycles and Mobility Patterns: Exploring and Predicting Trends in a Bicycle-Based Public Transport System", *Pervasive and Mobile Computing*, Vol. 6, No. 4, 2010, pp. 455–466.

了共享单车的服务可用性。① Kabra 等研究了站点可访问性和共享单车可用性对共享单车乘客量的影响。研究发现，如果共享单车供应量增加 10%，BSS 的使用率将增加 12.211%。② Reynaud 等开发了一个行为定量模型，通过检查站点共享单车的可用性并以此为直接分析指标，帮助共享单车系统运营商识别需要再平衡的站点。③ Mix 等提出一种综合方法，利用可用数据给出的建筑环境属性及可访问性度量来建模共享单车的出行需求及站点在系统内的最优位置。④ Delassus 等提出不可用共享单车的检测方法。共享单车可用性检测的结论是二进制的，即可用或不可用。⑤ 在实践中，共享单车的健康状态是一个从可用到不可用的连续多状态趋势变化。还有学者探讨了多态变化，Liang 等在数学建模假设上有贡献，⑥ Zhang 等用使用频率划分了一个三态区间。⑦

通过对上述文献的梳理，我们知道共享单车的运行状态会随着使用时长的增长而劣化，单车则容易产生故障。大量故障共享单车的堆积不仅影响了城市交通的正常运行和用户的出行安全，也影响了共享单车的

---

① 鄢章华、刘蕾：《考虑服务水平与动态转移规律的共享单车投放策略研究》，《中国管理科学》2019 年第 9 期。

② A. Kabra, E. Belavina and K. Girotra, "Bike-Share Systems: Accessibility and Availability", (in English), *Management Science*, Vol. 66, No. 9, 2020, pp. 3803–3824.

③ F. Reynaud, A. Faghih-Imani and N. Eluru, "Modelling Bicycle Availability in Bicycle Sharing Systems: A Case Study from Montreal", *Sustainable Cities and Society*, Vol. 43, 2018, pp. 32–40.

④ R. Mix, R. Hurtubia and S. Raveau, "Optimal Location of Bike-Sharing Stations: A Built Environment and Accessibility Approach", *Transportation Research Part A: Policy and Practice*, Vol. 160, 2022, pp. 126–142.

⑤ R. Delassus, R. Giot, R. Cherrier, et al., "Broken Bikes Detection Using CitiBike Bikeshare System Open Data", in 2016 IEEE Symposium Series on Computational Intelligence, 2016, pp. 1–7.

⑥ X. Liang, G. Si, L. Jiao, et al., "Recycling Scheduling of Urban Damaged Shared Bicycles Based on Improved Genetic Algorithm", *International Journal of Logistics Research and Applications*, Vol. 22, No. 6, 2018, pp. 519–532.

⑦ Y. Zhang, H. Wen, F. Qiu, et al., "iBike: Intelligent Public Bicycle Services Assisted by Data Analytics", *Future Generation Computer Systems*, Vol. 95, 2019, pp. 187–197.

服务质量。同时，如果有问题的共享单车停在一个站点而没有被收集，就会被误认为是健康的共享单车，则新的共享单车就不会被分配到该站点。从用户的角度来看，无法使用的共享单车会浪费他们的时间，迫使他们换乘其他共享单车或交通工具。尽管在未来，有问题的共享单车总是会被发现和维护，但识别和维修不可用单车的速度越快，使用者的不满和风险才会越少。共享单车故障信息的缺乏，无疑增加了从系统可靠性角度快速识别不可用共享单车的难度。有鉴于此，本书研究内容与已有研究的不同在于，从用户出行记录的数据系统中，挖掘出用户频繁退租的数据，根据异常出行数据对共享单车的自身可用性水平进行研究。本书将基于系统可用性理论，综合运用大数据分析方法，研究学习和检测共享单车可用性的创新方法，及时识别不可用车辆并对故障共享单车有计划地安排维修管理任务。这对于实现城市可持续发展，提升共享单车系统服务质量具有重要意义。

第二节 研究思路

随着以数字化和智能化为目标的新工业革命的到来，大数据和工业物联网等先进技术正不断地融入生产制造过程。生产制造过程中产生和存储的诸如运行、故障和维修保养等庞大数据资源，使其维修管理工作变得更加有效。因此，基于数据驱动的维修管理成为企业和学术界共同关注的热点，并对此开展了广泛研究。[①] 研究发现，有效的

---

① D. An, N. H. Kim and J. H. Choi, "Practical Options for Selecting Data-Driven or Physics-Based Prognostics Algorithms with Reviews", *Reliability Engineering & System Safety*, Vol. 133, 2015, pp. 223–236; J. Zhou, X. Yao, M. Liu, et al., "State-of-Art Review on New Emerging Intelligent Manufacturing Paradigms", *Computer Integrated Manufacturing Systems*, Vol. 23, No. 3, 2017, pp. 624–639; 徐宗昌等:《复杂可修装备维修策略优化研究综述》,《计算机测量与控制》2018 年第 12 期; C. Fan, F. Xiao, Z. Li, et al., "Unsupervised Data Analytics in Mining Big Building Operational Data for Energy Efficiency Enhancement: A Review", *Energy and Buildings*, Vol. 159, 2018, pp. 296–308。

维修制度可以将生产损失降低20%以上，同时还有助于改善产品质量，提高系统可用度和降低备件库存等。① 通用电气全球副总裁Colin Parris在2019年1月19日举行的"EmTech全球新兴科技峰会"上发表的演讲中提到，通用电气通过分析机群操作和维修数据，实现了飞机故障的自动预测和缺陷检测功能，通过优化将飞机的大修次数降低了15%，计划外的飞行中断减少了56%，每年节约了数千万美元的成本。反之，若生产制造系统突发故障，则会带来多重负面影响，如经济损失、环境污染和人员伤亡，甚至会引起重大安全事故。据此，基于系统运行故障数据，挖掘系统显性或隐性故障知识以辅助维修管理决策十分必要，这既能提高系统运行可靠性和安全性，又能降低成本并提高企业附加值。

本书以呼和浩特市BSS为研究对象，基于系统可用性理论分析共享单车可用性水平。呼和浩特市的BSS自2013年10月1日起正式投入使用，由呼和浩特市城环环卫产业发展（集团）有限公司旗下的呼和浩特市城环出租车服务有限公司承担运营工作。由于BSS前期建设过程中并没有为用户设置相关的故障反馈渠道，用户在使用BSS过程中产生的OD数据成为探究系统中共享单车健康状况的主要支持数据。为了深入分析共享单车可用性水平，本书首先要利用BSS用户的OD数据了解BSS整体使用情况和运行状况，包括用户出行需求、共享单车租赁情况、用户的活跃程度、共享单车退租情况等。本书研究内容的思路框架如图1-2所示。

---

① M. A. López-Campos, A. Crespo Márquez and J. F. Gómez Fernández, "Modelling Using UML and BPMN the Integration of Open Reliability, Maintenance and Condition Monitoring Management Systems: An Application in an Electric Transformer System", *Computers in Industry*, Vol. 64, No. 5, 2013, pp. 524-542.

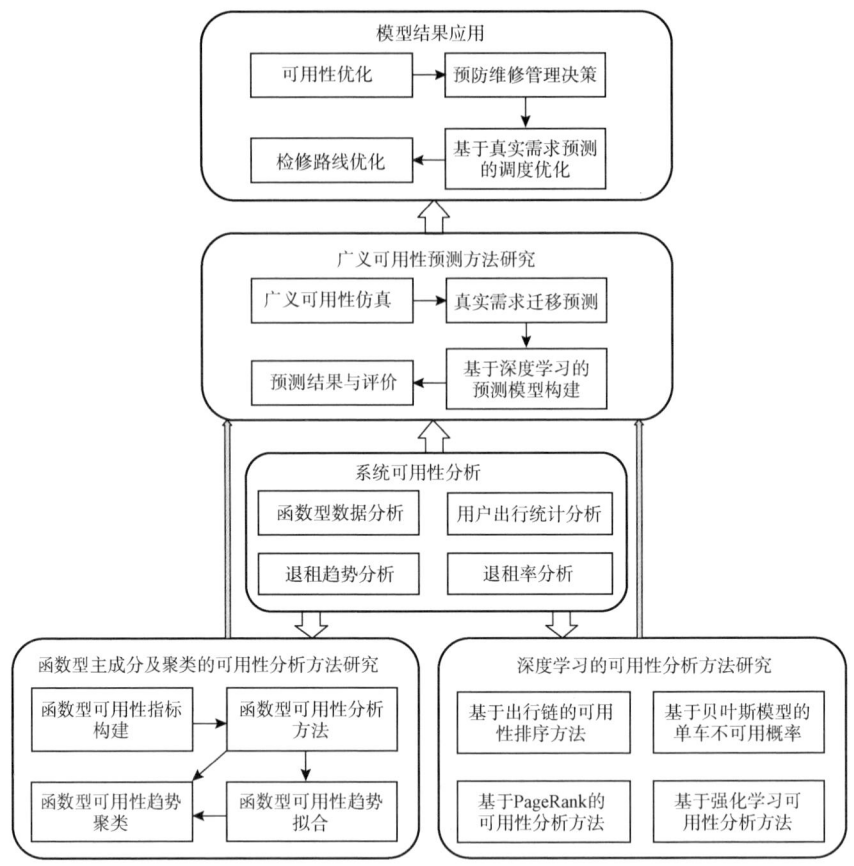

图 1-2 研究思路框架

第三节 主要研究内容

第一,基于函数型数据分析的共享单车可用性分析方法研究。利用每辆共享单车成功出行的 OD 数据和用户退租的 OD 数据构建衡量共享单车健康状况的指标,将每辆共享单车的健康状况变化呈现出来。每辆共享单车的健康指标以天为时间粒度被记录在一个 $n \times m$ 的矩阵中,构成一组纵向数据集,其中 n 表示共享单车的数量,m 为日期,再将该数据集代入二维坐标系中得到一些离散的点。这些点足够密集且足够多，呈现出函数的特征，利用 FDA 中的 FPCA 方法可以将每辆共享单车每天离散的健康指标拟合成 n 条曲线，达到降维的效果，分析共享单车健康状况变化的主要来源以及影响共享单车变化的主要因素。本书将 FDA 方法与共享单车健康管理相结合，使用其中的 FPCA 方法分析由共享单车健康指标构成的大量具有函数特征的曲线，评估共享单车的健康状况，根据分析结果将共享单车进行聚类，为共享单车系统制定经济合理有针对性的维修策略和建议。

第二，基于用户异常退租数据挖掘的共享单车可用性分析方法研究。根据用户出行数据，挖掘用户异常退租数据，基于用户退租数据构建用户出行活动链。然后，从用户出行活动链中提取二元拓扑关系，传递任意拓扑单元中两辆共享单车的相对可用性水平信息。最后，拓扑排序可以根据二进制拓扑关系将所有共享单车排列成线性序列。由于二进制拓扑关系之间存在循环，利用有向循环图的拓扑排序算法，基于二元拓扑单元确定共享单车的相对可用性水平的拓扑排序，并通过数值例子说明该方法的有效性。上述研究是对有退租记录的共享单车的相对可用性水平的识别，但部分单车与其他车辆之间没有退租记录，因此，拓扑排序算法计算的共享单车未涵盖所有车辆。在此基础上，使用 PageRank 算法和贝叶斯方法对所有共享单车的可用性水平进行排序。研究路线如图 1-3 所示。

第三，共享单车广义可用性分析方法研究。围绕共享单车站点的真实需求问题，通过站点状态变化图和需求判定模型确定站点的隐性需求，进而更新其真实需求。以真实需求为基础建立共享单车系统的需求预测模型，通过 LSTM 算法对呼和浩特市代表性站点进行研究。为了快速获取其他站点的需求数量，进而采用迁移学习的思路，应用如图 1-4 所示的研究过程，迁移预算相似站点的隐性需求。研究中，首

先确定聚类数目 K，通过 K-means 聚类分别获得源数据和目标数据。聚类使得类内相似度高，类间相似度低，通过仿真模型获得的相同的特征来预测低估真实需求百分比。

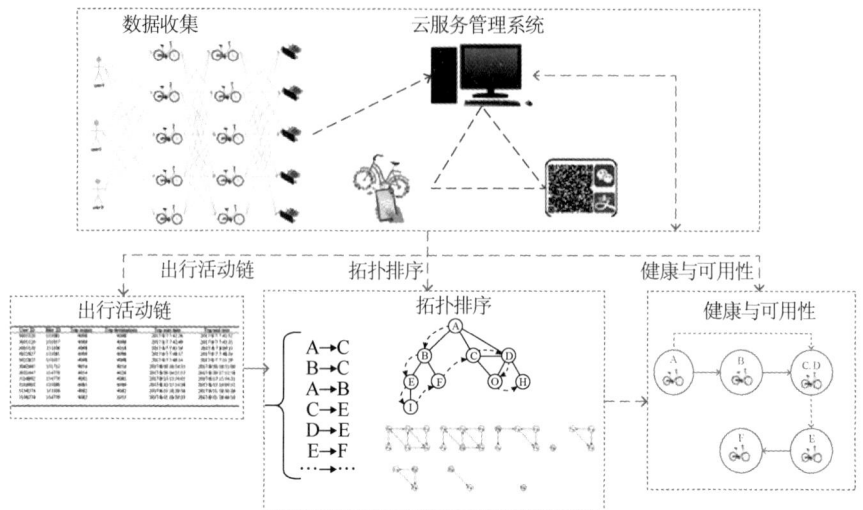

图 1-3　共享单车可用性水平的拓扑排序

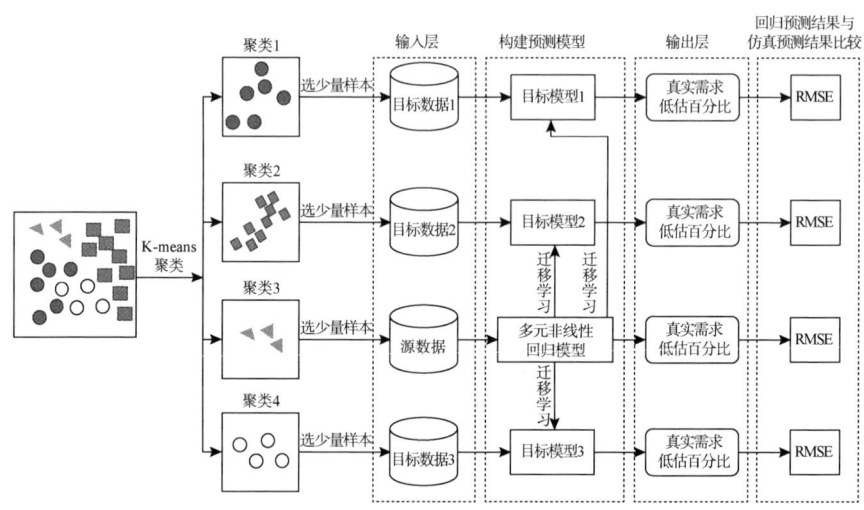

图 1-4　真实需求迁移预测流程

第四，共享单车维修管理和调度优化研究。对于用户来说，这方面的研究可以帮助用户及时了解共享单车的可用性水平，以便判断是否骑行该车还是选择骑行其他可用性更高的共享单车，为用户提供骑行选择。对于共享单车系统运营终端来说，相比传统的用户被动报修才知道共享单车故障情况，维修管理研究可以使其及时了解共享单车损坏程度，尽早安排相对应的维修计划。利用函数型聚类方法将共享单车聚为不同的类，根据长期可用性变化趋势，构建维修优化模型，为维修人员制订维修计划提供科学的参考依据。此外，利用相对可用性等级排名结果，可以对故障共享单车进行快速检测和定位，设计恰当的机制，进行早期故障预警和维护管理。对于不可用共享单车，以成本最小为目标函数建立调度模型，从而对共享单车系统的再平衡进行深入研究，在提高用户满意度的同时尽可能地减少共享单车系统的运营成本。

第四节 主要创新点

基于以上研究内容，本书的主要创新为在共享单车失效数据缺失的情形下，利用共享单车 OD 数据，构建共享单车可用性分析和排序的分析方法，并应用于维修管理优化、故障共享单车回收调度和不可用共享单车识别等方面。具体的创新表现有以下四点。

第一，基于 BSS 共享单车健康状况的角度，解决 BSS 运营中因共享单车健康状况导致用户使用满意度下降和维修成本高、维修效率低的问题。目前关于 BSS 的研究大多数是基于用户成功出行的 OD 数据，从用户需求如用户出行特征分析和共享单车调度问题的角度及 BSS 硬件管理中的站点布局与车桩数量规划的角度来进行研究，少部分文献研究了安装故障反馈装置的共享单车健康状况管理。相较而言，本研究采用的是 BSS 用户失败、非真实的 OD 数据，基于设备健康管理理论和 FPCA 方法，采用对数据集降维的方法研究共享单车的健康状况，构建衡量共享单车健康状况的指标，使用 FPCA 方法探索了影响共享单车健康状况变化的主要因素，能为企业评估共享单车健康状况提供理论依据。

第二，已有研究中，共享单车可用性分析的结论是二元的，即可用或不可用。现实中，共享单车的健康状态是一个从可用到不可用的连续多状态变化。因此，本研究开发了基于用户租还车活动链、强化学习 + PageRank 算法、贝叶斯方法等对共享单车的可用性水平进行排序和识别，将共享单车可用性分析结论扩展到具有多状态的相对可用性水平。

第三，围绕共享单车站点的真实需求问题，建立了共享单车系统的深度学习和离散事件仿真的预测模型，并运用迁移学习思想，实现相似站点的隐性需求预测。

第四，共享单车的维修管理一般遵循季节变化而实施，例如，集中在冬季进行维护保养。作为劣化系统，本研究在获取共享单车可用性变化趋势基础上，开发了一个具有较强柔性的预防维修优化模型，能为运营企业共享单车预防维修管理提供准确依据。

第二章　国内外研究现状综述

在可靠性与维修工程领域，数据是支撑学术研究和实际应用的关键因素。一直以来，基于数据的分析方法呈现两个截然相反的研究方向：一是小样本（甚至是无样本）情形下的可靠性建模与维修优化分析；二是偏向于大数据分析。其中，基于大数据分析技术的系统可靠性分析、故障预测和维修优化等研究工作在近几年得到飞速发展。本书的研究主线涉及基于大数据的可用性分析和维修优化研究。因此，本章将围绕"基于广义故障数据的系统可靠性分析""基于数据挖掘的系统故障知识发现""数据驱动的维修管理及决策优化研究""BSS 健康管理"四个方面展开分析。

第一节　基于广义故障数据的系统可靠性分析

系统可靠性可以理解为系统在给定的时间和条件下完成规定功能的概率。[①] 系统"到故障时间"（Operational Time to Failure）数据一直被用于建模和分析系统可靠性，通常被假设服从独立同分布，并且忽略了

[①] 蒋仁言、费晨磊：《四个不同的可靠性概念及有关的模型》，2011 年全国机械行业可靠性技术学术交流会暨第四届可靠性工程分会第三次全体委员大会，山西大同，2011 年。

系统是可修的，以及系统运行环境和运行条件等物理假设，如忽略了运行环境的温湿度、生产计划和预防维修计划等的影响。① 系统是可修的，对系统可靠性的恰当描述应该是"无故障运行时间间隔"（Operational Time Between Failures）。为克服这些因素带来的影响，非齐次泊松（Non-homogeneous Poisson Process，NHPP）被用来建模"累积到故障时间"（Cumulative Operational Time to Failures），并开发了一系列模型和方法。②

然而随着各类智能终端和移动通信等相关技术的应用，系统的生产任务、运行压力、维修、保养和环境信息等被广泛捕获，有的文献称这类信息为 SOE 数据（System Operating and Environment Data），③ 也有的称为动态协变量信息（Dynamic Covariates Information）。④ 这无疑为系统可靠性分析带来了挑战。但机遇与挑战并存。⑤ McCollin 和 Coleman 指出完整的故障数据对可靠性分析的重要性，并总结了几种典型复杂系统进行数据收集时应包含的记录要素等。⑥ Duan 等运用加法模型将动态协变

---

① C. McCollin and S. Coleman, "Historical Published Maintenance Data: What can It Tell Us about Reliability Modelling?", *Quality and Reliability Engineering International*, Vol. 30, No. 3, 2014, pp. 381 – 395.

② 蒋仁言、费晨磊：《四个不同的可靠性概念及有关的模型》，2011 年全国机械行业可靠性技术学术交流会暨第四届可靠性工程分会第三次全体委员大会，山西大同，2011 年；C. McCollin and S. Coleman, "Historical Published Maintenance Data: What can It Tell Us about Reliability Modelling?", *Quality and Reliability Engineering International*, Vol. 30, No. 3, 2014, pp. 381 – 395.

③ Y. Hong, M. Zhang and W. Q. Meeker, "Big Data and Reliability Applications: The Complexity Dimension", *Journal of Quality Technology*, Vol. 50, No. 2, 2018, pp. 135 – 149.

④ 高伟、冯海林：《竞争风险下右删失数据的剩余寿命分位数回归预测》，《统计与决策》2018 年第 21 期；Y. Duan, W. Q. Meeker, D. L. Stanley, et al., "Statistical Methods for Degradation Data with Dynamic Covariates Information and an Application to Outdoor Weathering Data", *Technometrics*, Vol. 57, No. 2, 2015, pp. 180 – 193.

⑤ Y. Hong, M. Zhang and W. Q. Meeker, "Big Data and Reliability Applications: The Complexity Dimension", *Journal of Quality Technology*, Vol. 50, No. 2, 2018, pp. 135 – 149; Y. Hong, "Reliability Meets Big Data: Opportunities and Challenges", *Quality Engineering*, Vol. 26, No. 1, 2014, pp. 102 – 116.

⑥ C. McCollin and S. Coleman, "Historical Published Maintenance Data: What can It Tell Us about Reliability Modelling?", *Quality and Reliability Engineering International*, Vol. 30, No. 3, 2014, pp. 381 – 395.

量信息整合在一般路径模型中，并以外部环境数据为例开展了案例分析。① 马晓洋等的研究为智能基础设施建立了基于多值决策图的可靠性分析方法。② 有研究开发了具有时变运行任务的系统劣化模型。③ 由于复杂可修系统故障之间的影响关系较难评估和界定，竞争风险模型被广泛应用。④

总结上述研究可知，系统可靠性分析需要可靠性模型和相应信息。一些可靠性模型可以用来分析具有协变量信息、不确定性、基于不完全信息的系统可靠性等。但是，如果系统运行过程中的特征发生变化，这些可靠性模型的数学表达将非常复杂和困难。⑤ 此外，基于这些复杂的历史数据，可靠性模型存在的假设和前提是协变量信息对系统可靠性的影响存在且已知。然而，大多数情况下的物理假设与系统可靠性的内在关联关系是未知的。恰好，数据挖掘技术是一项从复杂数据中提取隐性的、鲜为人知的信息和知识的有效方式。因此，应用数据挖掘技术开展可靠性分析有待进一步深入展开。

---

① Y. Duan, W. Q. Meeker, D. L. Stanley, et al., "Statistical Methods for Degradation Data with Dynamic Covariates Information and an Application to Outdoor Weathering Data", *Technometrics*, Vol. 57, No. 2, 2015, pp. 180 – 193.

② 马晓洋等：《基于物联网技术的科技基础设施智能管理的可靠性研究》，《控制与决策》2019 年第 5 期。

③ 蔡复青等：《基于使用与维修数据的飞机使用可靠性研究》，《系统工程与电子技术》2018 年第 10 期；L. Y. F. Peng W., Yang Y. J., et al., "Leveraging Degradation Testing and Condition Monitoring for Field Reliability Analysis with Time-Varying Operating Missions", *IEEE Transactions on Reliability*, Vol. 64, No. 4, 2015, pp. 1367 – 1382.

④ T. Chen, S. Zheng, H. Luo, et al., "Reliability Analysis of Multiple Causes of Failure in Presence of Independent Competing Risks", *Quality and Reliability Engineering International*, Vol. 32, No. 2, 2016, pp. 363 – 372；黄文平等：《基于变失效阈值的竞争失效可靠性模型》，《系统工程与电子技术》2017 年第 4 期。

⑤ A. Bahga and V. K. Madisetti, "Analyzing Massive Machine Maintenance Data in a Computing Cloud", *IEEE Transactions on Parallel and Distributed Systems*, Vol. 23, No. 10, 2012, pp. 1831 – 1843.

第二节　基于数据挖掘的系统故障知识发现

企业管理信息系统记录的故障数据主要是为了方便维修保养管理和成本核算等。研究发现，通过分析这类数据可以有效降低系统的维修管理成本。因此，应用历史故障数据等挖掘系统故障知识得到广泛关注。在此过程中，鉴于数据量庞大且结构复杂，数据挖掘技术凭借其优势逐渐被应用。Buddhakulsomsiri 和 Zakarian 首先回顾了已有文献中应用数据挖掘技术分析故障数据的情况，总结发现数据挖掘技术在这一领域的应用较少。其次他们提出一个序列模式挖掘算法用于帮助产品和质量工程师从海量的汽车维修和保养数据库中抽取隐性知识。该算法应用基本集概念（Elementary-Set Concept）和数据库操作（Database Manipulation）技术，产生所有可能的故障之间的序列关系或模式。最后研究将这些关系或模式转化为 IF-THEN 的序列规则，其中 IF 部分包含一个或多个同时发生的维修或保养，而 THEN 部分则表示后续发生的故障。这样的序列规则阐释了前期故障模式可能导致的潜在故障风险。[①] Buddhakulsomsiri 等还曾提供过另外一组 IF-THEN 序列规则，其中 IF 部分为产品特征（如生产率、修复率等），而 THEN 部分则为维修决策结果。[②] Prytz 等综合利用商用重型卡车的车载概化数据和维修站点的维修服务数据，建立了故障模式识别和剩余寿命估计方法，进而应用随机森林算法判断剩余寿命与卡车下一次计划维修之间的时间关系，为维修决策提供

[①] J. Buddhakulsomsiri and A. Zakarian, "Sequential Pattern Mining Algorithm for Automotive Warranty Data", *Computers & Industrial Engineering*, Vol. 57, No. 1, 2009, pp. 137–147.

[②] J. Buddhakulsomsiri, Y. Siradeghyan, A. Zakarian, et al., "Association Rule-Generation Algorithm for Mining Automotive Warranty Data", *International Journal of Production Research*, Vol. 44, No. 14, 2006, pp. 2749–2770.

了信息。① 金灿灿等把故障模式的传播过程描述为故障链,并应用灰色聚类决策对故障序列进行风险评估。② 对于机群系统(如同一条线路上的公交车队、同一区域内的风力发电机、同一区域内的共享单车),还可以应用历史故障数据评估系统个体的状况差异和运行表现,以及挖掘显性和隐性故障知识等。③

在现有研究中,关联规则分析在故障知识发现方面最为常见。④ 如采用序列关联规则,根据飞机类型、位置、任务和季节的不同组合,提取不同机型战斗机的故障序列;⑤ 利用关联规则分析预防维修周期内备件的成组替换关系;⑥ 组合应用关联规则和威布尔回归分析产品频繁故障模式;⑦ 应用关联规则在时间序列数据中识别热浸镀锌钢生产线故障。⑧

---

① R. Prytz, S. Nowaczyk, T. Rognvaldsson, et al., "Predicting the Need for Vehicle Compressor Repairs Using Maintenance Records and Logged Vehicle Data", *Engineering Applications of Artificial Intelligence*, Vol. 41, 2015, pp. 139 – 150.

② 金灿灿等:《基于 SDG 和灰色聚类的系统故障风险评估方法》,《系统工程理论与实践》2015 年第 4 期。

③ A. Theissler, "Detecting Known and Unknown Faults in Automotive Systems Using Ensemble-Based Anomaly Detection", *Knowledge-Based Systems*, Vol. 123, 2017, pp. 163 – 173; T. Rögnvaldsson, S. Nowaczyk, S. Byttner, et al., "Self-Monitoring for Maintenance of Vehicle Fleets", *Data Mining and Knowledge Discovery*, Vol. 32, No. 2, 2017, pp. 344 – 384; E. Lapira, D. Brisset, H. Davari Ardakani, et al., "Wind Turbine Performance Assessment Using Multi-Regime Modeling Approach", *Renewable Energy*, Vol. 45, 2012, pp. 86 – 95.

④ 张春、周静:《动车组故障关联规则挖掘优化算法研究与应用》,《计算机与现代化》2017 年第 9 期。

⑤ H. K. Han, H. S. Kim and S. Y. Sohn, "Sequential Association Rules for Forecasting Failure Patterns of Aircrafts in Korean Airforce", *Expert Systems with Applications*, Vol. 36, No. 2, 2009, pp. 1129 – 1133.

⑥ U. C. Moharana and S. P. Sarmah, "Determination of Optimal Order-Up to Level Quantities for Dependent Spare Parts Using Data Mining", *Computers & Industrial Engineering*, Vol. 95, 2016, pp. 27 – 40.

⑦ J. Jeon and S. Y. Sohn, "Product Failure Pattern Analysis from Warranty Data Using Association Rule and Weibull Regression Analysis: A Case Study", *Reliability Engineering & System Safety*, Vol. 133, 2015, pp. 176 – 183.

⑧ F. Javier Martinez-de-Pison, A. Sanz, E. Martinez-de-Pison, et al., "Mining Association Rules from Time Series to Explain Failures in a Hot-Dip Galvanizing Steel Line", *Computers & Industrial Engineering*, Vol. 63, No. 1, 2012, pp. 22 – 36.

此外，支持向量机、随机森林和人工神经网络等方法也被应用于系统故障知识发现。①

然而，这些历史数据的应用通常存在两大困难：一是数据收集系统并不是为了数据挖掘而设计的，数据源数据存在大量的缺失值、数据不一致性和信息不完全等问题，所以数据源数据不适合直接用数据挖掘方法分析；二是存在非结构化数据，以及多源数据的融合问题。针对第一个问题，有的文献处理时将信息不完全或缺失值过多的数据进行了删除，② 这势必会造成信息损失。实际上，在数据挖掘领域已经开发了许多关于数据不一致和不完整数据的分析和挖掘方法。③ 因此，可靠性、维修领域研究有待进一步深入探索和应用数据挖掘领域的最新研究成果。

针对非结构化数据。系统的维修和保养过程中存有大量的文本数据。这些数据主要用于记录系统故障的外在表象、故障描述、检查检

---

① 孙丰杰等：《面向智能电网大数据关联规则挖掘的频繁模式网络模型》，《电力自动化设备》2018 年第 5 期；L. X. Yang B, Xie M, et al., "A Generic Data-Driven Software Reliability Model with Model Mining Technique", *Reliability Engineering & System Safety*, Vol. 95, No. 6, 2010, pp. 671 – 678；F. A. O. Polo, et al., "Failure Mode Prediction and Energy Forecasting of PV Plants to Assist Dynamic Maintenance Tasks by ANN-Based Models", *Renewable Energy*, Vol. 81, 2015, pp. 227 – 238.

② J. Buddhakulsomsiri and A. Zakarian, "Sequential Pattern Mining Algorithm for Automotive Warranty Data", *Computers & Industrial Engineering*, Vol. 57, No. 1, 2009, pp. 137 – 147；R. Prytz, S. Nowaczyk, T. Rognvaldsson, et al., "Predicting the Need for Vehicle Compressor Repairs Using Maintenance Records and Logged Vehicle Data", *Engineering Applications of Artificial Intelligence*, Vol. 41, 2015, pp. 139 – 150.

③ 戴超凡等：《最大依赖集在不一致数据检测中的应用》，《计算机工程与应用》2019 年第 15 期；X. Chao, G. Kou, T. Li, et al., "Jie Ke versus AlphaGo: A Ranking Approach Using Decision Making Method for Large-Scale Data with Incomplete Information", *European Journal of Operational Research*, Vol. 265, No. 1, 2018, pp. 239 – 247；D. Ergu, G. Kou, Y. Peng, et al., "A Simple Method to Improve the Consistency Ratio of the Pair-Wise Comparison Matrix in ANP", *European Journal of Operational Research*, Vol. 213, No. 1, 2011, pp. 246 – 259；张婷婷等：《基于动态分类器集成选择的不完整数据客户分类方法实证研究》，《管理评论》2012 年第 6 期。

测内容和维修操作记录等。① Rajpathak 创新性地应用本体论方法从这类文本数据中提取若干故障元组信息,进而应用聚类算法生成故障表象与维修操作的频繁类集。② 在此基础上,Rajpathak 和 De 建立了故障模式与零部件之间的影响关系,并开发了一个融合可靠性模型。③ He 等基于公理域映射,将系统故障的产生过程划分为功能域、物理结构域和过程域等的映射关系,运用加权关联规则识别系统发生故障的根本原因。④ 常文兵等给出一个基于文本信息的故障序列模式挖掘算法。⑤ Alkahtani 等基于本体论和数据挖掘方法开发了应用故障数据改进产品设计的决策支持系统。⑥ 实际上,从企业记录的维修数据和保养数据中很难识别制造系统停机的真正原因,而这部分原因大都会被文本数据所记录。在这些文献中,提到较多的困难就是非结构化数据的信息抽取问题。为了使建立的可靠性模型更加准确,Arif-Uz-Zaman 等提出了基于相应文本自动创建文本数据的关键词字典,综合应用决策树和支持向量机等进行数据融合,从而识别系统停机的真正原因,并提取故障时间数据。⑦

---

① 赵阳、徐田华:《基于文本挖掘的高铁信号系统车载设备故障诊断》,《铁道学报》2015 年第 8 期。

② D. G. Rajpathak, "An Ontology Based Text Mining System for Knowledge Discovery from the Diagnosis Data in the Automotive Domain", *Computers in Industry*, Vol. 64, No. 5, 2013, pp. 565 – 580.

③ D. Rajpathak and S. De, "A Data and Ontology-Driven Text Mining-Based Construction of Reliability Model to Analyze and Predict Component Failures", *Knowledge and Information Systems*, Vol. 46, No. 1, 2016, pp. 87 – 113.

④ Y. He, C. Zhu, Z. He, et al., "Big Data Oriented Root Cause Identification Approach Based on Axiomatic Domain Mapping and Weighted Association Rule Mining for Product Infant Failure", *Computers & Industrial Engineering*, Vol. 109, 2017, pp. 253 – 265.

⑤ 常文兵等:《基于文本分析的故障序列模式挖掘算法》,《计算机应用研究》2019 年第 9 期。

⑥ M. Alkahtani, A. Choudhary, A. De, et al., "A Decision Support System Based on Ontology and Data Mining to Improve Design Using Warranty Data", *Computers & Industrial Engineering*, Vol. 128, 2019, pp. 1027 – 1039.

⑦ K. Arif-Uz-Zaman, M. E. Cholette, L. Ma, et al., "Extracting Failure Time Data from Industrial Maintenance Records Using Text Mining", *Advanced Engineering Informatics*, Vol. 33, 2017, pp. 388 – 396.

综合以上研究可知，企业收集的系统历史数据除了传统的故障—修理记录，还包括系统动态协变量信息、非结构化数据、多变量时间序列数据等。① 基于这些历史数据，运用数据挖掘技术可以建立系统级的故障模式与故障现象之间的关联关系，为开展系统级可靠性提升、维修管理和优化提供了知识。但目前对这类数据的分析还存在一些不足。这些数据一般是由系统零部件数据、故障现象、故障模式、生产任务、系统操作、停机调度和管理行为（如预防维修、停机检查）等多个事件域数据组成。针对一个事件域或几个事件域建立模型或映射关系，很容易导致故障混杂问题（Failure Confounding）。② 然而，这些事件域之间存在交互效应，③ 最恰当的处理方法是分层考虑事件域的映射关系。

第三节 数据驱动的维修管理与决策优化研究

原始设备制造商（Original Equipment Manufacturer，OEM）通常是基于较为单一的参数（如行驶里程或运行时间）制定设备预防维修计划的。对于千差万别的设备个体运行环境和使用状况，单独个体需要根据其实际运行特征制定相适应的维修制度。④ 对于机群系统（如同一条线

---

① Y. Hong, M. Zhang and W. Q. Meeker, "Big Data and Reliability Applications: The Complexity Dimension", *Journal of Quality Technology*, Vol. 50, No. 2, 2018, pp. 135 – 149; Y. Hong and W. Q. Meeker, "Field-Failure Predictions Based on Failure-Time Data with Dynamic Covariate Information", *Technometrics*, Vol. 55, No. 2, 2013, pp. 135 – 150.

② D. Rajpathak and S. De, "A Data and Ontology-Driven Text Mining-Based Construction of Reliability Model to Analyze and Predict Component Failures", *Knowledge and Information Systems*, Vol. 46, No. 1, 2016, pp. 87 – 113.

③ T. Chen, S. Zheng, H. Luo, et al., "Reliability Analysis of Multiple Causes of Failure in Presence of Independent Competing Risks", *Quality and Reliability Engineering International*, Vol. 32, No. 2, 2016, pp. 363 – 372.

④ R. Prytz, S. Nowaczyk, T. Rognvaldsson, et al., "Predicting the Need for Vehicle Compressor Repairs Using Maintenance Records and Logged Vehicle Data", *Engineering Applications of Artificial Intelligence*, Vol. 41, 2015, pp. 139 – 150.

路上的公交车队、同一区域内的风力发电机、同一区域内的共享单车），有研究应用历史故障数据评估系统个体的状况差异、运行表现差异和个性化维修方案等。① 笔者团队也曾应用机群历史故障数据建模得到不同级别预防维修的关键故障信息，进而优化得到多级预防维修的最优间隔时间。② 此外，挖掘这类数据还可以发现不必要的零部件替换操作，从而降低维修成本；③ Han 等则建立了基于历史故障数据的军用飞机零部件需求预测；④ Olivencia Polo 等将风力发电机运行时间与运行环境条件数据相融合，生成了动态故障预警门槛。⑤ 复杂系统的故障部件更换有可能存在某种相关关系，如在更换 A 部件的同时还存在一定的概率同时更换 B 部件。有文献创新性地应用数据挖掘中的关联规则分析，通过分析历史维修记录建立 A – B 部件间的频繁模式，进而确定了备件的库存水平优化模型。⑥

---

① A. Theissler, "Detecting Known and Unknown Faults in Automotive Systems Using Ensemble-Based Anomaly Detection", *Knowledge-Based Systems*, Vol. 123, 2017, pp. 163 – 173; T. Rögnvaldsson, S. Nowaczyk, S. Byttner, et al., "Self-Monitoring for Maintenance of Vehicle Fleets", *Data Mining and Knowledge Discovery*, Vol. 32, No. 2, 2017, pp. 344 – 384; E. Lapira, D. Brisset, H. Davari Ardakani, et al., "Wind Turbine Performance Assessment Using Multi-Regime Modeling Approach", *Renewable Energy*, Vol. 45, 2012, pp. 86 – 95; R. Jiang and A. K. S. Jardine, "Health State Evaluation of an Item: A General Framework and Graphical Representation", *Reliability Engineering & System Safety*, Vol. 93, No. 1, 2008, pp. 89 – 99; 董克、吕义元：《基于历史故障数据的二手设备维护策略优化》，《系统管理学报》2018 年第 3 期。

② Y. Zhou, G. Kou and D. Ergu, "Three-Grade Preventive Maintenance Decision Making", *Proceedings of the Romanian Academy-Series A: Mathematics, Physics*, Vol. 13, No. 2, 2012, pp. 133 – 140.

③ D. G. Rajpathak, "An Ontology Based Text Mining System for Knowledge Discovery from the Diagnosis Data in the Automotive Domain", *Computers in Industry*, Vol. 64, No. 5, 2013, pp. 565 – 580.

④ H. K. Han, H. S. Kim and S. Y. Sohn, "Sequential Association Rules for Forecasting Failure Patterns of Aircrafts in Korean Airforce", *Expert Systems with Applications*, Vol. 36, No. 2, 2009, pp. 1129 – 1133.

⑤ F. A. Olivencia Polo, J. Ferrero Bermejo, J. F. Gomez Fernandez, et al., "Failure Mode Prediction and Energy Forecasting of PV Plants to Assist Dynamic Maintenance Tasks by ANN Based Models", *Renewable Energy*, Vol. 81, 2015, pp. 227 – 238.

⑥ U. C. Moharana and S. P. Sarmah, "Determination of Optimal Order-Up to Level Quantities for Dependent Spare Parts Using Data Mining", *Computers & Industrial Engineering*, Vol. 95, 2016, pp. 27 – 40.

不难看出，数据驱动的维修管理与决策优化研究逐渐考虑多信息（如计划信息、备件及库存信息、维修资源、维修计划和生产任务等）融合情形下的模型和优化方法开发。Galar 等尝试将在线监测数据、历史故障数据和维修管理数据整合，从而支持商务智能。① Madenas 等提出产品故障的根本原因分析需要拓展分析和决策的渠道，也就是说不仅要依赖于内部的 CAD 或 OEM 数据，还需要整合供应链的相关数据，并给出相应的分析方法。② 还有学者利用粒化方法，提取原始数据的粒心，分别用于保修期优化决策和故障预测。③ 不仅如此，为了获得更精确的系统可靠性分析，需要考虑生产任务安排和维修计划的影响等。这类研究较多，如考虑随机维修区间变化、选择性维修措施分类、故障单元分类或模块化等。④ 实际上，整合相关信息开展维修优化主

---

① D. Galar, A. Gustafson, B. Tormos, et al., "Maintenance Decision Making Based on Different Types of Data Fusion", *Eksploatacja I Niezawodnosc-Maintenance and Reliability*, Vol. 14, No. 2, 2012, pp. 135 – 144.

② N. Madenas, A. Tiwari, C. J. Turner, et al., "Improving Root Cause Analysis through the Integration of PLM Systems with Cross Supply Chain Maintenance Data", *International Journal of Advanced Manufacturing Technology*, Vol. 84, No. 5 – 8, 2016, pp. 1679 – 1695.

③ 揭丽琳、刘卫东：《基于使用可靠性区域粒度的产品保修期优化决策》，《计算机集成制造系统》2020 年第 1 期；张勇亮等：《一种基于粒度相关向量机的故障预测方法》，《计算机与现代化》2016 年第 9 期。

④ Y. Liu, Y. Chen and T. Jiang, "On Sequence Planning for Selective Maintenance of Multi-State Systems under Stochastic Maintenance Durations", *European Journal of Operational Research*, Vol. 268, No. 1, 2018, pp. 113 – 127; R. Briš, P. Byczanski, R. Goňo, et al., "Discrete Maintenance Optimization of Complex Multi-Component Systems", *Reliability Engineering & System Safety*, Vol. 168, 2017, pp. 80 – 89; S.-J. Joo, "Scheduling Preventive Maintenance for Modular Designed Components: A Dynamic Approach", *European Journal of Operational Research*, Vol. 192, No. 2, 2009, pp. 512 – 520; M. Traore, A. Chammas and E. Duviella, "Supervision and Prognosis Architecture Based on Dynamical Classification Method for the Predictive Maintenance of Dynamical Evolving Systems", *Reliability Engineering & System Safety*, Vol. 136, 2015, pp. 120 – 131; P. Bergmeir, C. Nitsche, J. Nonnast, et al., "Classifying Component Failures of a Hybrid Electric Vehicle Fleet Based on Load Spectrum Data Balanced Random Forest Approaches Employing Uni- and Multivariate Decision Trees", *Neural Computing & Applications*, Vol. 27, No. 8, 2016, pp. 2289 – 2304; 姚运志等：《考虑失效相关的多部件系统最优预防维修策略》，《计算机集成制造系统》2013 年第 12 期；高文科等：《存在故障相关及不完备检测的主辅并联系统可靠性建模与维修策略》，《自动化学报》2015 年第 12 期。

要是解决维修管理过程中面临的决策目标问题，如有文献针对维修人员的技术水平与维修任务性质，建立了考虑经济性、可靠性等多目标的维修调度方法；① 有文献以设备可用度最高和总成本率最低为目标，对比分析了静态、动态及失效极限三种维护周期的优劣。②

第四节　BSS 健康管理

健康管理源自设备健康管理理论，主要目的是通过系统的运行状态，直接或者间接地诊断和预测系统的故障或劣化程度。故障诊断和预测已经被广泛应用于机械工程领域。故障预测与健康管理（Prognostics & Health Management，PHM）是设备健康管理的重要方法论。它包括两层含义，一是故障预测，二是健康管理。预测可以解释为 PHM 的过程，包括发现早期故障和剩余寿命预测，诊断也包含在 PHM 中，诊断的功能可以概括为隔离故障和识别故障根源。健康管理是根据诊断和预测结果、可用资源和运行需求，及时做出准确决策并采取适当的维修行动的过程，它侧重于评估故障的影响，并通过维护管理将影响和损失降至最低。如今，PHM 技术逐步应用到其他领域，如电池、发动机、传动装置等。③

现有的预测方法可分为三类，即基于模型的预测方法、数据驱动

---

① F. Marmier, C. Varnier and N. Zerhouni, "Proactive, Dynamic and Multi-Criteria Scheduling of Maintenance Activities", *International Journal of Production Research*, Vol. 47, No. 8, 2009, pp. 2185 – 2201.

② 郝虹斐等：《非完美维修情境下的预防性维修多目标决策模型》，《上海交通大学学报》2018 年第 5 期。

③ L. Z. Rezvanizaniani S. M., Chen Y., et al., "Review and Recent Advances in Battery Health Monitoring and Prognostics Technologies for Electric Vehicle (EV) Safety and Mobility", *Journal of Power Sources*, Vol. 256, 2014, pp. 110 – 124; Y. M. Wu Y., Dong S., et al., "Remaining Useful Life Estimation of Engineered Systems Using Vanilla LSTM Neural Networks", *Neurocomputing*, Vol. 275, 2018, pp. 167 – 179.

的预测方法和混合预测方法。预测系统剩余寿命多是通过模拟系统的多种运行模式，将各模式的预测值与时间的均值模型进行概率加权后混合生成。剩余使用寿命的估算可以帮助提高设备的可用性、可靠性和安全性，可以帮助维护人员在发生故障之前准备必要的材料和人力资源，降低维护成本。其可以通过两种主要方法来完成，即基于模型的方法和基于数据驱动的方法。如果没有可靠或准确的系统模型，则使用数据驱动的预测方法来确定剩余使用寿命，该方法是对正在发生的故障的轨迹进行趋势分析，并预测其达到预定阈值水平之前的时间量。Tobon-Mejia 等采用基于数据驱动的剩余使用寿命预测模型估算了轴承装置的置信度，实验结果表明该方法具有较高的精度。[①] Medjaher 等讨论了一种由数据驱动的预测方法，预测过程分为两个阶段：一是学习阶段以生成行为模型；二是开发阶段估算当前健康状况并计算剩余寿命。[②] Song 等利用电压、电流、温度和其他测量值，采用数据驱动的预测方法预测了航天器电子系统中锂电池的剩余使用寿命。[③] Mosallam 等采用基于贝叶斯方法的数据驱动预测方法，根据不同变量构建健康指标，直接预测设备的剩余使用寿命，并用从 NASA 数据存储库获取的电池和涡轮风扇发动机退化模拟数据验证了该方法的实用性。[④] Buddhakulsomsiri 等采用数据驱动和建模的混合方法，预测了锂

[①] D. A. Tobon-Mejia, K. Medjaher, N. Zerhouni, et al., "A Data-Driven Failure Prognostics Method Based on Mixture of Gaussians Hidden Markov Models", *IEEE Transactions on Reliability*, Vol. 61, No. 2, 2012, pp. 491 – 503.

[②] K. Medjaher, D. A. Tobon-Mejia and N. Zerhouni, "Remaining Useful Life Estimation of Critical Components with Application to Bearings", *IEEE Transactions on Reliability*, Vol. 61, No. 2, 2012, pp. 292 – 302.

[③] Y. Song, D. Liu, C. Yang, et al., "Data-Driven Hybrid Remaining Useful Life Estimation Approach for Spacecraft Lithium-Ion Battery", *Microelectronics Reliability*, Vol. 75, 2017, pp. 142 – 153.

[④] A. Mosallam, K. Medjaher and N. Zerhouni, "Data-Driven Prognostic Method Based on Bayesian Approaches for Direct Remaining Useful Life Prediction", *Journal of Intelligent Manufacturing*, Vol. 27, No. 5, 2014, pp. 1037 – 1048.

电池的剩余使用寿命。①

  诊断任务被定义为对发生后未能确定的主要原因的深入探索，而预测则是必要的研究退化过程中考虑时间因素的问题并进行预测。预测的主要目的是在事件发生之前预测它。因此，时间是预测中的一个关键变量，与诊断不同——在诊断中，时间起着不太重要的作用，更多地放在确定已经发生的故障或失效的参数上。由于诊断系统框架和预测系统框架的目标不同，它们的体系结构应该是不同的。诊断系统框架由数据采集系统、信号处理和特征提取模块以及故障知识库组成，故障知识库可由专家知识、物理模型和历史数据导出。通过将特征提取结果与知识库进行比较，最终确定发生了什么类型的故障以及为什么会发生故障。Zhang 等研究了智能粒子滤波及其在非线性系统在故障检测中的应用。② Widodo 等提出了通过 RVM 和 SVM 两种进行故障诊断的多分类技术方法，该方法具有用于低速机器故障诊断的潜力，解决了轴承早期故障的检测问题，并找到用于低速机器故障诊断的可靠方法。③ 机械系统的故障诊断与轴承的诊断密不可分，早期从复杂且不稳定的振动信号中检测到具有大量噪声的弱故障是一个挑战。为了提高抗噪声能力，及时发现故障，Liu 等提出了一种基于短时匹配和支持向量机的故障检测方法。④ 实际的轴承实验表明，该方法在弱冲击信号振荡特征提取和早期故障诊

---

  ① J. Buddhakulsomsiri, Y. Siradeghyan, et al., "Association Rule-Generation Algorithm for Mining Automotive Warranty Data", *International Journal of Production Research*, Vol. 44, No. 14, 2006, pp. 2749 – 2770.

  ② B. Zhang, K. Zheng, Q. Huang, et al., "Aircraft Engine Prognostics Based on Informative Sensor Selection and Adaptive Degradation Modeling with Functional Principal Component Analysis", *Sensors*, Vol. 20, No. 3, 2020, p. 920.

  ③ A. Widodo, et al., "Fault Diagnosis of Low Speed Bearing Based on Relevance Vector Machine and Support Vector Machine", *Expert Systems with Applications*, Vol. 36, No. 3, 2009, pp. 7252 – 7261.

  ④ R. Liu, B. Yang, X. Zhang, et al., "Time-Frequency Atoms-Driven Support Vector Machine Method for Bearings Incipient Fault Diagnosis", *Mechanical Systems and Signal Processing*, Vol. 75, 2016, pp. 345 – 370.

断中比传统方法更加有效。

时中朝等针对共享单车没有安装车载检测传感器、流动及停放区域较大、管理部门无法及时发现共享单车故障等问题,提出基于朴素贝叶斯分类器的共享单车故障诊断方法。[①] 研究通过分析某市 BSS 的 OD 数据、维修保养记录和用户评价三个方面的信息,选取了15 个状态分类特征作为共享单车故障检测的特征向量,根据朴素贝叶斯分类器后验概率,获取每个状态分类特征对类的贡献率,以召回率作为评价指标来预测诊断故障共享单车,研究结果经验证后精度较为理想。

在文献搜索可及范围内,关于 BSS 共享单车的运行健康状况研究的国内外文献极少。共享单车作为 BSS 系统的重要硬件设施,其运行健康状况严重影响整个系统的运营效率。因此,开展 BSS 系统中共享单车的运行健康状况评估是十分必要的。这样,既可以丰富 BSS 系统的研究内容,还可以进一步探索此类设备设施的健康管理方法。

第五节　本章小结

根据以上文献综述可知,大数据和工业物联网等技术的应用,不仅带来了"信息过载"问题,也对企业的运维管理决策产生了颠覆性变革。

本书的研究对象即共享单车的运行状态,会随着使用时间的增长而劣化,共享单车容易产生故障。但考虑共享单车运维投入的经济性,共享单车的故障信息很难被采集。共享单车故障信息的缺乏无疑增加了从系统可靠性角度快速识别不可用共享单车的难度。根据对共享单车实际

---

① 时中朝等:《基于朴素贝叶斯分类器的公共自行车系统故障诊断方法》,《中国机械工程》2019 年第 8 期。

运行数据的分析，总结国内外研究现状可发现以下几点。

第一，现有数据除了传统的故障—修理记录外还包括系统动态协变量信息、非结构化数据、多变量时间序列数据等，这增加了故障知识发现的难度，数据挖掘领域已经开发了适合于这类数据分析的先进算法和模型，[1] 但这些算法和模型在可靠性领域的应用尚且不足。

第二，有文献在早期就提出基于BSS用户出行数据进行运维管理的思路，[2] 但碍于缺乏共享单车的故障数据，这部分研究一直未被充分探讨。关于共享单车的大多数研究主要集中于后续维修调度和平衡优化等方面，缺乏不可用共享单车识别方面的研究。与此同时，现有研究中仅将共享单车的状态划分为可用和不可用二元形式，这对基于共享单车运行数据开展运维管理优化提出了极大挑战。

基于此，本书研究内容与已有研究的不同在于，从用户出行记录的数据系统中，挖掘出用户频繁退租的数据，根据异常出行数据对共享单车的自身可用性水平进行研究。本书将基于系统可用性理论，综合运用

---

[1] X. Chao, G. Kou, T. Li, et al., "Jie Ke versus AlphaGo: A Ranking Approach Using Decision Making Method for Large-Scale Data with Incomplete Information", *European Journal of Operational Research*, Vol. 265, No. 1, 2018, pp. 239 – 247; A. Rodriguez and A. Laio, "Clustering by Fast Search and Find of Density Peaks", *Science*, Vol. 344, No. 6191, 2014, pp. 1492 – 1496, A. Alzghoul and M. Löfstrand, "Increasing Availability of Industrial Systems through Data Stream Mining", *Computers & Industrial Engineering*, Vol. 60, No. 2, 2011, pp. 195 – 205; H. Lin, S. Wu, L. Hou U., et al., "Finding the Hottest Item in Data Streams", *Information Sciences*, Vol. 430 – 431, 2018, pp. 314 – 330; L. Chen, L. J. Zou and L. Tu, "A Clustering Algorithm for Multiple Data Streams Based on Spectral Component Similarity", *Information Sciences*, Vol. 183, No. 1, 2012, pp. 35 – 47.

[2] M. Bordagaray, A. Fonzone, L. dell'Olio, et al., "Considerations About the Analysis of ITS Data of Bicycle Sharing Systems", *Procedia-Social and Behavioral Sciences*, Vol. 162, 2014, pp. 340 – 349; M. Kaspi, T. Raviv and M. Tzur, "Detection of Unusable Bicycles in Bike-Sharing Systems", *Omega*, Vol. 65, 2016, pp. 10 – 16; M. Kaspi, T. Raviv and M. Tzur, "Bike-Sharing Systems: User Dissatisfaction in the Presence of Unusable Bicycles", *IISE Transactions*, Vol. 49, No. 2, 2017, pp. 144 – 158; M. Kaspi, T. Raviv and M. W. Ulmer, "Directions for Future Research on Urban Mobility and City Logistics", *Networks*, 2022, pp. 1 – 11.

大数据分析方法，研究学习和检测共享单车可用性的创新方法，及时识别不可用车辆，并对故障共享单车有计划地安排维修管理任务，从而实现多学科领域的交叉融合，推动本领域的研究和发展，最终，争取为实现城市可持续发展、提升共享单车服务系统服务质量提供科学理论与管理实践。

第三章　系统可用性分析方法与模型

本书研究内容涉及的主要理论是系统可靠性理论。该理论已经形成了较为完整规范的理论体系。本章主要介绍系统可靠性理论相关的一些基础知识，主要包括可靠性的四个基本函数、可靠性常用的分布模型、单部件系统可靠性模型、可修系统与不可修系统可靠性模型等。

第一节　系统可靠性理论

可靠性一般定义为单元在给定的环境和运行条件下和给定的时间内完成规定功能的能力。[①] 其中，"单元"指的是一个元件，或一个模块、一个子系统甚至是一个整体；"时间"一词也具有广泛的意义，可以是工作时间，也可以是行驶里程等。

可靠性理论的基础是四个基本函数：可靠性函数 $R(t)$、累计分布函数 $F(t)$、概率密度函数 $f(t)$、单元在某一时刻的失效率 $r(t)$。设 T 是单元到失效的时间，它是随机的。事件 $\{T>t\}$ 的概率是单元在 t 时的可靠性，则可以得出以下结论。[②]

[①] R. Jiang, "A Novel Two-Fold Sectional Approximation of Renewal Function and Its Applications", *Reliability Engineering & System Safety*, Vol. 193, 2020, p. 106624.

[②] R. Jiang, "A Tradeoff BX Life and Its Applications", *Reliability Engineering & System Safety*, Vol. 113, 2013, pp. 1–6.

(1) 可靠性函数

$$R(t) = P\{T > t\} \tag{3-1}$$

表示单元在 (0, t) 内不发生失效的概率。

(2) 累积分布函数

$$F(t) = P\{T \leq t\} = 1 - R(t) \tag{3-2}$$

指单元在时间间隔 (0, t) 内失效的概率。

(3) 概率密度函数

$$f(t) = \frac{dF(t)}{dt} = -\frac{dR(t)}{dt} \tag{3-3}$$

表示在时间间隔 $(t, t + \Delta t)$ 内的单位时间内发生失效的概率。

(4) 在时刻 t 的失效率

$$r(t) = \frac{P\{t < T \leq t + \Delta t \mid T > t\}}{dt} = \frac{f(t)}{Rt} \tag{3-4}$$

表示一个单元在时间间隔 $(t, t + \Delta t)$ 内的单位时间内发生失效的概率。

另外，不同的元件根据使用情况的不同，会形成不同的寿命分布情况，因此在可靠性理论中有很多分布模型用来描述元件寿命分布，包括指数分布、正态分布、威布尔分布等。此处主要介绍本书用到的指数分布、正态分布、两参数威布尔分布。

(1) 指数分布

指数分布的概率密度函数为：[①]

$$f(t) = \lambda \exp(-\lambda t), \lambda > 0, t > 0 \tag{3-5}$$

其中，分布的均值和方差分别为 $\mu = \frac{1}{\lambda}$, $\sigma^2 = \frac{1}{\lambda^2}$。其密度函数是递减的，失效率函数是常数，因此常对应于由偶然的因素造成的产品失效。指数分布在运算上最为简单，因而也被广泛使用于许多随机问题中。

---

① Y. Zeng, T. Huang, Y.-F. Li, et al., "Reliability Modeling for Power Converter in Satellite Considering Periodic Phased Mission", *Reliability Engineering & System Safety*, 2022, p. 109039.

（2）正态分布

正态分布的概率密度为：①

$$f(t) = \frac{1}{\sigma\sqrt{2\pi}} \exp\left\{-\frac{(t-\mu)^2}{2\sigma^2}\right\}, \quad t \in (-\infty, +\infty) \quad (3-6)$$

其中，μ，σ^2 为正态分布的均值和方差，当 $\mu=0$，$\sigma=1$ 时，为标准正态分布。一般的可靠性模型是定义在 $(0, \infty)$ 的，而正态分布定义在 $(-\infty, \infty)$，其概率函数图形为单峰对称形状，它的可靠性函数和失效率函数没有具体的表达式，但其失效率函数是增的。

（3）两参数威布尔分布

两参数威布尔分布的概率密度函数为：②

$$f(t) = \frac{\beta}{\eta}\left(\frac{t}{\eta}\right)^{\beta-1}\exp\left(-\left(\frac{t}{\eta}\right)^{\beta}\right) \quad (3-7)$$

其均值和方差分别为 $E(T) = \eta\Gamma\left(1+\frac{1}{\beta}\right)$，$V(t) = \eta^2\left[\Gamma\left(1+\frac{2}{\beta}\right) - \Gamma^2(1+1/\beta)\right]$。其中，$\beta$ 为形状参数，η 为尺度参数，二者均为大于零的常数。β 是决定威布尔分布弹性的关键参数。当 $0<\beta<1$ 时，$f(t)$ 和 $r(t)$ 均为减函数；当 $\beta=1$ 时，模型变为指数分布，$f(t)$ 在 $t=0$ 时取有限值，并且为减函数，失效率变为常数；当 $\beta>1$ 时，$f(t)$ 为单峰图形，$r(t)$ 为增函数。

不可修系统是指系统或元件出现故障时，由于元件的性能以及维修的经济性等条件的限制，只能实施替换或修复，使元件或系统达到崭新的水平，其可靠性由失效率表示。失效模式是指失效率函数的某种特定的形状，其单调性表示老化程度，如上文提到的正态分布，其失效率函

---

① J. Jacques and C. Preda, "Model-Based Clustering for Multivariate Functional Data", *Computational Statistics & Data Analysis*, Vol. 71, 2014, pp. 92–106.

② R. Jiang, "A Novel Two-Fold Sectional Approximation of Renewal Function and Its Applications", *Reliability Engineering & System Safety*, Vol. 193, 2020, p. 106624.

数是增的，表示元件是老化的，即元件随着寿命或使用时间的增多，老化程度会增大。可修系统是指系统出现故障后可以通过预防性维修或改进型维修进行修复，修复后可以再次投入使用，如此修复—使用—修复—使用循环反复。但在这种情况下，相邻两次失效间的时间间隔会变短。此时，系统的可靠性不能再用简单的失效率函数表示，而是用系统累计失效次数 $N(t)$ 与系统寿命或使用时间 t 之间的关系表示。

在任意时间 t 下，累计失效数 $N(t)$ 是一个值为非负整数的随机变量，记 $H(t)=E[N(t)]$ 为 $N(t)$ 的期望，$E[N(t)]$ 对 t 的微分称为失效发生率或失效强度，即 $\lambda(T)=\dfrac{dE[N(t)]}{dt}$，定义为单位时间内的期望失效次数。当失效强度为增时，表示系统是劣化的，即故障间隔时间随机缩短；当失效强度为减时，表示系统是改善的，即故障间隔时间随机增长；当失效强度为常值时，表示系统是不变的。

描述可修系统可靠性的失效强度模型有很多，这里主要介绍本书会用到的幂律模型。幂律模型的失效模型为：

$$H(t) = \left(\frac{t}{\alpha}\right)^{\beta} \quad (3-8)$$

$$\lambda(t) = \frac{\beta}{\alpha}\left(\frac{t}{\alpha}\right)^{\beta-1} \quad (3-9)$$

当形状参数 $\beta>1$ 时，失效率函数为增函数，系统是劣化的；当 $\beta=1$ 时，表示系统的失效率不变；当 $\beta<1$ 时，表示系统改善。

第二节 系统可用性分析

可用性被认为是维护系统最重要的可靠性度量之一，因为它包括可靠性和可维护性。事实上，可用性的重要性促使关键系统的制造商和用户在系统规范中说明可用性值。例如，大型金融机构和银行使用的大型计算机制造商为其系统提供有保证的可用性值。在本节中，我们提出了可用性的不同分类及估算方法。

可用性可以根据考虑的时间间隔或停机时间类型（维修和维护）进行分类。时间间隔可用性包括瞬时（点）可用性、平均启动时间可用性和稳态可用性。根据停机时间的可用性分类包括固有可用性、可达可用性和操作可用性。其他分类包括面向任务的可用性。[①]

（1）瞬时（点）可用性 [A（t）]

瞬时（点）可用性是系统在任意随机时间 t 运行的概率。对于状态以交替更新过程为特征的系统，可以使用公式（3-10）估算瞬时（点）可用性。

$$A^*(s) = \frac{1-w^*(s)}{s[1-w^*(s)g^*(s)]} \qquad (3-10)$$

其中，$w^*(s)$ 和 $g^*(s)$ 分别为故障时间和维修时间分布的拉普拉斯变换。对于故障率或修复率均与时间相关的情况，可以使用半马尔可夫状态转换方程或使用公式（3-11）适当近似方法估计 $A(t)$。

$$\overline{A}(t) \cong \frac{\lambda(t)}{\lambda(t)+\mu} \qquad (3-11)$$

（2）平均启动时间可用性 [A（T）]

在许多应用程序中，根据指定间隔（0，T）内系统可用的时间比例来指定可用性需求是很重要的。我们将这种可用性需求称为平均启动时间可用性。表示为：

$$A(T) = \frac{1}{T}\int_0^T A(t)dt \qquad (3-12)$$

$A(T)$ 可以通过得到 $A(t)$ 作为时间函数的表达式（如果可能的话）并带入公式（3-10）来估算，或者通过数值求解状态转换方程并

---

① A. Birolini, *Reliability Engineering：Theory and Practice*，Springer-Verlag，2014.

将所需时间间隔 T 内"上"状态的概率求和，或者通过将一个函数拟合到"上"状态的概率并将该函数带入公式（3-10）来估算。

（3）稳态可用性 $[A(\infty)]$

稳态可用性是所考虑的时间间隔非常大时系统的可用性，如公式（3-13）：

$$A(\infty) = \lim_{T \to \infty} A(T) \qquad (3-13)$$

通过设 $\dot{P}_i(t) = 0$（$i = 0, 1\cdots$）可以很容易地从系统的状态转换方程中得到稳态可用性。

（4）固有可用性 $[A(i)]$

固有可用性仅包括系统的纠正性维护（修理或更换故障部件的时间），不包括准备时间、预防性维护停机时间、物流（供应）时间、等待或管理时间，表示为公式（3-14）：

$$A(i) = \frac{MTBF}{MTBF + MTTR} \qquad (3-14)$$

当稳态计算中只考虑维修时间为纠正维修时间时，固有可用性与稳态可用性相同。

（5）可达可用性（A_a）

可达可用性包括纠正和预防性维修停机时间，它表示维修频率和平均维修时间的函数：

$$A_a = \frac{MTBM}{MTBM + M} \qquad (3-15)$$

其中 $MTBM$ 是维修的平均时间，M 是由纠正和预防性维修行动引起的平均维修停机时间。

（6）操作可用性（A_o）

操作可用性是一种更合适的可用性度量，因为维修时间包括许多要素：维护和修理的直接时间和间接时间，包括准备时间、物流时间和等待或行政停机时间。

$$A_o = \frac{MTBM + \text{readytime}}{(MTBM + \text{readytime}) + MDT} \quad (3-16)$$

其中，准备时间等于运行周期减去维修的平均时间和平均延迟时间，平均延迟时间等于纠正和预防性维修行动引起的平均维修停机时间加上延迟时间。

（7）其他可用性

其他可用性包括任务可用性 $A_m(T_o, t_f)$，其定义为：

$$A_m(T_o, t_f) = \text{Probability of each individual failure that occurs in a}$$
$$\text{mission of a total operating time } T_o \text{ is repaired in a time} \leq t_f \quad (3-17)$$

此可用性用于指定军事装备的可用性，显然，公式（3-17）中的维修时间包含所有直接和间接要素。

第三节　系统可用性优化与保障

为了满足不同企业以及管理人员对维修决策的需要，目前存在很多适用于不同目的的维修决策模型，主要有最小维修费用模型、定龄更换模型、失效率模型等。本节重点介绍两种常见的决策模型。

（1）最小维修费用模型

最小维修费用的思想为，假定系统是劣化的，在设备发生故障时，使用最小维修方法，即只维修或更换机器中坏的零部件，同时每经过一段固定时间间隔，对设备进行预防性维修，假设经过预防性维修后的设备状态会和新设备一样。预防维修时间间隔为 T，在设备总生命周期中，总维修费用为最小维修费用与预防费用之和。由于每次预防性维修后设备恢复如新，所以设备在时间区间 $[iT, (i+1)T]$ 的维修费用与 $(0, T)$ 内相同，因此，问题转化为求设备在 $(0, T)$ 内的最小维修费用。定义以下变量（见表3-1）。

表3-1 相关变量定义

变量	定义
C_M	预防性维修的费用
C_R	最小维修的费用,通常情况下 $C_R < C_M$
T	预防性维修的时间间隔
MT	机器在区间$(0,T)$中的平均故障次数
K	单位时间的总维修费用

得到最小维修费用模型:

$$M(T) = \int_0^T \lambda(T)dt \quad (3-18)$$

$$K = \frac{1}{T}[C_M + C_R M(T)] \quad (3-19)$$

(2) 定龄更换模型

定龄更换模型的主要思想为,设备时效可能会带来巨大的损失,为了有效预防这些损失,预定设备的工作时间,当设备的使用到达预定时间 T 时,不管故障与否,都实施更换,若设备在 T 时间之前发生了故障,则马上更换。定龄更换模型就是要在总损失最小的条件下寻找最佳的更换时间。定义以下变量(见表3-2)。

表3-2 相关变量定义

变量	定义
$C(t)$	单位时间费用
T	定龄更换的周期长度
C_p	定龄更换费用
C_f	在时间 T 之前发生故障时更换费用
$R(t)$	设备工作到时间 T 的概率
$f(t)$	机器寿命概率密度函数

得到定龄更换模型：

$$C(T) = \frac{C_P R(T) + C_f [1 - R(T)]}{TR(T) + \int_0^T tf(T)dt} \quad (3-20)$$

第四节　数据缺失及函数型数据分析

函数型数据分析（Functional Data Analysis，FDA）方法是近年来新兴的一个统计分支。[①] 加拿大学者 Ramsay 于1982年首次提出函数型数据的概念。函数型数据是一个或多个连续变化的数据集，以函数为表现形式，具有连续性。[②] Ramsay 和 Dalzell 于1991年提出一些研究函数型数据的方法和工具，[③] 包括函数型数据主成分分析（Functional Principal Components Analysis，FPCA）、函数型数据方差分析、函数型数据的典型相关分析、函数型线性回归、函数型聚类分析等。本书使用的 FPCA 方法和函数型聚类方法目前被广泛应用于医学、经济金融、交通、电力、机械、刑侦等诸多领域。该方法的主要思想是通过插值平滑法或基函数拟合法把采集到的离散纵向数据转化成一条具有函数特征的曲线，把曲线视作一个整体而非离散的点来进行分析，将无限维的函数型数据转化为有限维，探究曲线变化的主要来源，预测曲线的变化趋势。其中，利用基函数展开的离散点的基函数系数几乎可以捕捉函数变化的所有信息，曲线在主成分函数上的得分可以作为聚类的依据。本小节从应用领域的角度概括国内外关于函数型数据分析的研究现状。

[①] 陈宜治：《函数型数据分析若干方法及应用》，博士学位论文，浙江工商大学，2012年；王菁蓉：《函数型主成分分析及函数型线性回归模型的研究及应用》，硕士学位论文，重庆工商大学，2020年。

[②] R. J. O. Ramsay, "When the Data are Functions", *Psychometrika*, 1982, pp. 379–396.

[③] J. O. Ramsay and C. J. Dalzell, "Some Tools for Functional Data Analysis", *Journal of the Royal Statistical Society: Series B (Methodological)*, Vol. 53, No. 3, 1991, pp. 539–561.

在医疗领域。Dong 等用 FPCA 方法研究了部分患者肾移植术后 10 年中肾小球滤过率曲线的变化,利用主成分得分将患者进行聚类并识别肾小球滤过率变化异常的患者,方便医护人员分类管理患者并对术后恢复异常的患者采取有针对性的干预措施。① 此外,该方法也在基于废水的流行病学的研究中被使用。基于废水的流行病学主要研究药物滥用和流行病,旨在监测社区中各种药物的使用情况。Salvatore 等使用 FPCA 方法研究了意大利某市城市废水中海洛因、大麻等毒品和违禁药物含量的变化特征。②

在电力领域。Mallor 等利用函数线性回归估算给定家庭类型的平均每日用电量,根据住所及其居民的特征对住户进行分类,发现不同家庭之间,甚至属于同一类型的家庭的用电量变化很大,最终提出了一种基于 FPCA 的建模方法,该方法可以根据居民住所、偏好等信息模拟用户的负荷曲线。③ Beretta 等使用某市居民每日用电数据,用 PFCA 方法预测用户短期、中期和长期的用电模式,方便电力公司制订合理的供电计划。④ Aneiros 等⑤使用非参数的 FPCA 方法⑥根据居民用电量变化的曲线

---

① J. J. Dong, L. Wang, J. Gill, et al., "Functional Principal Component Analysis of Glomerular Filtration Rate Curves after Kidney Transplant", *Statistical Methods in Medical Research*, Vol. 27, No. 12, 2018, pp. 3785 – 3796.

② S. Salvatore, J. Roislien, J. A. Baz-Lomba, et al., "Assessing Prescription Drug Abuse Using Functional Principal Component Analysis (FPCA) of Wastewater Data", *Pharmacoepidemiology and Drug Safety*, Vol. 26, No. 3, 2017, pp. 320 – 326.

③ F. Mallor, J. A. Moler and H. Urmeneta, "Simulation of Household Electricity Consumption by Using Functional Data Analysis", *Journal of Simulation*, Vol. 12, No. 4, 2018, pp. 271 – 282.

④ D. Beretta, S. Grillo, D. Pigoli, et al., "Functional Principal Component Analysis as a Versatile Technique to Understand and Predict the Electric Consumption Patterns", *Sustainable Energy, Grids and Networks*, Vol. 21, 2020, p. 100308.

⑤ G. Aneiros, J. Vilar and P. Raña, "Short-Term Forecast of Daily Curves of Electricity Demand and Price", *International Journal of Electrical Power & Energy Systems*, Vol. 80, 2016, pp. 96 – 108.

⑥ L. Shi, Y. Zhang, W. Rui, et al., "Study on the Bike-Sharing Inventory Rebalancing and Vehicle Routing for Bike-Sharing System", *Transportation Research Procedia*, Vol. 39, 2019, pp. 624 – 633.

预测短期居民的用电量,为供电公司制订供电计划,并且该方法的实用性和准确性在西班牙的电力市场中得到验证。

在经济金融领域。陈俊池使用 FPCA 方法分析了我国 43 个上市公司股票的日收益率,根据分析结果提出股票投资组合策略,为投资者的组合投资策略提供科学依据。① 刘宝宇使用多元统计分析和 FPCA 两种方法探索了影响我国各省市 GDP 波动的主要影响因素。② 高桃璇等采用函数型数据分析方法,构建新的评价指标,对我国经济区域的划分提供了除地域因素之外新的依据。③ 蔺顺锋等采用 FPCA 方法对我国各省城市的平均工资的差异进行了研究。④ Feng 和 Qian 提出了基于 FPCA 的 FPCA – K 模型,研究了我国利率结构的变化。⑤

在交通领域。Wagner-Muns 等通过 FPCA 的方法预测了异常交通状况下的旅行时间,为用户出行选择路线和规划时间提供了支持。⑥ 总体来说,我国在函数型数据分析领域的研究进展较慢,在除金融经济领域之外的其他领域应用较少。函数型数据分析对于纵向数据的研究和探索是一个很好的工具和方法,各领域中的纵向数据都可以尝试采用此方法挖掘有价值的知识。

---

① 陈俊池:《基于函数型数据聚类分析的股票投资组合策略研究》,硕士学位论文,华侨大学,2020 年。
② 刘宝宇:《函数型数据分析方法在 GDP 研究中的应用》,硕士学位论文,哈尔滨工业大学,2020 年。
③ 高桃璇等:《基于函数型数据的中国经济区划分》,《数理统计与管理》2018 年第 4 期。
④ 蔺顺锋等:《基于函数型数据分析视角的我国副省级城市年平均工资差异研究》,《现代管理科学》2015 年第 3 期。
⑤ P. Feng and J. Qian, "Analyzing and Forecasting the Chinese Term Structure of Interest Rates Using Functional Principal Component Analysis", *China Finance Review International*, Vol. 8, No. 3, 2018, pp. 275 – 296.
⑥ I. M. Wagner-Muns, I. G. Guardiola, V. A. Samaranayke, et al., "A Functional Data Analysis Approach to Traffic Volume Forecasting", *IEEE Transactions on Intelligent Transportation Systems*, Vol. 19, No. 3, 2018, pp. 878 – 888.

第五节　本章小结

本章主要介绍了本书主要用到的系统可用性分析理论，以及本书为解决实际问题而引入的函数型数据分析方法。这些理论与方法是支撑本书研究内容开展的基础，同时本书的研究创新也对该理论及方法进行了扩展。

第四章　系统可用性数据来源及统计分析

为了准确合理地解释共享单车健康状况的变化因素，需要把握该共享单车系统的总体状况，分析共享单车用户需求特性，从而帮助企业制定合理的维修策略，降低维修成本，提升用户的出行体验。在本研究选定研究时段内，共享单车系统一般采用 IC 卡刷卡完成租车和还车行为，用户出行记录包括用户 ID、车辆编号、租还车站点代码以及租还车时间。本章将依据呼和浩特市 2013 年 10 月 1 日至 2017 年 9 月 30 日的用车记录，从用户出行频次、单车使用状况、参与使用的用户情况三个方面探索单车需求特性。

第一节　数据来源及预处理

呼和浩特市共享单车系统自 2013 年 10 月 1 日起正式投入使用，至 2021 年 4 月 9 日停止运营。本书将利用 2013 年 10 月 1 日至 2017 年 9 月 30 日的 OD 数据进行单车健康状况的研究。在这 4 年期间，该共享单车系统累计投入使用的单车共计 9437 辆，系统共设有 317 个站点，累计注册用户 13 万余个，累计产生 3634 万余条 OD 数据。

将原始的骑行记录导入数据库后发现，OD 数据记录具有数据量多、信息量大的特点。想要从中获取用户出行特征的信息和系统的健康状况信息,首先要将数据格式根据分析需求进行整理。表 4-1 展示了共享单车系统用户 OD 数据的一部分。数据结构包括用户 ID、车辆编号、租还车站点代码以及租还车时间,缺少用户骑行时长、租车星期等维度的信息,利用数据库简单操作租还时间即可得到。

表 4-1　　　　　　　　BBS 用户 OD 数据

用户 ID	车辆编号	租车站点代码	还车站点代码	租车时间	还车时间
3001570	132454	4003-9	4003-9	2013/10/31 20:36	2013/10/31 20:37
3001570	132454	4003-7	1004-15	2013/10/31 20:38	2013/10/31 20:52
3001715	132145	1009-4	4018-16	2013/10/31 20:54	2013/10/31 20:52
3005246	132454	1005-27	4003-9	2013/10/31 20:30	2013/10/31 20:36
3005487	132193	3004-4	—	2013/10/31 20:28	—
3000221	130065	2013-3	4028-12	2013/10/31 20:27	2013/10/31 20:47
3005116	130101	4028-6	1030-35	2013/10/31 20:27	2013/10/31 20:46

在展开接下来的研究前,需要对用户出行数据进行清理和预处理。由于数据量非常大,本章节研究需要借助 SPSS 中的数据库管理系统存储数据,利用 R 进行基本的数据分析处理,处理步骤如下。

(1) 删除租还记录不完整的骑行记录

在日常运营中,由于系统可能会出现数据传输、存储方面等技术性故障,或者是用户在用车结束后还车没有将单车放入桩内,骑行数据会出现还车时间或还车地点空白的记录,表 4-1 中用户 ID 为 3005487 的骑行记录,缺少还车站点和时间的信息,这类数据需要删除。

(2) 计算每条出行记录的骑行时长,删除骑行时长为负数的骑行记录将每条出行记录的还车时间减去租车时间，计算出用户的出行时间，会出现出行时长为负的记录，即还车时间早于租车时间，这可能是由系统的技术性故障导致的，这类数据应予以删除。

（3）删除不真实的骑行记录，整理出单车退租记录

根据上述两条规则清理数据后观察剩余骑行记录的骑行时长发现，用户的骑行时长分布在0—1440分钟。用户的OD数据分为出行起、讫点相同的数据（以下简称"OD-C数据"）和出行起、讫点不同的数据（以下简称"OD-D数据"）。在共享单车系统OD-C数据中存在这样的现象，表4-2中用户ID为3001570的记录，用户租车后由于对车辆的健康状况不满意，在车辆使用极短的时间内将其退租，在相同站点内试图更换其他车辆，这样产生的OD-C数据骑行记录被当作单车的失败出行记录，也是非真实的出行记录。

表4-2　　　　　　　　BBS用户OD数据结构

用户ID	车辆编号	租车站点代码	还车站点代码	租车时间	还车时间
3001570	132454	4003-9	4003-9	2013/10/31 20:36	2013/10/31 20:37
3001570	132454	4003-7	1004-15	2013/10/31 20:38	2013/10/31 20:52

对于OD-C数据，区分真实出行记录与非真实出行记录出行记录的关键是找到出行时长频率的拐点。首先，将所有OD-C数据提取出来，根据骑行时长绘制骑行时长频率分布图，如图4-1所示，可以很容易观察到，出行时长可以将OD-C数据骑行记录大致分为三个部分：0—3分钟、3—120分钟和大于120分钟。第一部分出行时长在0—3分钟的出行量巨大，在此之后出行量骤减，由此可以推断，在OD-C数据中，出行时长小于等于3分钟和大于3分钟为两种出行模式，前者为非真实出行记录，是异常出行模式，视作单车的退租记录，后者为正常

的出行模式。

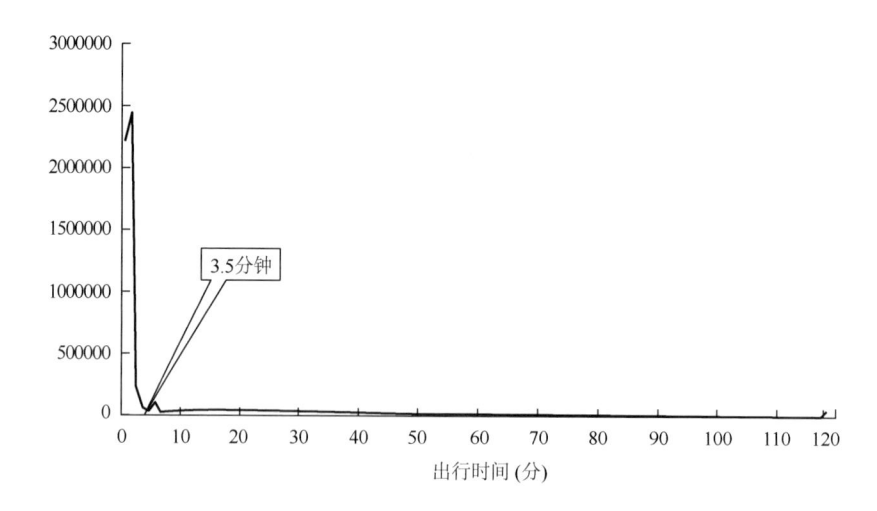

图4-1 出行时长频次

对于OD-D数据，我们根据交通工程学领域学者对一次真实出行的定义（一是每一次出行都有起讫两个端点，二是每次出行都有一定的目的，三是自行车每次出行的单程距离在400米以上），结合呼和浩特共享单车系统实际桩点分布情况和交通状况（不同站点之间的间隔在400米以上，取自行车时速为15km/h，有效出行时长应在95秒以上）可知，在OD-D数据中骑行时长小于1.5分钟的记录是不符合常理的骑行记录，可能是由系统故障导致，这部分数据应予以删除，大于1.5分钟的记录是正常的出行记录。

其次，根据实际的出行状况，选择删除120分钟以上的所有骑行记录。最后，数据清理逻辑如下：第一，删除有记录缺失、骑行时长为负和骑行时长大于120分钟的记录；第二，在OD-C数据中，骑行时长小于3分钟的视作用户出行失败的记录，3—120分钟为正常出行记录；第三，在OD-D数据中，骑行时长小于1.5分钟的数据选择删除，1.5—120分钟的骑行记录为正常出行记录。结果显示，被认定为出行失败的记录共 495 万余条,正常出行记录为 3127 万余条,正常出行数据和退租数据共计 3622 万余条,退租数据的比例约占 13.67%;删除缺失记录、骑行时长为负数或大于 120 分钟、骑行时长小于 1.5 分钟的 OD-D 数据共计 12 万余条,约占原始数据的 0.33%。

第二节　统计分析

为了研究呼和浩特市共享单车的总体需求变化情况,从整体把握共享单车健康状况的影响因素,本节从宏观的角度分析该共享单车系统的整体使用情况的变化规律,依次从用户选择共享单车出行频次变化的水平、参与使用的单车数量变化水平和用户积极性三个角度进行分析。

利用 SPSS 统计软件统计 2013 年 10 月 1 日至 2017 年 9 月 30 日的失败和真实 OD 数据,共计 3622 万条,取时间粒度为天,得到 4 年间每日用户租车频次变化、参与使用的单车数量变化图和用户数量变化。

(1) 用户出行需求

图 4-2 展示了 4 年间每日用户租车出行频次变化趋势,不难发现,用户使用共享单车的频次变化具有周期性,且周期为 1 年。每年用户的用车频率曲线图呈现倒"U"形,每年的 2 月是一年当中用车频次最低的月份,只占全年总出行量的 3% 左右,每年的 4—9 月是用车频率的高峰期,这段时间的用户的出行频率约占全年出行量的 58% 以上。从总体趋势上看,用户租车频次是逐年上升的,2017 年的租车频次的增长幅度明显增大,这表明用户出行对共享单车的需求是逐年增加的。

(2) 自行车租赁情况

图 4-3 展示了 4 年间每日参与使用的单车数量变化。可以看出,2015 年 10 月前,每月参与使用的单车数量基本上是逐月递增的,在系

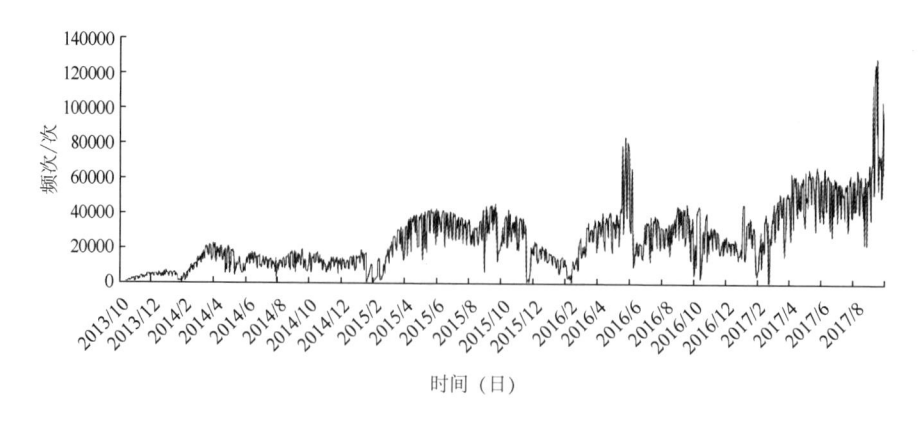

图 4-2 每日租车频次

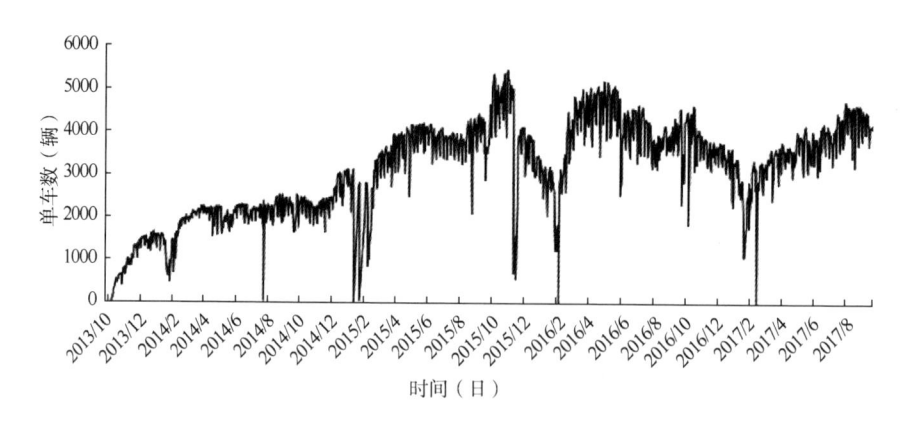

图 4-3 每日被使用的单车数量

统最初投入使用时、2014 年 10—12 月和 2015 年 7—10 月，有明显的单车使用数量的增加。在 2015 年 10 月后，参与使用的单车数量呈下降趋势。4 年间参与使用车辆数量最多的月份是 2015 年 8 月，该月参与使用的单车总数多达 7555 辆，单日数量最高为 5500 辆。一年当中参与使用车辆数量最少的月份是每年的 2 月，用车量大概是一年当中用车高峰期的一半。这表明，单车使用数量的变化与季节有关，夏日参与使用的单车数量较多，冬日参与使用的单车数量最少，最为突出的是每年的 2 月前后，这可能是由于气温过低，出行的用户减少，从而导致单车利用率不高。总体来看，2017年之后被租赁的单车数量越来越少，这可能是因为随着使用年限的增加，系统逐渐劣化，这部分健康状况较差的单车是可以通过观察判别的，用户在发生租车行为前会挑选健康状况较好的单车，而直接放弃健康状况较差的单车，最终导致参与使用的单车呈现逐年减少的趋势。

（3）用户活跃情况

图4-4展示了4年间每日参与使用的用户数量变化。可以看出，参与使用的用户数量的变化趋势具有周期特征，每年用户数量变化曲线呈现"M"形，即一年当中1月、2月、11月和12月用户最少，7月和8月用户数量出现减少的情况，5月、6月、9月和10月达到一年当中用户数量的峰值。其中，2015年用户数量增速最快，2016年用户数量与2015年整体持平，每天参与使用的用户总数可达2000余个。但从2017年3月起，相较于前两年，每日用户数量有明显减少的趋势，2017年5月单日里参与使用的用户最多仅有1600个左右。这表明，虽然用户出行频次是逐年增加的，但参与使用的用户是逐年递减的，这可能是由于用户对系统的满意度较低，导致部分用户弃用。

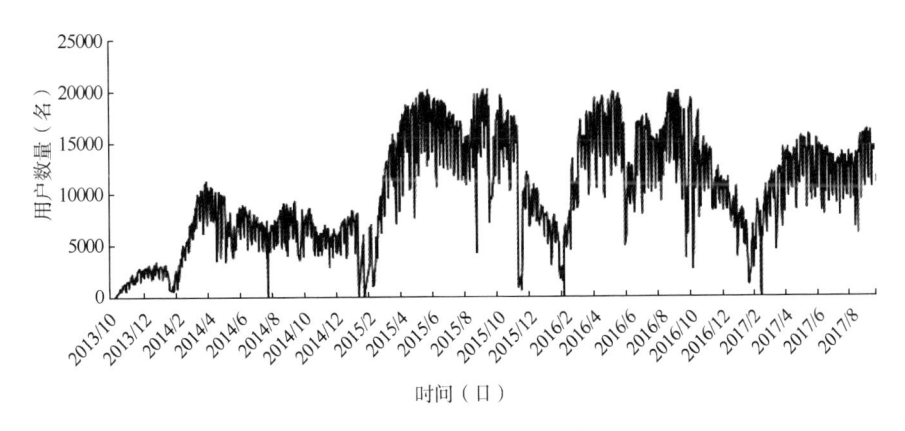

图4-4 每日使用单车的用户数量

第三节 系统可用性特征分析

共享单车健康状况会直接影响用户的出行体验。提高企业维修效率，降低维修成本的前提是要分析退租数据的特征。宏观来看，用户退租的 OD 数据可以从用户使用频次（退租趋势）和车辆使用状况（单车退租率）以及用户积极性（用户退租率）三个方面进行探讨。

（1）退租趋势分析

2013 年 10 月 1 日至 2017 年 9 月 30 日，4 年间产生退租数据共 495 万余条，占用户出行记录总量的 13.67%。首先，从用户租车频次角度出发，图 4-5 展示了时间粒度为天的用户租车失败频次的变化趋势，图 4-6 为用户租车失败频次的比率随时间变化的趋势。用户退租频次随时间变化表现出的周期性与用户总出行量随时间变化表现出的周期性相似，呈现倒"U"形，每年的 1 月、2 月、11 月和 12 月租车失败的频率最低，6—9 月租车失败频率最高，但从整体上看，用户租车失败的频次是逐年升高的。结合用户租车失败频次的比率来进行分析，用户租车失败频次比率有两个峰值。虽然 2014 年 8 月和 2016 年 2 月两个时间段

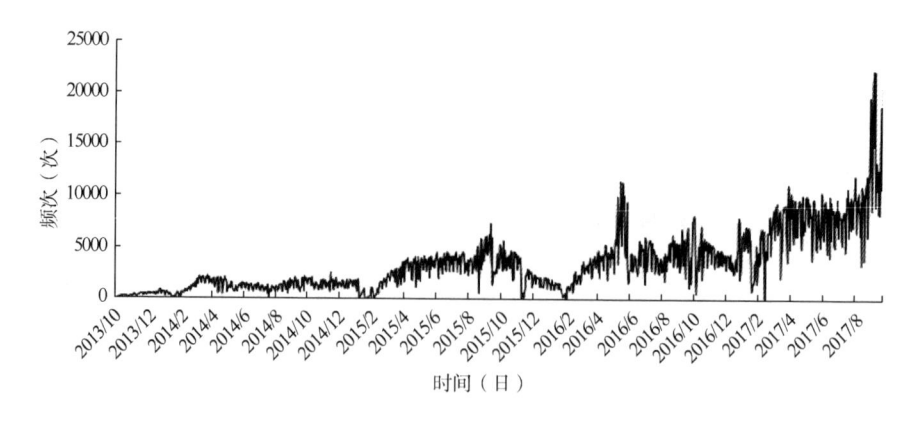

图 4-5 每日被使用的单车数量

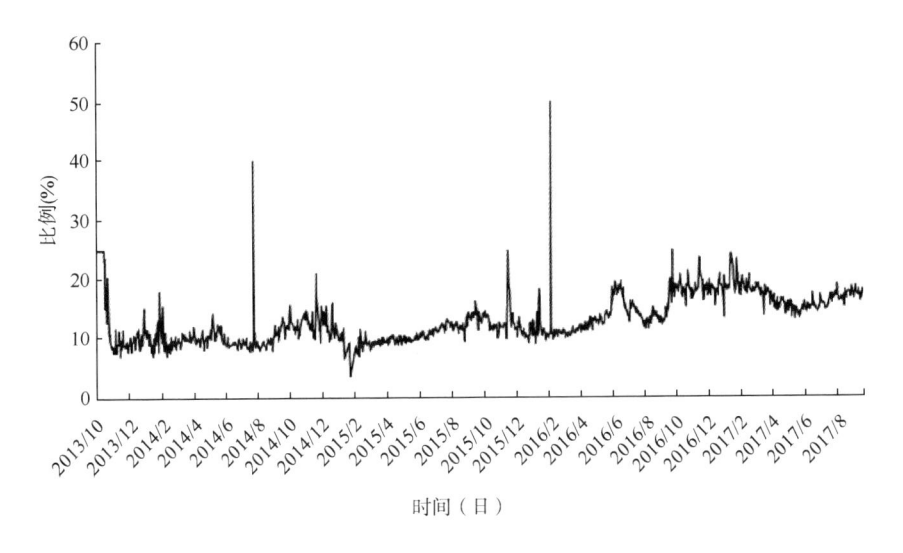

图 4-6 每日退租率

用户租车失败的频率明显较低，但这两段时间用户租车失败的比率最高，且高达45%。但总体来看，用户租车失败频次的比率是逐年上升的。该结果表明，虽然用户对共享单车的需求是逐年增加的，但发生退租的比率逐年升高，随着系统使用时间的增长，系统劣化现象越来越明显。

（2）单车退租率分析

从共享单车整体健康状况的角度分析，图4-7统计了单车退租率的频次直方，可以观察到，在9437辆单车当中，大多数单车的退租率维持在13%左右。图4-8表示被用户租出的车辆中未发生退租的单车数量和发生退租的单车数量随时间变化的趋势；图4-9表示每天参与使用的单车中发生退租的单车比率随时间变化的趋势。可以看出，2016年5月前，全天使用中未发生退租的单车数量远大于发生退租的车辆数量，但在2016年5月后，每天发生退租的车辆数量与未发生退租的车辆数量有时相等，有时甚至超过未发生退租车辆数量。从图4-9可以看出,虽然每天参与使用的单车数量是逐渐减少的,但是单车发生退租的比率是逐渐上升的,有时发生退租比率甚至高达60%,如2016年的10月前后。与用户租车退租比率相同的是,2016年2月,参与使用的单车虽然只有不到500辆,但发生退租的单车比率高达50%。这说明2016年5月之后,尤其是2016年8—10月,共享单车整体的健康状况明显变差,导致被用户退租的单车比率明显上升。

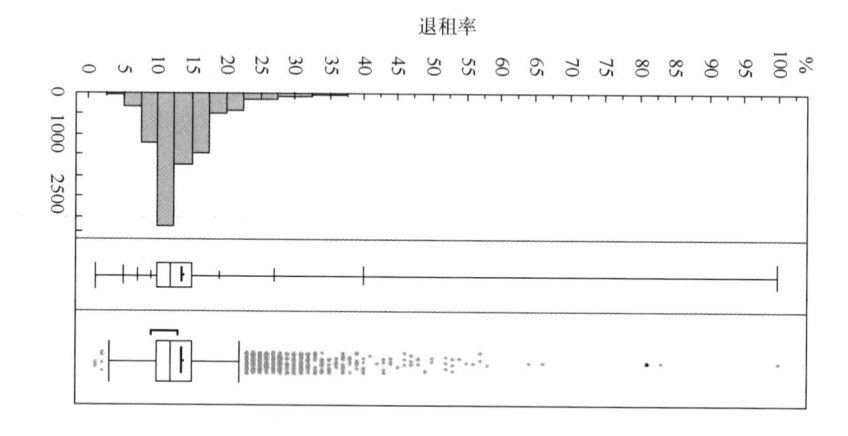

图4-7 单车退租率分布

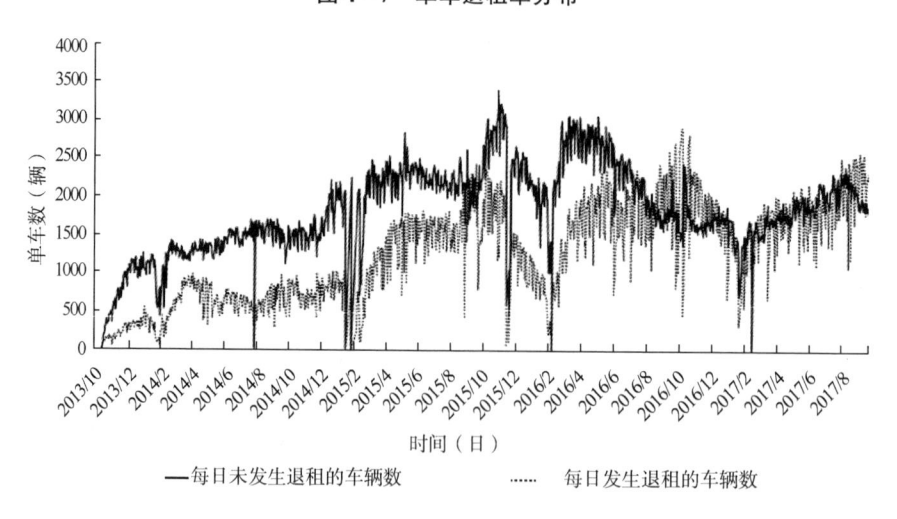

图4-8 每日发生退租的车辆数和未发生退租的车辆数

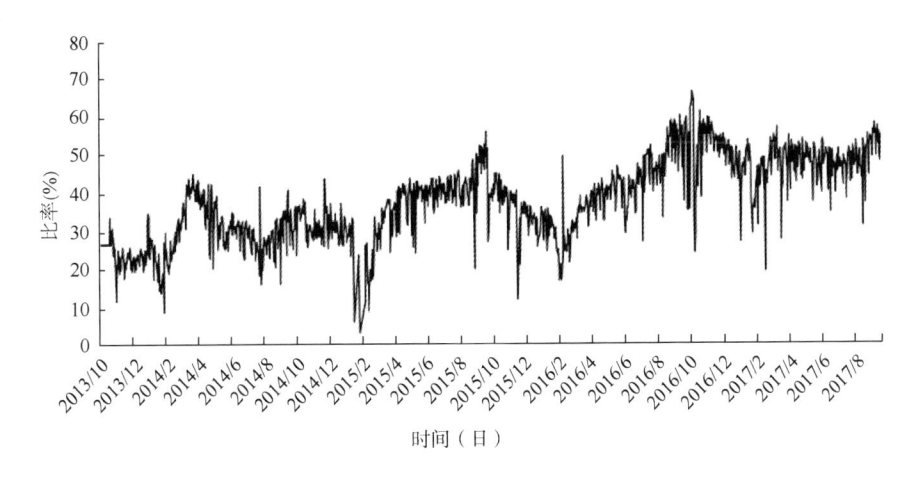

图 4-9　每日单车退租率

（3）用户退租率分析

从用户数量角度分析，图 4-10 表示每天使用单车未发生退租行为的用户数量随时间变化的趋势和出行发生退租行为的用户数量随时间变化的趋势；图 4-11 表示每天出行发生退租行为的用户比率随时间变化的趋势。使用过程中未发生退租行为的用户数量变化趋势也具有周期性，周期长度为一年，与用户出行频次周期不同的是，每年未发生退租行为的用户数量变化趋势呈现的是倒"M"形，每年的 4 月、5 月、6 月、9 月和 10 月用户租车一次成功出行的频次最高。发生退租行为的用户数量随时间变化也具有周期性，每年的变化趋势呈现倒"M"形。图 4-11 可以观察到，与用户租车频次失败比率类似，2014 年的 8 月和 2016 年的 2 月，被退租的车辆的比率均有明显的上升，在 40% 以上，就是说，每 10 名用户中有 4 名用户发生退租行为。而且，随着时间的推移，发生退租行为的用户数量是逐年增多的。该现象表明，共享单车整体的健康状况是逐年下降的，用户使用的满意度也在逐年递减。

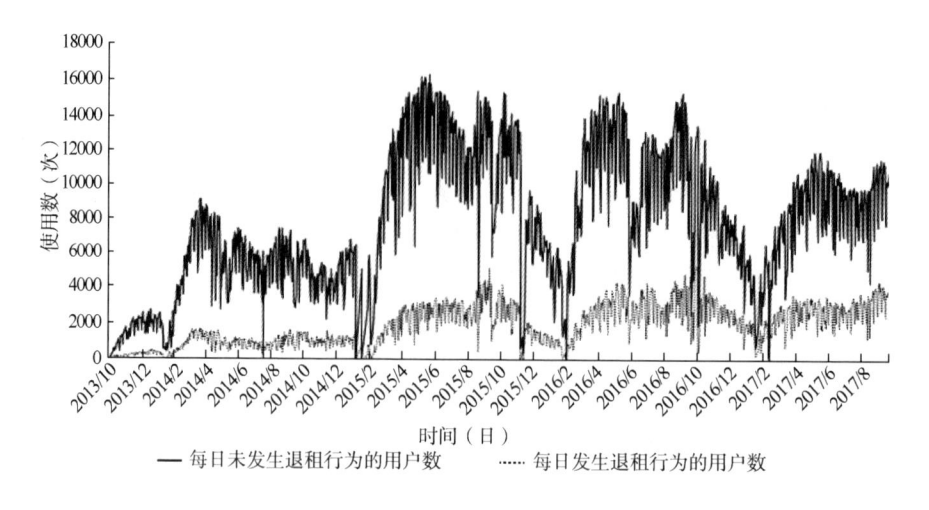

图 4-10　每日发生退租行为的用户数和未发生退租行为的用户数

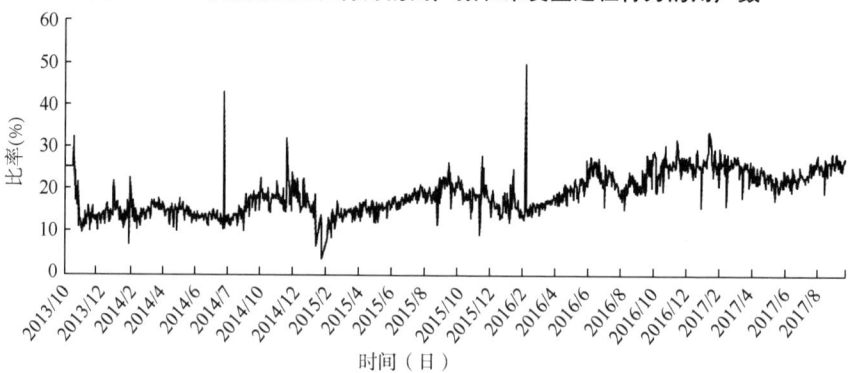

图 4-11　每日用户退租率

第四节　多粒度下用户出行模式的研究方法

为了提升用户的出行体验，并帮助企业提供合理有效的调度策略，准确定位共享单车用户在多粒度下对单车的需求特性是非常必要的。共享单车用户通过使用注册的 IC 卡完成租还车，从而在后台数据中心产生完整详细的骑行记录。因此，本节将对多粒度下用户出行模式的方法与流程进行研究,并通过呼和浩特市共享单车系统产生的 OD 数据进行实例验证,基于租车用户在长周期、短周期和细粒度三种时间粒度下的统计数据探索用户的出行习惯,并将其映射为唯一的骑行模式。

(1) 多粒度下用户出行模式研究

探究不同用户的出行偏好并提高其出行体验,最关键的是研究租车用户在不同时间粒度下的出行模式。在此假设无车可租、无车可还对租车用户的影响忽略不计,共享单车系统的骑行促销活动对租车用户骑行需求的影响忽略不计,新注册用户等一切外界因素的影响均忽略不计。这些因素对租车用户出行偏好的影响一方面可能不显著,另一方面相关数据很难获取甚至无法获取。

本节研究框架如图 4-12 所示。为了得到不同格式的数据,首先对整理后的数据 $\{T_{ij}, i=1, 2, \cdots, n; j=1, 2, \cdots, m\}$ 进行联机分析

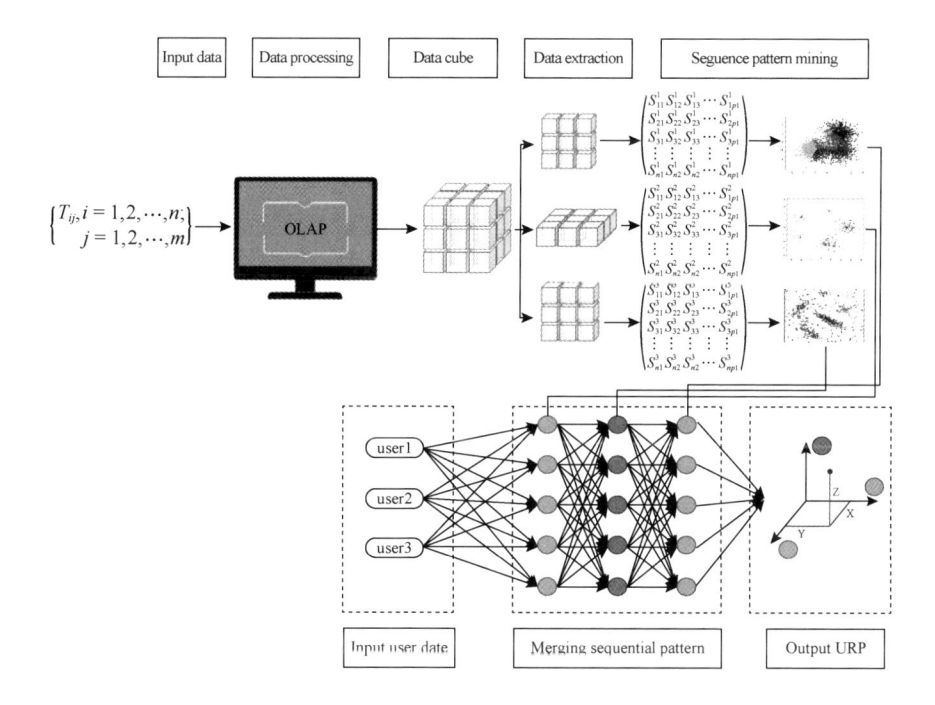

图 4-12 出行模式研究框架

处理,① 其中,T_{ij} 表示第 i 个用户的第 j 次骑行时间,比如 $\{T_{11}=20:38,2013/10/31\}$ 表示编号为 1 的租车用户的第一次骑车时间。在对数据进行提取、加载和转换等操作后,即可形成三维立方体的数据结构,三维数据 $[S_{11},S_{12},S_{13},\cdots,S_{1n}]'$,$[S_{21},S_{22},S_{23},\cdots,S_{2n}]'$,$[S_{31},S_{32},S_{33},\cdots,S_{3n}]'$ 分别表示租车用户在长周期、短周期、细粒度下的租车数据统计,先对数据立方体进行切片处理并得到短周期维度的数据,再对短周期维度的数据分别进行上钻和下钻并得到细粒度和长周期维度的数据,通过数据抽取技术得到三种时间粒度下租车用户的数据,最后对不同时间粒度下的租车数据进行频繁模式挖掘,② 并映射为用户的骑行偏好,进而确定不同租车用户在不同时间粒度下的骑行模式。③

(2)多粒度下用户出行模式映射

得到租车用户在不同时间粒度下的骑行数据后,用 PrefixSpan 算法挖掘三种时间粒度下租车用户的骑行偏好,如图 4-13 所示,长周期的骑行模式用 $X_1 \sim X_n$ 表示,短周期的骑行模式用 $Y_1 \sim Y_n$ 表示,细粒度的骑行模式用 $Z_1 \sim Z_n$ 表示。不同时间粒度下用户的骑行偏好可以映射为 $[XYZ]$,其中 $X=[X_1,X_2,X_3,\cdots,X_n]'$,$Y=[Y_1,Y_2,Y_3,\cdots,Y_n]'$,$Z=[Z_1,Z_2,Z_3,\cdots,Z_n]'$。因此,对不同的租车用户可以映射出不同的骑行模式 $[X_iY_jZ_k]$,其中 $i,j,k=1,2,\cdots,n$。

---

① A. Kaltenbrunner, R. Meza, J. Grivolla, et al., "Urban Cycles and Mobility Patterns: Exploring and Predicting Trends in a Bicycle-Based Public Transport System", *Pervasive and Mobile Computing*, Vol. 6, No. 4, 2010, pp. 455-466.

② A. A. Abdelaal, S. e. Abed, M. Al-Shayeji, et al., "Customized Frequent Patterns Mining Algorithms for Enhanced Top-Rank-K Frequent Pattern Mining", *Expert Systems with Applications*, Vol. 169, 2021, p. 114530.

③ Y. Zhou, M. Zhang, G. Kou, et al., "Travel Preference of Bicycle-Sharing Users: A Multi-Granularity Sequential Pattern Mining Approach", *International Journal of Computers Communications & Control*, Vol. 17, No. 1, 2022, p. 4673.

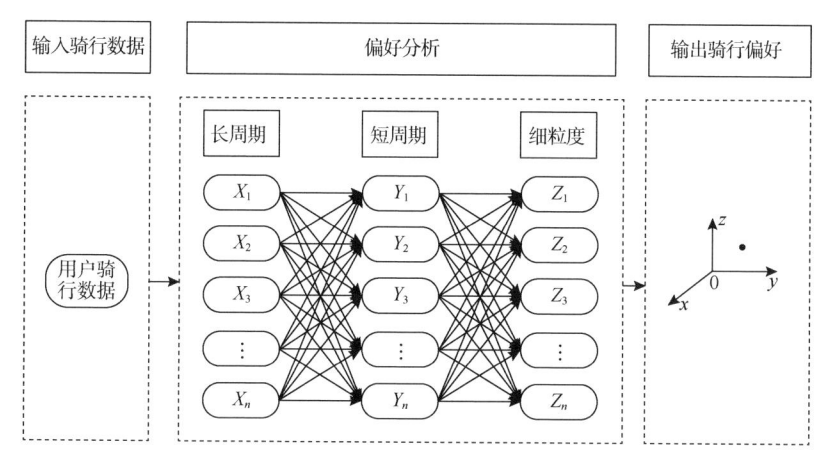

图 4–13　骑行模式映射

原始粗数据存在冗余数据多的特点,因此若想对用户的骑行偏好进行分析,首先需要将原始粗数据整理为需要的数据格式。表 4–3 呈现了呼和浩特市共享单车系统原始粗数据的一部分,数据属性包括用户 ID、租还车的时间、租车网点代码、还车网点代码以及车辆编号。经过数据清理以及预处理,得到长周期、短周期和细粒度下的数据格式,具体见表 4–4、表 4–5 和表 4–6。

表 4–3　　　　　　　　共享单车用户骑行数据

用户 ID	车辆编号	租车网点代码	还车网点代码	租车时间	还车时间
3001570	132454	4003–9	4003–9	2013/10/31 20:36	2013/10/31 20:37
3001570	132454	4003–7	1004–15	2013/10/31 20:38	2013/10/31 20:52
3001715	132145	1009–4	4018–16	2013/10/31 20:54	2013/10/31 20:52
3005246	132454	1005–27	4003–9	2013/10/31 20:30	2013/10/31 20:36
3005487	132193	3004–4	——	2013/10/31 20:28	——
3000221	130065	2013–3	4028–12	2013/10/31 20:27	2013/10/31 20:47
3005116	130101	4028–6	1030–35	2013/10/31 20:27	2013/10/31 20:46

表 4－4　　　　　　　　　　　　长周期数据结构

用户 ID	2014 年 1 月	2014 年 2 月	…	2017 年 7 月	2017 年 8 月
3001570	10	15	…	27	23
3005246	13	17	…	21	36
…	…	…	…	…	…
3000221	15	23	…	30	37
3005116	11	42	…	27	46
…	…	…	…	…	…

表 4－5　　　　　　　　　　　　短周期数据结构

用户 ID	周一	周二	周三	周四	周五	周六	周日
3001423	10	15	18	27	23	2	0
3001556	26	17	22	11	2	0	0
⋮	⋮	⋮	⋮	⋮	⋮	⋮	⋮
3004557	1	0	2	3	52	61	40
…	…	…	…	…	…	…	…

表 4－6　　　　　　　　　　　　细粒度数据结构

用户 ID	6:00—9:00	9:00—11:00	11:00—14:00	14:00—16:00	16:00—19:00	19:00—23:00
3001423	45	0	0	2	23	15
3001556	17	1	41	0	19	0
⋮	⋮	⋮	⋮	⋮	⋮	⋮
3004557	5	50	32	36	35	1
…	…	…	…	…	…	…

短周期的数据结构（见表4-5），统计了不同租车用户在周一到周日的骑行次数。细粒度的数据结构（见表4-6），将一天划分为五个时间段，分别是6：00—9：00，9：00—11：00，11：00—14：00，14：00—16：00，16：00—19：00，19：00—23：00，统计不同用户每天在每个时间段的出行次数。

一周由5个工作日和2个非工作日连续构成，图4-14绘制了呼和浩特市2016年周一到周日每天7：00—23：00的租车用户需求。从图4-14中可以发现，用户在工作日呈现出相似的使用模式，分布规律呈现明显的早中晚高峰，高峰时间段的出行需求也远大于其他时间段的出行需求，这可能是出于部分用户骑行是为了通勤；此外，相比于非工作日，工作日的出行需求更大。

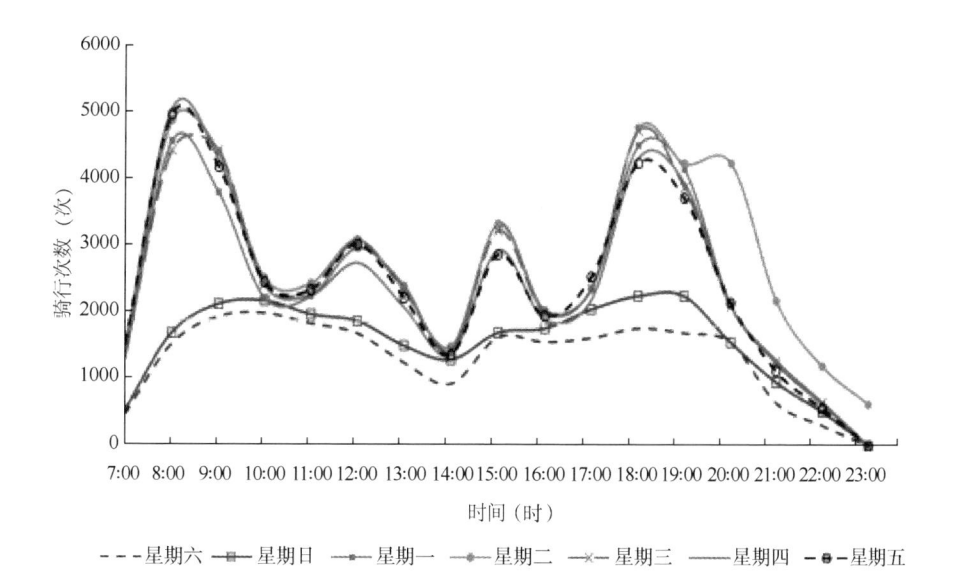

图4-14 每日租车用户需求

从图4-14中可以看出，用户在细粒度下的出行情况呈现出明显的"三峰"，分别是早中晚三个高峰，时间分别是8：00前后、11：00—

13:30以及17:00—18:00。在后续的研究中,若针对不同的租车用户进行不同的骑行偏好分析并提供不同的管理意见,不仅有助于提高用户的出行体验,还将提高共享单车系统的经济效益。

根据租车用户不同的骑行习惯进行聚类,有助于提高用户的骑行体验,并给共享单车系统的运营带来一定的经济效益。因此,本节以租车用户长周期的租车趋势为依据,采取谱聚类的方式,通过Python软件来得到聚类结果,系统最佳聚类为5类。图4-15(a)(b)(c)(d)(e)分别对应第一类到第五类,展示了每一类租车用户不同的骑行习惯,此外,图4-15还给出了五种类别的均值曲线图。

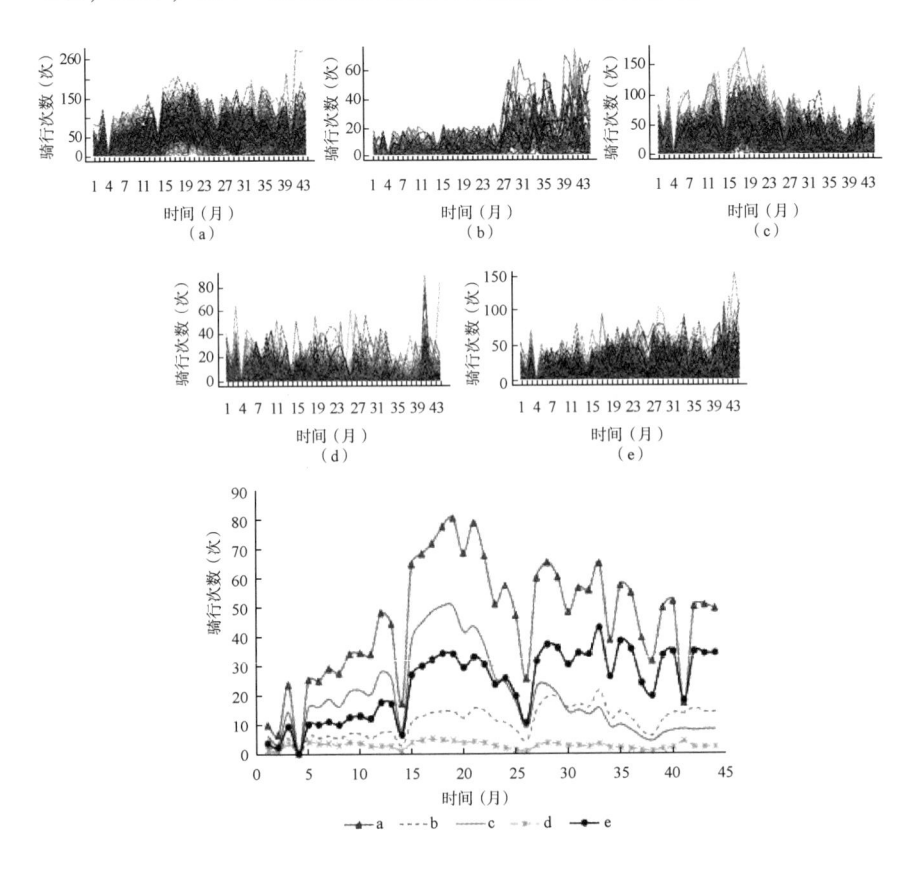

图4-15 长周期聚类结果

第一类租车用户的租车需求呈现出先上升后下降并大致保持一个平稳状态的走势。从整体来看，租车需求在冬季会呈现下降的趋势，而夏季租车需求较大。2014 年整体租车需求较低可能是因为呼和浩特市 2013 年末共享单车系统刚开始运营，到 2015 年租车需求急剧增长，2016—2017 年用户租车需求也能保持在一个较高的水平上，该类用户的整体租车需求较高。第二类租车用户的租车需求呈现出逐年上升的走势，但整体租车需求较低。从均值曲线的走势来看，该类用户的租车需求在 2016 年达到峰值，2017 年稍有下降，但在未来一段时间内还会继续保持当前需求水平。第三类租车用户的租车需求从 2014 年开始增加，2015 年达到顶峰后开始骤然下降，而且整体租车需求较低。从该类用户的需求均值曲线来看，该类用户在很大限度上会减少对共享单车的需求，甚至降低为 0。第四类租车用户的租车需求一直保持在很低的水平，平均一周使用一次，该类用户可视作沉默用户，根据该类用户的均值曲线，可以看出该类用户对单车的需求很低，在未来一段时间之内还将继续保持。第五类租车用户的租车需求呈现出逐年上升的走势。从 2015 年后，该类用户能够保持每月 25—30 次的骑行频率。从均值曲线的走势来看，该类用户的租车需求从 2015 年开始基本维持在一个固定的范围，在未来一段时间之内还会继续保持这样较高的出行需求。

为了进一步判断租车用户的骑行习惯，选取 2016 年 8 月的租车用户为研究对象，判断该类用户在周一到周日的频繁骑行模式。如图 4-16 所示，该时间粒度下共享单车用户出行模式的最佳聚类为八类。图 4-16 中横轴表示周一到周日七天，纵轴表示租车用户每天的租车需求。

在图 4-16 中，租车用户的八种偏好模式可以进一步总结为三类模式。第一类模式中租车用户的骑行需求中等，明显的特征是一周中的某一天骑行需求显著高于其他天数。比如在图 4-16（a）中，该类租车用户在周日的骑行需求高于其他天数的骑行需求。另外两种类别如图 4-16（b）（e）所示，这两种类别下的骑行需求的变化相对平稳，需要根据骑行频率的高低来区分。

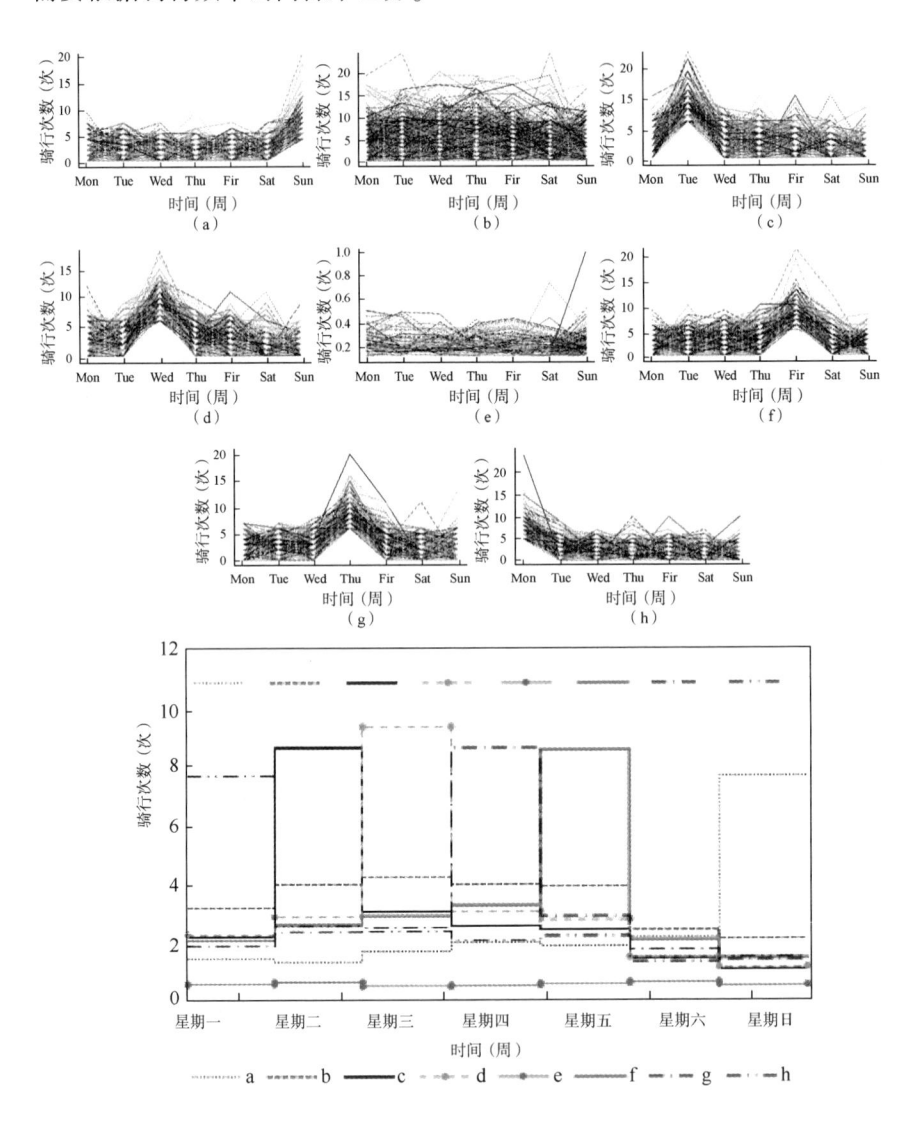

图 4-16　短周期聚类结果

在细粒度下对租车用户的骑行模式进行研究，发现用户出行规律呈现出明显的早中晚"三峰"，为了进一步研究租车用户在不同时间段下的出行习惯，将一天分为 6 个时间段，即 6：00—9：00，9：00—11：00，11：00—14：00，14：00—16：00，16：00—19：00，19：00—23：00，使用 2016 年 8 月 8—14 日的数据对用户骑行习惯进行聚类分析，结果如图 4-17 所示。

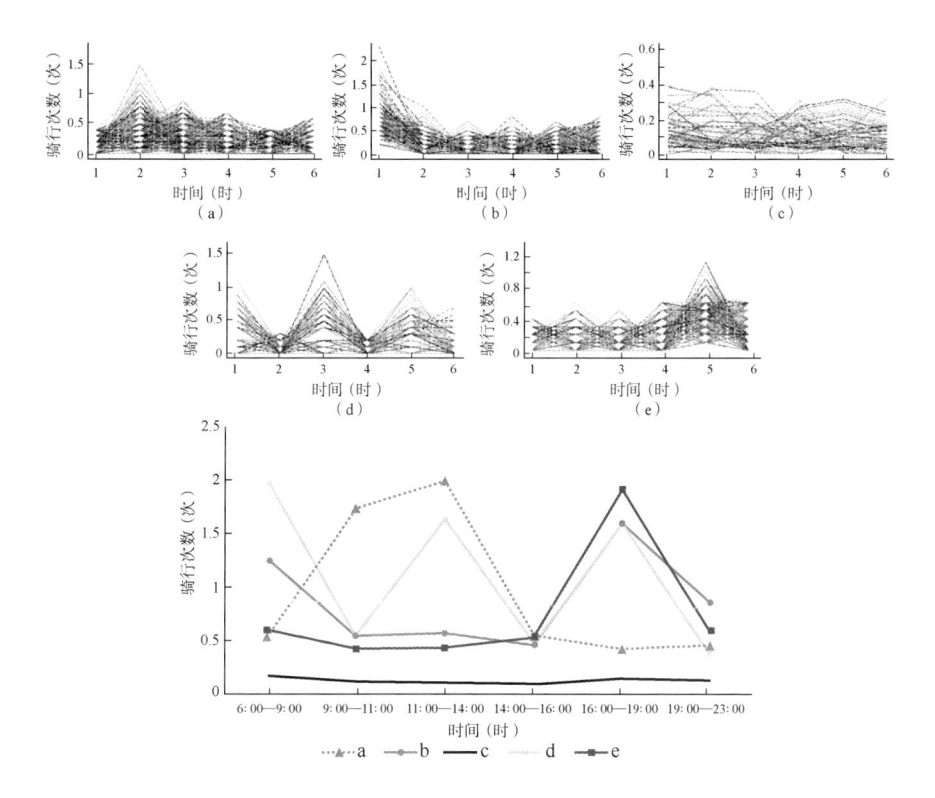

图 4-17 细粒度聚类结果

第一类模式：该类用户在早高峰后和午高峰时借车需求更大，但平均一周的借车次数较少；第二类模式：该类用户在早高峰的借车需求大，其余时间段借车需求很小，该类用户骑行的目的可能是早通勤；第三类模式：该类用户在每个时间段的骑行需求都很小，可视作沉默用户；第四类模式：该类用户在早中晚高峰的借车需求大，其余时间段的借车需求较小，该类用户骑行的目的可能也是通勤；第五类模式：该模式下用户只在晚高峰有骑行需求，其余时间段基本没有骑行需求。

（3）多粒度下用户出行模式总结

呼和浩特市租车用户的骑行偏好在三种时间粒度下分别都进行了分类，因此可以映射出多种不同的骑行模式，但根据租车用户的实际骑行规律可以将不同时间粒度下的类别进行合并，将长周期下的（a）类和（e）类归为连续骑行，（b）类和（c）类归为非连续骑行，（d）类作为低频骑行；短周期下的（e）类为低频骑行，其余类别均视为高频骑行；细粒度下（b）类和（d）类为高峰时段骑行，（a）类和（e）类为休闲时段骑行，（c）类为低频骑行。根据用户的骑行习惯，最终将用户的骑行模式细分为九大类（见表4-7）。

表4-7　　　　　　　　租车用户骑行模式映射

用户类别	长周期模式	短周期模式	细粒度模式	骑行占比(%)
核心通勤	连续骑行	高频骑行	高峰时段骑行	1.64
核心休闲	连续骑行	高频骑行	休闲时段骑行	2.52
黏性偶尔通勤	连续骑行	低频骑行	高峰时段骑行	3.38
黏性偶尔休闲	连续骑行	低频骑行	休闲时段骑行	5.18
活跃通勤	非连续骑行	高频骑行	高峰时段骑行	1.86
活跃休闲	非连续骑行	高频骑行	休闲时段骑行	2.52
年度偶尔通勤	非连续骑行	低频骑行	高峰时段骑行	2.38
年度偶尔休闲	非连续骑行	低频骑行	休闲时段骑行	6.88
沉默用户	非连续骑行	低频骑行	低频骑行	73.64

长周期连续骑行、短周期高频骑行的高峰时段骑行模式。该模式下的用户可称为核心通勤用户，占 1.64%。依据现有数据，这些用户连续 4 年依赖于共享单车，并在周一到周日的早中晚高峰频繁使用共享单车作为出行工具，骑行时间平均为 7 分钟，很显然，该模式下用户骑行是为了通勤，解决了出行"最后一公里"的问题。

长周期连续骑行、短周期高频骑行的休闲时段骑行模式。该模式下的用户可称为核心休闲用户，占 2.52%。这些用户连续 4 年依赖于共享单车，并在周一到周日的任何时间段都有较高的骑行频次，骑行时间平均在 16 分钟左右，很显然，该模式下用户骑行的目的是为了休闲娱乐。

长周期连续骑行、短周期低频骑行的高峰时段骑行模式。该模式下的用户可称为黏性偶尔通勤用户，占 3.38%。这些用户虽然连续 4 年依赖于共享单车，但在周一到周日的早中晚高峰中偶尔会有骑行记录，并非天天骑行，很显然，该模式下用户偶尔把共享单车作为通勤工具。

长周期连续骑行、短周期低频骑行的休闲时段骑行模式。该模式下的用户可称为黏性偶尔休闲用户，占 5.18%。这些用户虽然连续 4 年依赖于共享单车，但在周一到周日的任何时间段偶尔把共享单车作为交通出行方式，很显然，该模式下用户偶尔把共享单车作为休闲娱乐的交通方式。

长周期非连续骑行、短周期高频骑行的高峰时段骑行模式。该模式下的用户可称为活跃通勤用户，占 1.86%。这些用户在某一年会频繁使用共享单车，周一到周日的早中晚高峰中均有骑行记录，很显然，该模式下用户在活跃年份骑行是为了通勤，解决了出行"最后一公里"的问题。

长周期非连续骑行、短周期高频骑行的休闲时段骑行模式。该模式下的用户可称为活跃休闲用户，占 2.52%。这些用户在某一年会频繁使用共享单车，使用过程中在周一到周日的任何时间段都有较高的骑行频次，可以认为该模式下用户骑行是为了休闲娱乐。

长周期非连续骑行、短周期低频骑行的高峰时段骑行模式。该模式下的用户可称为年度偶尔通勤用户，占 2.38%。这些用户在某一年会频繁使用共享单车，但在周一到周日的早中晚高峰中偶尔会有骑行记录，并非天天骑行，很显然，该模式下用户偶尔把共享单车作为通勤工具。

长周期非连续骑行、短周期低频骑行的休闲时段骑行模式。该模式下的用户可称为年度偶尔休闲用户，占 6.88%。这些用户在某一年会频繁使用共享单车，使用过程中在周一到周日的某个时间段选择共享单车出行，可以认为该模式下用户骑行是为了休闲娱乐。

长周期非连续骑行、短周期低频骑行的细粒度低频骑行模式。该模式下的用户称为沉默用户，占 73.64%。这些用户不管是长周期、短周期还是细粒度，均有较低的骑行频次，出行可能选择其他交通方式。

这种不同骑行模式的分类表明，不同的租车用户对共享单车的偏好是不同的，根据不同的骑行模式，可以对不同的租车用户制定不同的激励制度，从而激发用户的用车意愿，为低碳环保贡献自己的力量。

第五节 真实需求问题分析

对上述九大类别的用户继续进行深入研究，发现对于第一类和第三类的通勤用户而言，存在某些时刻用户按照往常的习惯在相同的站点租车却无车可租的情况，以核心通勤类别中 ID 为 3042879 的用户为例，从表 4-8 中的租还情况可以看出，作为共享单车的高频用户，该用户的租车时间总是在工作日的早晚高峰，由此可见该用户骑行是为了通勤，但在 7 月 5 日早上，该用户从距离滨河路北口 100 米的牛街北口站租车，7 月 7 日和 8 日晚高峰时期，该用户从距离回民区政府 100 米左右的内蒙古交通物资协会站租车，有理由相信该用户是因为没有在当前站点租到车才选择到附近站点租车,将这种被迫到附近站点租车的需求称为隐性需求。

表4-8　　　　　　　　　某用户一周的骑行情况

用户ID	租车网点	还车网点	租车时间	还车时间
3042879	滨河路北口	回民区政府	2016/7/1 7:44	2016/7/1 8:01
3042879	回民区政府	滨河路北口	2016/7/1 18:17	2016/7/1 18:34
3042879	滨河路北口	回民区政府	2016/7/4 7:36	2016/7/4 8:03
3042879	回民区政府	滨河路北口	2016/7/4 18:04	2016/7/4 18:19
3042879	牛街北口	回民区政府	2016/7/5 7:52	2016/7/5 8:13
3042879	回民区政府	滨河路北口	2016/7/5 17:54	2016/7/5 18:11
3042879	滨河路北口	回民区政府	2016/7/6 7:47	2016/7/6 8:08
3042879	内蒙古交通物资协会	滨河路北口	2016/7/7 18:37	2016/7/7 18:53
3042879	牛街北口	回民区政府	2016/7/8 8:05	2016/7/8 8:18
3042879	内蒙古交通物资协会	滨河路北口	2016/7/8 18:52	2016/7/8 19:08
3042879	滨河路北口	回民区政府	2016/7/11 7:41	2016/7/11 7:56
3042879	回民区政府	滨河路北口	2016/7/11 17:44	2016/7/11 18:02

为了继续探究隐性需求的存在性,选取高频站点中的联通大厦作为代表性站点,统计了该站点2016年7月前两周的高频用户比重以及在临近站点租车用户数量占总用户的比例,具体来说,选取7:00—9:00、11:30—13:30、17:00—19:00作为早中晚三高峰进行研究,首先计算三个高峰时间段下的高频用户占比,其次统计在临近站点租车的用户数量,进而求出临近站点租车用户数量占总用户的比重。从表4-9可以看出,该站点在一大的三个高峰都有高频租车用户,此外,三个高峰时间段下都有用户到临近站点租车,但占比都没有超过4%。相比之下

该站点在早高峰时的隐性需求更大,达到总用户的 3.87%。如果不是无车可租,用户一定会按照以往的习惯在该站点进行租车。基于以上分析,本书认为站点的真实需求由显性需求和隐性需求两部分构成。显性需求表示用户从当前站点成功租车的需求,隐性需求表示用户由于当前站点无车可租到附近站点租车的需求。具体关于真实需求的研究将在后续章节详细展开介绍。

表 4-9　　　　　　　2016 年 7 月用户占比情况　　　　　　单位:%

时间段	高频用户占总用户比重	临近站点租车用户数量占总用户比重
早高峰	7.04	3.87
中高峰	5.52	3.48
晚高峰	8.04	1.97

第六节　本章小结

本章首先对多粒度下用户出行模式的研究框架进行了介绍,对长周期、短周期和细粒度构成的数据立方体进行切片和上下钻等操作得到三种时间粒度下用户的骑行数据,研究不同粒度下用户的骑行习惯,并将其映射为唯一的骑行偏好;其次使用呼和浩特市共享单车系统 2013—2017 年产生的骑行数据进行实例研究,对长周期、短周期和细粒度的频繁模式进行挖掘,最终映射为用户的九大类骑行偏好并详细分析了每种骑行偏好下的骑行特点;最后对高频用户进行分析,发现存在通勤用户在高峰时间段由于无车可租被迫到附近站点租车的情况,继而提出站点真实需求问题,为后续研究做准备。

第五章　基于函数型主成分及聚类的可用性分析方法

在第四章的基础上，本章将研究呼和浩特市共享单车系统车辆的健康状况的变动特征。从 2013 年 10 月 1 日系统投入使用开始，截至 2017 年 9 月 30 日，历史在桩的单车共计 9438 辆。由于车辆投放使用时间不统一，为了对齐数据，方便研究，本章统一采用共享单车系统 2014 年 1 月 1 日当天在桩的 2258 辆单车的原始 OD 数据进行分析，该 2258 辆单车的租还记录截至 2017 年 9 月 30 日，即共采集了 2258 辆单车 1346 天的 OD 数据。

第一节　函数型数据构造

随着现代技术的进步，越来越多的数据记录在一个或多个连续的时间段中。例如，若干城市一年中每日的温度数据、若干病人一段时间内 CD4 细胞含量的数据等，这些数据被称为函数型数据，如今已成为一种常见的数据类型，FDA 方法中涵盖了针对此类数据的分析方法。函数型数据是随着一个或多个连续集在时间或空间上变化的数据，具有连续性。函数型数据的处理包括函数型数据的存储、预处理、选择基函数进行拟合三个步骤。

函数型数据处理的第一步是原始数据的整理与存储。在实际应用中，函数型数据观测值的储存形式见表 5-1 所示。存储完毕为下一步曲线拟合的工作做准备。

表 5-1　　　　　　　　　　函数型数据

变量	$x_1(t)$	$x_2(t)$	...	$x_i(t)$
t_1	$x_1(t_1)$	$x_2(t_1)$	...	$x_i(t_1)$
t_2	$x_1(t_2)$	$x_2(t_2)$	...	$x_i(t_2)$
⋮	⋮	⋮	⋮	⋮
t_j	$x_1(t_j)$	$x_2(t_j)$	...	$x_i(t_j)$
⋮	⋮	⋮	⋮	⋮
t_N	$x_1(t_N)$	$x_2(t_N)$	...	$x_i(t_N)$

第二步，将离散的数据拟合为具有函数性质的曲线。设收集到 $x_i(t)$ 的数据集 $x_i(t_j) = \{x_1(t_1), x_2(t_2), \cdots, x_i(t_j)\}$，假设该数据服从某种函数变化趋势，可以建立数学模型见公式（5-1）：

$$x_i = x_i(t) + \varepsilon_i, \quad i = 1, 2, \cdots, n \quad (5-1)$$

其中，$x_i(t)$ 是待拟合的函数曲线，ε_i 是原始数据中的扰动因素或误差。将离散的观测点拟合成具有函数性质的曲线有两种常用的方法，分别是插值法和平滑法。当观测到的数据没有误差时适合选用插值法进行拟合，反之则采用平滑法进行拟合。由于大多数情况下观测到的离散数据集都是有误差的，所以平滑法采用得较多。平滑法又分为线性平滑法和非线性平滑法，虽然线性平滑法的计算速度较快，但是相较于非线性平滑法，展现出的效果稍显逊色。非线性平滑法中最重要的方法是基函数展开法。

基函数是指一系列的函数 φ_k 构成的函数集 Φ_k，每辆单车健康函数之间是相互独立的，且任意的函数可以通过基函数的线性组合的形式表示出来。基函数平滑法就是利用基函数系统中 K 个已知的基函数 φ_k ($k=1$, 2, $\cdots$, K) 的线性组合对曲线 $x_i(t)$ 进行拟合，即选择一组合适的基函数 $\varphi_1(t)$, $\varphi_2(t)$, $\cdots$, $\varphi_K(t)$，存在系数向量 $\xi^T = (\xi_1, \xi_2, \cdots, \xi_k)$，使得

$$x_i(t) = \mu(t) + \sum_{k=1}^{K} \xi_{ik}\varphi_k(t), i = 1,2,\cdots,n, t \in [1,N] \quad (5-2)$$

其中，$\xi_{ik} = \int x(t)\varphi_k(t) \mathrm{d}t$ 为 $X(t)$ 在 $\varphi_k(t)$ 上的投影。于是将无限维的函数型数据近似为有限项（K 项）的展开之和，K 越大，拟合的精度越高。函数型数据 $x_i(t)$ 所包含的信息也就通过一个有限维的向量 $\xi^T = (\xi_1, \xi_2, \cdots, \xi_k)$ 来进行表达，从而达到降维的效果。系数 ξ_k 通常采用最小二乘法来进行估计。

第三步，基函数的选择与拟合。具体步骤见表 5-2 所示。

表 5-2　　　　　　　　　　　　基函数拟合

步骤	描述
步骤 1	构建函数型数据集，绘制相应的散点图，分析散点图所呈现的特征
步骤 2	根据数据集的特点选择基函数的类别
步骤 3	根据实际情况选择基函数的个数
步骤 4	估计系数 ξ_k

基函数的展开过程不仅需要估计展开式的系数 $\xi^T = (\xi_1, \xi_2, \cdots, \xi_k)^T$，还需要考虑基函数 φ_k 的类别选择。基函数的选择应满足拟估计函数 $x_i(t)$ 的性质。一般来说，比较常用的基函数有傅立叶基函数和 b 样条基函数。前者适用于周期性的函数型数据，后者适用于非周期性的函数型数据。此外，其他类型的基函数还包括小波基函数、指数基函数、多项式基函数等。总而言之，基函数拟合的本质首先要确定基函数的类型，其次确定基函数的个数，最后估计出线性组合系数 ξ_k。

第二节 函数型可用性指标构建

数据清理结束后，用户的出行记录可以分为两类，即用户出行成功的数据和用户退租的数据。由于车辆没有直接的故障反馈渠道，无法直观地衡量每辆单车的健康状况，所以只能通过构建健康状况指标的方式体现每辆单车的健康状况。本章利用这两类数据用于单车健康指标的构建。每辆单车的健康状况用"健康率"这一评价指标来进行表示。单车健康率是指，一段时间内某辆单车被成功使用并完成有效出行的次数，表示该辆单车的健康状况。健康率越高，表示该辆单车的健康状况越好，越能有效满足用户的出行需要；健康率越低，表示该辆单车健康状况越差，甚至不能满足用户的出行需求，需要及时进行维修。共享单车的健康率定义为：

$$x_i(t_j) = 1 - \frac{C_{ij}}{C_{ij} + N_{ij}}, \ i = 1, 2, \cdots, 2258, \ j = 1, 2, \cdots, 1346$$

(5-3)

其中，$x_i(t_j)$ 表示第 i 辆单车第 j 天的健康率，C_{ij} 表示第 i 辆单车第 j 天的退租次数，N_{ij} 表示第 i 辆单车第 j 天的有效出行次数。

利用 R 程序代码的数据透视功能统计 2014 年 1 月 1 日当天所有在桩的 2258 辆单车 1346 天每天完成有效出行的次数和退租次数，根据定义的公式（5-3）计算出每辆单车每天的健康率。由于每辆单车不能保证每天都会被用户租用，单车在某些天的健康率就无法获得，因而无法获得没有缺失值的连续的健康率。为了方便研究，本章使用共享单车历史累计的健康率进行接下来的研究，例如，第 i 辆单车在第 1 天为用户提供的有效出行次数为 15 次，发生退租次数为 5 次，那么第 1 天该辆单车的健康率为 1 - [5/(5 + 15)] = 75%；第 2 天该辆单车有效出行次数为 10 次，退租次数为 2 次，那么，该辆单车第二天的健康率为

$1-[(5+2)/(15+5+10+2)]=78.13\%$。这样处理不仅解决了无法获得某天未被使用的单车健康率的问题，还可以体现该辆单车在一段时间内的整体健康率趋势变化。

第三节 函数型可用性分析方法

通过上述方法计算出的 2258 辆单车 1346 天每天的累计健康率，本质上是一些离散的点，没有以函数的形式呈现出来。但随着时间的变化，逐渐呈现出函数的某些特征，图 5-1 展示了 2258 辆单车在 1346 天中健康状况的变化。明显可以观察到有些曲线当中的某些点是"尖"的，不具有可导性，无法用函数的性质分析健康状况变化的特点，因此，接下来需要进行数据的拟合工作。

（1）函数型可用性趋势拟合

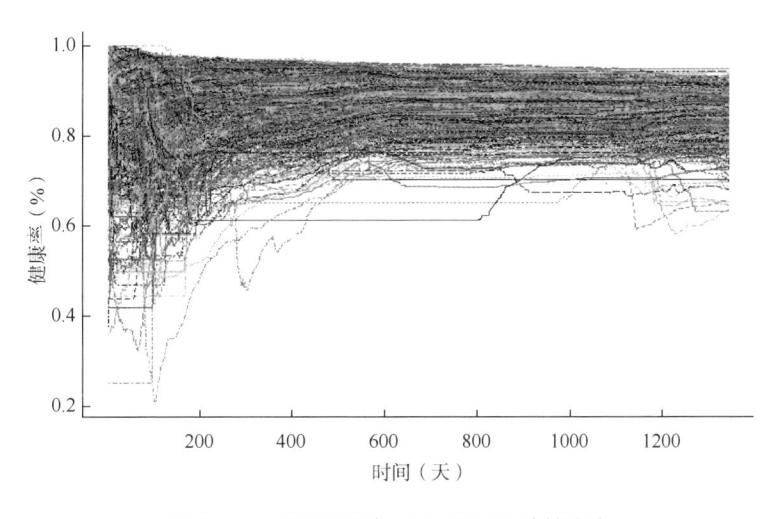

图 5-1 2258 辆单车 1346 天日累计健康率

将 2258 辆单车自 2014 年 1 月 1 日至 2017 年 9 月 30 日时间粒度为天的健康指标存储为函数型数据，时长为 1346 天，构成了 2258×1346 的矩阵。记上述收集到的离散数据集为 $x_i(t_j) = \{x_1(t_1), x_2(t_2), \cdots, x_i(t_j)\}$，建立数学模型：

$$x_i = x_i(t) + \varepsilon_i, \ i = 1, 2, \cdots, 2258 \quad (5-4)$$

待估算的曲线可以用本书前文中介绍的函数型数据预处理方法进行离散数据的拟合。选择一组合适的基函数，通过基函数的线性组合将离散的数据进行逼近，最终得到拟合的曲线 $x_i(t)$，从函数型数据视角分析2258辆单车的健康率走势图，采取傅立叶基函数进行拟合，基函数的个数选为35个。每辆单车在1346天的健康率变化曲线为一个函数型数据，由此可以确定拟合曲线模型表示为：

$$x_i(t) = \mu(t) + \sum_{k=1}^{35} \xi_{ik}\varphi_k(t), i = 1,2,\cdots,2258, t \in [1,1346]$$

$$(5-5)$$

通过上述模型，将2258辆单车离散的日累计健康率变化数据转化成连续的函数型数据，用R软件将拟合后的曲线图像绘制出来，代表近似的1346天每辆单车日健康率的变化趋势，如图5-2所示。拟合后的曲线基本可以反映1346天内每辆单车健康率的动态趋势，函数型数据有利于用函数的性质，如求导等分析单车健康状况变化的规律和特点。

从图5-2可以看出，共享单车健康状况的变化可以大致分为五类，第一类为健康状况不变，健康率曲线是一条直线，健康状况一直良好甚至优秀，或健康状况较差。第二类为健康状况逐渐变好，健康率曲线逐渐上升。第三类为健康状况逐渐下降，健康率曲线缓慢下降或急速下降。第四类为健康状况先变差然后又逐渐变好，健康率曲线呈现"U"形或"V"形的走势。第五类为健康状况逐渐变差到一定程度后保持不变，健康率曲线呈现出"L"形走势。图5-3展示了部分单车健康率曲线变化的基函数拟合图像。由部分拟合后曲线的均方根误差（RMSE）可知，曲线拟合效果较好。

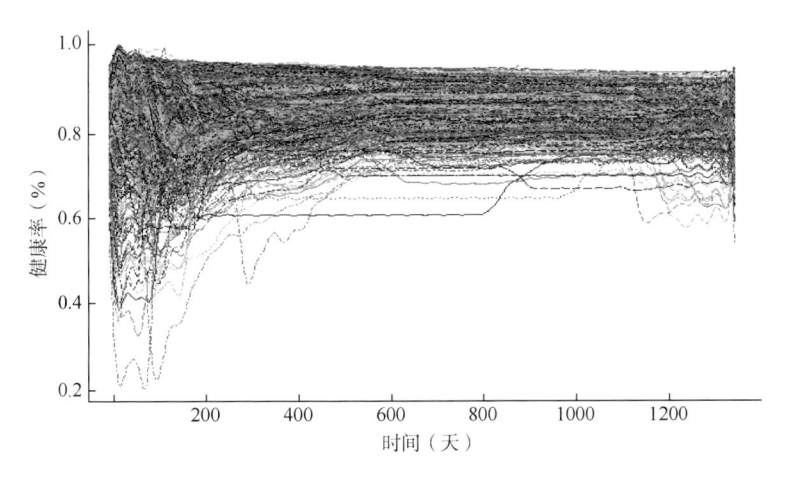

第五章 基于函数型主成分及聚类的可用性分析方法

图 5-2　2258 辆单车拟合后累计健康率

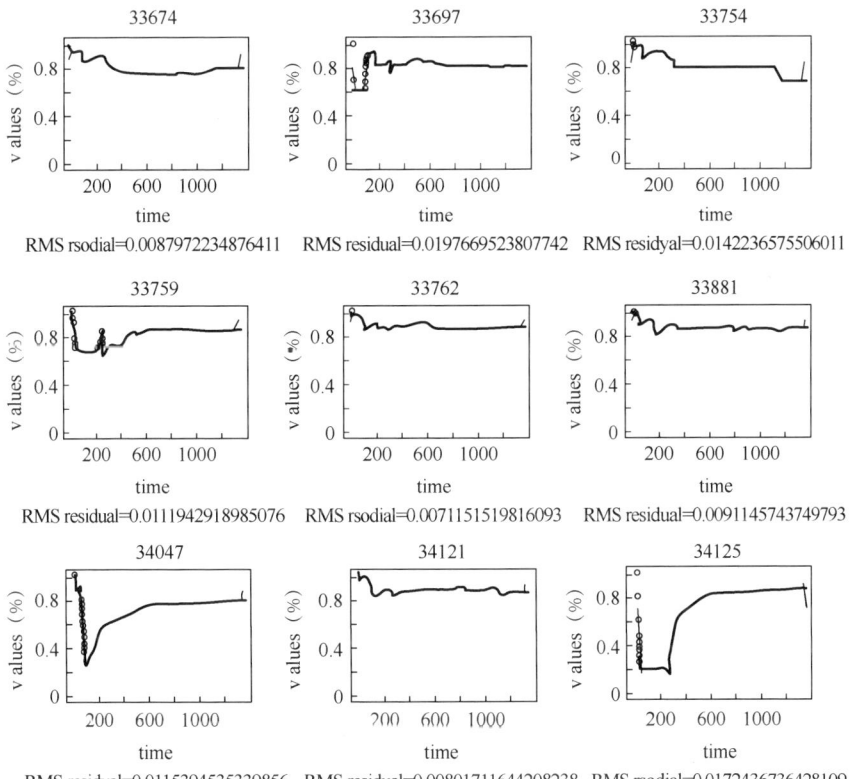

33674　　　　　　　　　　33697　　　　　　　　　　33754

RMS rsodial=0.0087972234876411　　RMS residual=0.0197669523807742　　RMS residyal=0.0142236575506011

33759　　　　　　　　　　33762　　　　　　　　　　33881

RMS residual=0.0111942918985076　　RMS rsodial=0.0071151519816093　　RMS residual=0.0091145743749793

34047　　　　　　　　　　34121　　　　　　　　　　34125

RMS residyal=0.0115394535339856　　RMS residual=0.00801711644208238　　RMS rsodial=0.0172436736428109

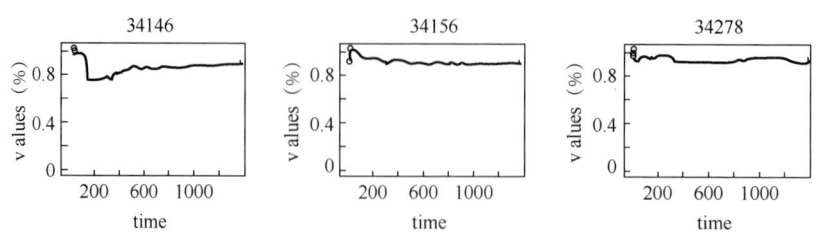

34146	34156	34278
RMS residual=0.00554080567599206	RMS residyal=0.00421459032575292	RMS residual=0.00596352113587202

图 5 - 3　部分车辆健康曲线拟合

（2）基于 FPCA 的函数型可用性趋势分析

函数型数据分析包括函数型典型相关分析、函数型主成分分析、函数型线性回归分析等。该种分析方法一般分为五个步骤，如表 5 - 3 所示。

表 5 - 3　　　　　　　　　函数型数据分析过程

步骤	描述
步骤 1	对原始数据进行收集与整理
步骤 2	确定基函数类型与个数将离散的数据转换成函数型数据
步骤 3	对所得的光滑的曲线进行求导或微分，发现数据集的动态变化规律
步骤 4	利用协方差函数、均值函数、相关系数函数等描述数据集的特征
步骤 5	对函数型数据进行分析，如：函数型典型相关分析、函数型主成分分析、函数型线性回归分析等

本章选用函数型数据分析方法中的 FPCA 方法研究单车健康曲线的动态变化规律。FPCA 可以将无限维的函数型数据转变为有限维的得分向量，从而起到降维的效果，寻找曲线变化的来源。FPCA 是传统统计学中 PCA 方法的延伸。离散的数据经过拟合方法得到的曲线具有函数的特征和性质，可以通过求导、微分等方法探索曲线变化规律，挖掘有用的知识。FPCA 分为一元函数型主成分分析和多元函数型主成分分析。若样本为一个函数型变量时，是一元函数型主成分分析；若样本为多个函数型变量时，是多元函数型主成分分析。本章研究的单车健康状况指

标为一个函数型变量,所以采用的是一元函数型主成分分析,接下来介绍该方法的降维过程。

一元函数型数据降维是通过对 $x_i(t)$ 进行基函数展开并截断来实现的。设连续的曲线为 $x_i(t)(i=1, 2, \cdots, n)$,$i$ 表示第 i 次观测。各个曲线的主成分表示为:

$$\xi_i = \int \varphi(t) x_i(t) \mathrm{d}t, i = 1, 2, \cdots, n \qquad (5-6)$$

其中,$\varphi(t)$ 为权重函数。函数值 $x_i(t)$ 对应到经典多元主成分分析中的数据 $x_i(t_j)(j=1, 2, \cdots, n)$。不同的地方在于 t 是连续的,t_j 是离散的。主成分的求解类似于经典主成分分析的情形,即在一定的限制条件下求解最大化问题,表示为:

$$\max \frac{1}{n} \sum_{i=1}^{n} \xi_{i1}^2 = \max \frac{1}{n} \sum_{i=1}^{n} \left[\int x_i(t) \varphi_1(t) \mathrm{d}t \right]^2 \qquad (5-7)$$

约束条件表示为:

$$\|\varphi(t)\|^2 = \int [\varphi_1(t)]^2 \mathrm{d}t = 1 \qquad (5-8)$$

若满足约束条件公式 (5-8),且达到最大,则称对应的 ξ_{i1} 为 $x_i(t)$ 的第一主成分,是 $x_i(t)$ 在 $\varphi_1(t)$ 方向的投影,$\varphi_1(t)$ 为第一主成分的特征函数(权重函数)。由上述的构建过程,求得多个权重函数满足正交约束条件表示为:

$$\int \varphi_h(t) \varphi_l(t) \mathrm{d}t = 0, h \neq l \qquad (5-9)$$

为了得到函数型主成分分析的权重函数。要通过函数的协方差函数求权重函数系数。协方差函数表示为:

$$G_X(s,t) = \frac{1}{n-1} \sum_{i=1}^{n} x_i(t) x_i(s) \qquad (5-10)$$

可以得到函数型主成分分析中权重函数的特征方程,表示为:

$$\int G(s,t) \varphi(t) \mathrm{d}t = \lambda \varphi(s) \qquad (5-11)$$

其中，λ 是 $G(s, t)$ 的特征值，$\varphi(s)$ 是与特征值对应的特征函数，从而得到主成分函数。

确定主成分函数的个数是 FPCA 的关键所在。函数型主成分与经典多元主成分的特征方程相似，不同的是这里 $\varphi(t)$ 是函数而不是向量，此外，两者选择参数 K 的思想相同，即通过使 $\dfrac{\sum_{k=1}^{k}\lambda_k}{\sum_{i=1}^{N}\lambda_k}$ 达到理想的累积贡献率，一般要求不小于 90%，来选择合适的 K。综上，在经典多元主成分分析中，求解主成分的实质就是求解协方差矩阵的特征向量和特征值。在 FPCA 中，求解主成分就是求解协方差函数的特征函数问题。FPCA 是将变量看作函数的形式，其样本的协方差矩阵也变为函数的形式，以避免出现高维的协方差矩阵。在实际中，K 的选择很重要，应用较多的方法是画碎石图或利用主成分方差累计百分比，碎石图中特征值下降趋于平稳前的点为 K 的取值，根据主成分方差累计百分比达到 85% 来确定 K 的取值。

（3）函数型可用性趋势聚类

通过上述研究和分析，我们找到共享单车健康率曲线变化的四个主成分函数，找到曲线变化的主要来源及原因，基于每辆单车在前四个权重函数的距离可以得到一组 FPC 得分 $(\xi_1, \xi_2, \cdots, \xi_4)$，$\xi_i = (\xi_{i1}, \cdots, \xi_{i4})^T$，$i = 1, 2, \cdots, 2258$。为了将共享单车按照健康状况进行分类管理，方便维修人员管理，将共享单车根据健康曲线的变化趋势进行聚类尤为重要。

在本节中，我们首先将利用函数型聚类的方法将 2258 辆单车根据其健康状况进行聚类，然后根据不同的健康类别提出不同的维修建议，方便运营人员制订合理、经济的维修计划，从而节约维修成本提升维修效率。

聚类分析是数据挖掘的一种分析方法。① 数据挖掘又称知识发现，是指以某种分析方式分析数据，从中发现一些潜在的有用信息的一种方法。聚类分析是将数据分到不同的类或者簇的一个过程，同一个簇中的对象有很大的相似性，而不同簇间的对象有很大的相异性。聚类与分类的不同在于，聚类所要求划分的类是未知的。从实际应用的角度上看，聚类分析是数据挖掘的主要任务之一，而且聚类能够作为一个独立的工具获得数据的分布状况，观察每一簇数据的特征，对特定簇做进一步分析。聚类作为一种常用的数据挖掘方法，通常分为两类，即传统的聚类方法和函数型聚类方法。②

函数型聚类方法是传统聚类方法的拓展，根据聚类模型的相似性度量方法的不同进行分类，可以分为基于数值距离的聚类方法和基于曲线形态的聚类方法。③ 基于数值距离的聚类方法有两个方向，分别是基于基函数的距离度量以及基于基函数展开系数的距离度量。基于基函数的距离度量是直接度量函数之间的距离，而基于基函数展开系数的距离度量是用基函数展开后的系数向量代替传统的离散点向量，具体方法是先得到离散

---

① Y. Zhou, G. Kou, Z. -Z. Guo, et al., "Availability Analysis of Shared Bikes Using Abnormal Trip Data", *Reliability Engineering & System Safety*, Vol. 229, 2023, p. 108844; J. A. Silva, E. R. Faria, R. C. Barros, et al., "Data stream Clustering", *ACM Computing Surveys*, Vol 46, No. 1, 2013, pp. 1 – 31; Y. Du, F. Deng and F. Liao, "Model Framework for Discovering the Spatio-Temporal Usage Patterns of Public Free-Floating Bike-Sharing System", *Transportation Research Part C: Emerging Technologies*, Vol. 103, 2019, pp. 39 – 55.

② Y. Zhou, G. Kou, Z. -Z. Guo, et al., "Availability Analysis of Shared Bikes Using Abnormal Trip Data", *Reliability Engineering & System Safety*, Vol. 229, 2023, p. 108844; A. LoMauro, A. Colli, L. Colombo, et al., "Breathing Patterns Recognition: A Functional Data Analysis Approach", *Comput Methods Programs Biomed*, Vol. 217, 2022, p. 106670.

③ J. Jacques and C. Preda, "Model-Based Clustering for Multivariate Functional Data", *Computational Statistics & Data Analysis*, Vol. 71, 2014, pp. 92 – 106; J. A. Silva, E. R. Faria, R. C. Barros, et al., "Data stream Clustering", *ACM Computing Surveys*, Vol. 46, No. 1, 2013, pp. 1 – 31; S. Ullah and C. F. Finch, "Applications of Functional Data Analysis: A Systematic Review", *BMC Medical Research Methodology*, Vol. 13, No. 1, 2013, pp. 1 – 12; A. Pérez-Suárez, J. F. Martínez-Trinidad, J. A. Carrasco-Ochoa, et al., "An Algorithm Based on Density and Compactness for Dynamic Overlapping Clustering", *Pattern Recognition*, Vol. 46, No. 11, 2013, pp. 3040 – 3055.

数据基函数拟合展开的系数，利用传统的聚类方法如 k-means 算法将每一个样本在主成分函数上的得分进行聚类。基于曲线形态的函数型聚类方法的原理主要是根据曲线的形状以及动态特征构造相似性度量进行聚类的一种非参数方法，主要是寻找曲线的函数性质，利用曲线的导函数，判断曲线的波峰与波谷的波动位置以及波动程度来衡量曲线的动态特征。

k-means 算法是传统聚类方法中最常见的算法之一。该算法背后的思想很直观，即根据数据点与类中心之间的距离进行聚类。在算法开始前，必须首先设置聚类的类数 k。表 5-4 展示了 k-means 算法的具体步骤。

表 5-4　　　　　　　　　　标准的 k-means 算法

k-means 算法步骤	
输入：数据集 $X = \{x_1, \cdots, x_n\}, k$ 类	
输出：k 组类簇	
步骤 1	随机选取个数为 k 的类中心
步骤 2	把数据点与最近的类中心归为一类
步骤 3	重新计算各个类簇的中心
步骤 7	重复步骤 2，直到算法终止

k-means 算法很简单，是一个非常快的算法，这是其最大的优势之一。另外，该算法有很大的局限性，对于不同密度或者非球形分布的数据，通常不会产生良好的聚类结果。可以证明，使用 k-means 算法寻找最优的聚类结果实际上是一个问题。基于数据点到类中心的距离把它们分配到各类簇，显然需要一个度量距离的函数。通常情况下，可以使用欧氏距离或类似的已知度量方法。至于使用何种度量方法比较好，取决于特定的数据集。

为了准确地以单车的健康状况变化趋势为依据进行聚类，本章采取区别于传统的聚类方法,采用了函数型聚类方法实现单车的聚类效果。采集到的每辆单车的日健康率是离散的数据,通过基函数进行拟合得到曲线,从而进行函数型主成分分析以判断单车健康率变化的主要来源。之后,将每辆单车的健康率曲线在每一主成分上的得分进行聚类,本章选用函数型聚类方法中基于基函数距离的度量方法,利用传统的k-means 算法将每个样本在每个主成分上的得分进行聚类,也就是根据单车日健康率变化的主要原因进行聚类。

基于每辆单车在前四个权重函数的距离可以得到一组 FPC 得分 $(\xi_1, \xi_2, \cdots, \xi_k)$,$\xi_i = (\xi_{i1}, \cdots, \xi_{ik})^T$,$i = 1, 2, \cdots, 2258$,基于不同车辆间得分的距离,将健康率曲线聚类为 Q 组,聚类结果为 G,即 $C = (G_1, G_2, \cdots, G_Q)$,则聚类原理定义表示为:

$$\sum_{q=1}^{Q} \sum_{\xi_i \in G_Q} \| \xi_i - u_q \|^2 \qquad (5-12)$$

其中,u_q 是 G_Q 的均值向量,具体的 k-means 聚类步骤,见表 5-5 所示。由于 k-means 算法是无监督的聚类算法,故首先要确定 k-means 算法的最佳聚类簇数 Q。通常情况下使用肘方法(Elbow),即绘制肘值图来确定最佳聚类的簇数,其原理是增加聚类的簇数有助于降低每个簇的簇内方差之和,若 $k > 0$,计算簇内的方差和 var(k),绘制 var 关于 k 的曲线,肘值图变平滑时的第一个点对应的类别数为最佳的聚类簇数。该方法通过 R 软件中的 sjc.elbow 函数来实现。

表 5-5　　　　　　　　　　k-means 聚类过程

步骤	描述
步骤1	将所有的自行车分为初始的 Q 簇
步骤2	将自行车离最近的类中心归为一类
步骤3	重复步骤2,直到算法终止

每辆单车健康率曲线的 FPC 得分最佳聚类个数的肘值图如图 5-4 所示，可以看出最佳聚类个数为 3 或 4。经过实践最终结果表明，当聚类结果为 4 类时，效果更好；当聚类结果为 3 时，会将聚类簇数为 4 时的第三类和第四类聚成一类；但第三类和第四类有着明显的差异，结合实际情况综合来看，最终参数 Q 选择 4 为聚类簇数。

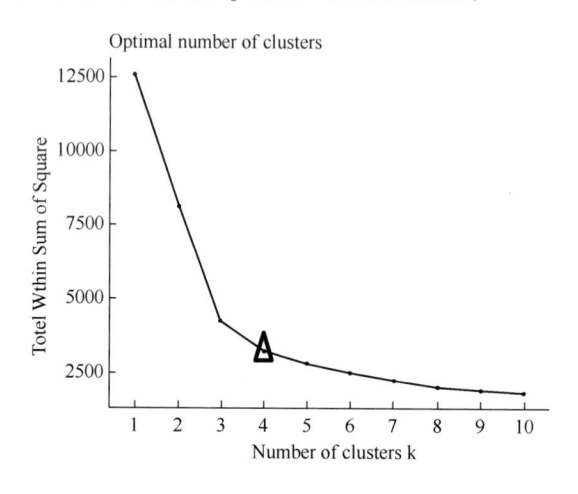

图 5-4 肘值

将共享单车的健康状况进行聚类可以方便运营人员将单车合理分类，从而为制订合理、经济的维修计划和策略提供科学依据，提升用户的出行体验。图 5-5 展示了聚类簇数 Q 为 4 时，每一类单车健康状况对应的均值曲线。表 5-6 展示了聚类结果的总结信息。

表 5-6　　　　　　　　　聚类结果总结

类别	车辆数（辆）	占比（%）	健康率（%）
第一类	1646	72.8	94.1—87.2
第二类	281	12.4	80.2—87.5
第三类	206	9.1	80.1—89.7
第四类	125	5.5	66.4—80.5

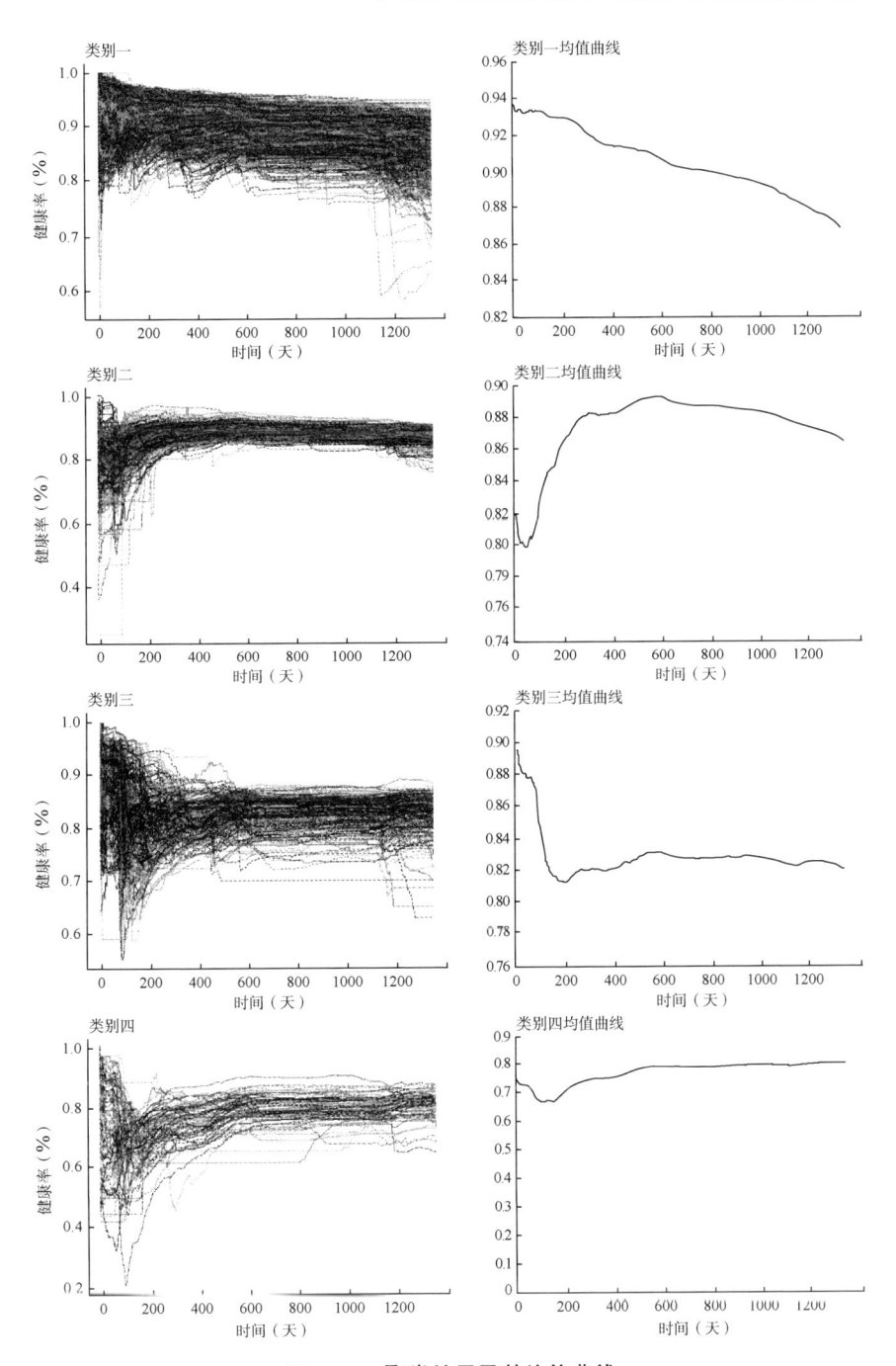

图 5-5　聚类结果及其均值曲线

第一类单车的健康率曲线呈现整体下降的趋势，该类车辆数共计1646辆，约占所研究单车总数量的72.8%。随着系统使用时间的增加，这类车辆总体的平均健康率约由94.1%下降至87.2%，健康率共下降约6.9个百分点，表现出明显的劣化现象。

第二类单车的健康率曲线呈现先上升后下降的趋势，这类单车共计281辆，约占研究总数量的12.4%。从对应的均值曲线可以看出，第50—250天健康率上升速度较快，第250—600天上升速度平缓，直到第600天之后呈缓慢下降趋势。这类单车整体平均健康率的变化区间在80.2%—87.5%，相比第一类单车，整体健康水平较差。

第三类单车的健康率曲线呈现先下降然后趋于平缓的走势，像一条"L"形曲线，拐点在第100天前后。这类单车共计206辆，约占研究总数量的9.1%。从均值曲线可以看出，这类单车的平均健康率的变化区间在80.1%—89.7%，第100天之前的平均健康率大于80%，第100天之后，平均健康率平稳的维持在80%左右。

第四类单车的健康率曲线呈现先下降再上升的走势，是一条类似"V"形的曲线。这类单车共计125辆，约占研究数量的5.5%。从均值曲线可以看出，该类单车的平均健康率变化区间在66.4%—80.5%，整体健康水平较差。健康率曲线的拐点在第100天前后，第100天之后，这类单车的平均健康率逐渐上升。相较于前三类单车，这类单车的健康状况最差，被用户退租次数的平均占比高达33.6%。

由聚类结果得知，单车的健康状况变化可以分为四类，针对每一类的变化特点，可采用不同的计划，在将单车的健康状况维持在较高的水平的同时，还可以提升单车的健康管理效率，减轻企业的运营负担，提升用户的出行体验。根据上述研究内容，提出以下维护单车健康状态的建议。

针对第一种类型，单车的健康率随着时间的推移呈下降趋势，可以通过定期维修保养来缓解系统的劣化趋势。每年的 2 月，单车的使用量有明显的减少趋势，3 月之后参与使用的单车数量逐渐上升，直到每年的 10 月之后开始下降，每年的 3 月前、7 月和 11 月之后用户数呈明显下降趋势。针对这种类型的单车，在不影响用户使用的情况下，企业可以在每年 10 月之后或 2 月之后和 3 月初进行整体的维护工作。

针对第二种类型，单车的健康状况上升至一定程度后开始逐渐变差。拐点约在 2015 年的 8 月，此时是四年中单车参与使用数量最多的时间。当单车使用数量呈上升趋势时，应注意维修该健康状况类型的单车。

针对第三种类型，单车的健康状况下滑一小段后逐渐呈现水平状态，这类单车健康状况变化的拐点是在 2014 年的 2 月。健康率曲线呈现该种趋势可能是由于天气寒冷，单车被使用的频率较低，单车被用户使用后停靠在非频繁站点，较长的时间内没有再被频繁使用，或者该类单车的健康状况是显而易见得糟糕，用户看到后会首先放弃该类单车的使用。针对这类单车，企业可以定期前往非频繁站点将车辆合理调度至频繁站点。每年的 2 月之后，极寒天气结束之后及时对该类单车进行维护和修理，当系统检测到这类单车长时间内没有被用户使用时，企业应当及时进行维护，防止车辆报废。

针对第四种类型，与第二种类型单车健康状况不同的是，第二种类型单车的平均健康率区间维持在 80%—88%，但第四种类型单车的平均健康率区间仅在 66.4%—80.5%，该类单车的维修应优于第二种类型单车，从而防止报废。

本章采用函数型聚类方法将共享单车的健康状况进行聚类。首先根据函数型数据主成分分析的方法计算每辆单车的健康状况在前四个权重函数的距离，每辆单车得到一组 FPC 得分，然后利用 k-means 聚类算法将得分进行聚类，聚类后发现单车的健康状况共四类，分别为健康率单调下降、健康率先上升后下降、先下降然后逐渐稳定的"L"形和先下降再上升的"V"形。聚类结果表明,72.8%的单车健康状况是随时间单调递减的,健康率区间维持在94.1%—87.2%,第二类和第三类单车的平均健康率区间维持在80.1%—89.7%,健康状况最差的车辆类别是第四类,约占总体车辆的5.5%,平均健康率区间仅维持在66.4%—80.5%。

根据聚类结果,本章提出了简单维修建议。单车在投放使用后,不同的时间节点、不同的使用频率会导致单车出现不同程度的健康状况。在合理的维修时间节点及时进行预防维修、根据不同类别车辆制定有针对性的维修策略,从企业角度来看,不仅可以提升维修效率,节约维修成本,有效提升共享单车系统的整体健康水平和可用度,还可以降低车辆的报废率,节约公共资源;从用户角度来看,用户的出行体验可以得到提升,增加用户的复用率和新用户的注册数。

第四节 案例及分析结果

离散的数据被拟合成函数后,具有函数的特征和性质,可以进行求导微分等探索曲线的变化规律。接下来用导函数来刻画健康率的变化特征,图5-6分别表示了2258辆单车1346天健康率拟合曲线的一阶导函数图和二阶导函数图。一阶导函数表示健康率的变化状态是上升状态还是下降状态,一阶导函数大于零表示单车的健康率上升,小于零则表示健康率下降。二阶导函数表示健康率上升和下降的速率。从一阶导函数图中可以发现,约在第1000天,也就是2016年8月之后,一阶导函数小于零的趋势逐渐增多,这表明在此之后单车健康状况逐渐开始下降,在此时间节点之后,用户数明显开始减少,此时,每日被用户退租的单车比率超过了50%,这与第四章关于单车退租比率的研究结论相一致。从二阶导函数图可以看出,单车健康状况变化的速率具有一定的差异。

为了进一步分析单车健康状况变化的动态趋势，本节将进行函数型主成分分析。

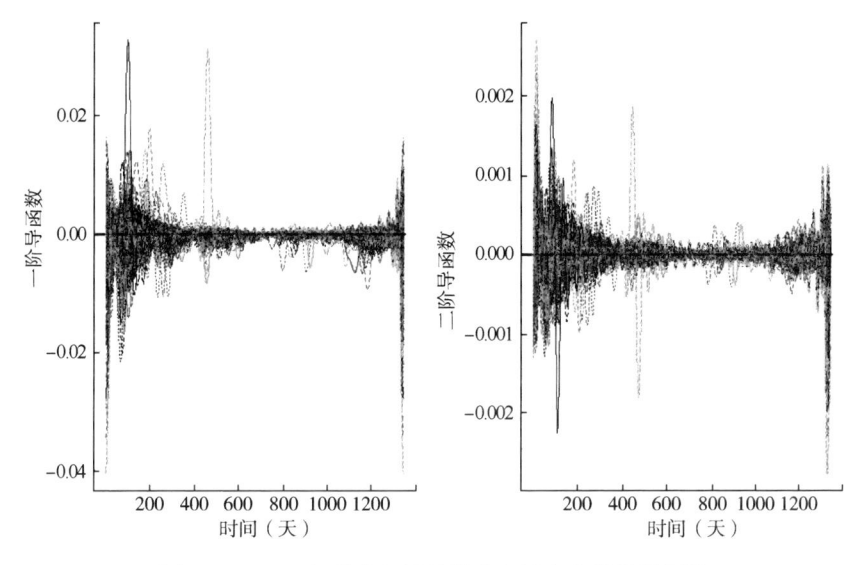

图 5-6　2258 辆单车日累计健康率拟合曲线的导函数

为了深入分析健康率的总体变化规律，利用 R 软件做出 2258 辆单车日累计健康率的均值函数图，如图 5-7 所示。

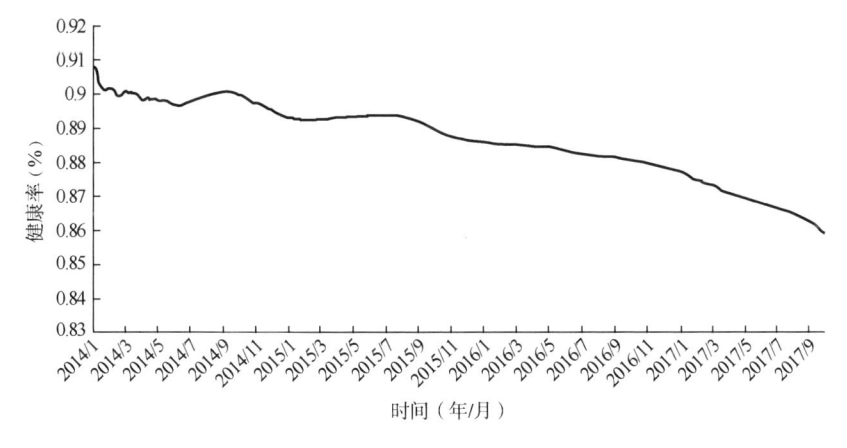

图 5-7　2258 辆单车日累计健康率均值曲线

观察均值函数不难发现，随着系统的使用时间增加，单车的健康状况整体呈下降趋势，平均健康率由最初的 90.7% 下降到 86.1%，整体健康水平下降约 5 个百分点。为了进一步分析影响单车健康状况随系统使用时间变化的因素，根据前面章节的理论基础和 R 软件中自带的"FDA"包进行编程，对这 2258 辆单车健康状况变化健康率曲线进行函数型主成分分析。

首先，要准确选取主成分函数的个数，利用 R 软件编程求出主成分函数对应的方差贡献率（见表 5-7）。由表 5-7 观察到，前四个主成分函数的累计方差贡献率高达 96.7%，即前四个主成分函数可以解释 96.7% 的单车健康率曲线变化的主要来源，可以解释足够多关于健康率曲线变化的来源信息，因此，选择前四个主成分函数进行健康率变化来源和原因的分析。

表 5-7 函数主成分分析方差贡献率

	FPC1	FPC2	FPC3	FPC4
贡献率(%)	80.1	11.1	4.1	1.4
累计贡献率(%)	80.1	91.2	95.3	96.7

其次，确定了主成分函数个数为 4 后，计算每一个主成分函数的权重系数（见表 5-8）。然后，再根据权重系数绘制权重函数图，图 5-8 展示了函数型主成分分析得到的健康率曲线的四个权重函数。

表 5-8 前四个函数主成分的权重函数系数

系数	第一函数主成分	第二函数主成分	第三函数主成分	第四函数主成分
b_1	0.9917	-0.1083	0.0669	-0.0106
b_2	0.0965	0.5432	-0.5888	0.2116
b_3	0.0223	0.5055	0.2786	-0.6511

第五章 基于函数型主成分及聚类的可用性分析方法

续表

系数	第一函数主成分	第二函数主成分	第三函数主成分	第四函数主成分
b_4	0.0618	0.4184	-0.1253	-0.0431
b_5	-0.0183	0.1156	0.5114	-0.1227
b_6	0.0307	0.2929	0.1102	0.0795
b_7	-0.0164	0.0623	0.3009	0.2312
b_8	0.0247	0.2495	0.1230	0.2395
b_9	-0.0154	-0.0013	0.1949	0.2736
b_{10}	0.0089	0.1624	0.1829	0.2483
b_{11}	-0.0130	-0.0244	0.1158	0.2144
b_{12}	0.0029	0.1247	0.1808	0.2266
b_{13}	-0.0042	-0.0043	0.0352	0.1118
b_{14}	0.0052	0.1214	0.1389	0.2044
b_{15}	-0.0006	-0.0060	-0.0070	0.0611
b_{16}	0.0042	0.0959	0.1239	0.1846
b_{17}	-0.0015	-0.0220	-0.0143	0.0026
b_{18}	0.0040	0.0746	0.0973	0.1558
b_{19}	0.0006	-0.0087	-0.0434	-0.0364
b_{20}	0.0058	0.0784	0.0546	0.1221
b_{21}	0.0011	-0.0058	-0.0443	-0.0498
b_{22}	0.0053	0.0657	0.0411	0.0905
b_{23}	-0.0001	-0.0142	-0.0296	-0.0517
b_{24}	0.0050	0.0553	0.0284	0.0699
b_{25}	0.0008	-0.0061	-0.0344	-0.0375

续表

系数	第一函数主成分	第二函数主成分	第三函数主成分	第四函数主成分
b_{26}	0.0057	0.0558	0.0085	0.0598
b_{27}	0.0006	-0.0079	-0.0249	-0.0226
b_{28}	0.0050	0.0445	0.0083	0.0514
b_{29}	-0.0003	-0.0103	-0.0087	-0.0135
b_{30}	0.0049	0.0399	0.0115	0.0411
b_{31}	0.0000	0.0002	-0.0046	-0.0090
b_{32}	0.0053	0.0460	0.0090	0.0368
b_{33}	-0.0006	0.0005	0.0042	-0.0081
b_{34}	0.0047	0.0432	0.0167	0.0322

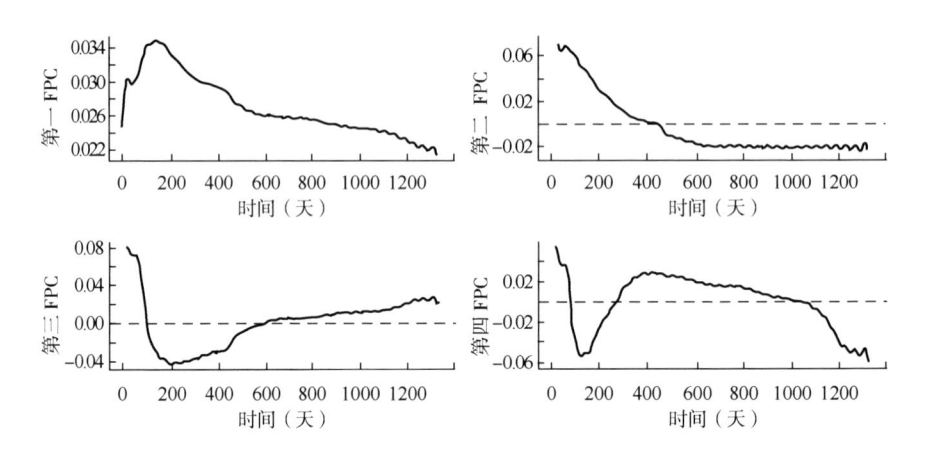

图 5-8 前四个主成分函数

将权重函数代入 $\xi_i = \int \varphi(t) X_i(t) dt$（$i = 1, 2, \cdots, 2258$），可以得到 2258 辆单车日健康率变化的四个主成分得分。表 5-9 展示了部分单车在各个主成分函数上的得分情况。

表 5-9　部分单车日健康率变化的四个主成分得分及其占比

车辆编号	FPC1 得分	得分占比(%)	FPC2 得分	得分占比(%)	FPC3 得分	得分占比(%)	FPC4 得分	得分占比(%)
221491	3.3815	72.2	-0.6599	14.1	0.3999	8.5	-0.2430	5.2
130385	-0.4889	33.6	-0.7505	51.6	0.1356	9.3	-0.0807	5.5
130145	-0.1129	4.3	-1.4630	56.1	-0.7412	28.4	0.2920	11.2
130332	0.1181	7.2	-1.0280	62.4	0.3151	19.1	-0.1863	11.3
132925	0.4049	34.5	-0.0853	7.3	0.6488	55.3	-0.0349	3.0
132495	-0.1902	15.0	0.2648	20.9	-0.6601	52.2	-0.1505	11.9
130130	0.0119	1.5	0.2491	31.9	0.0013	0.2	-0.5183	66.4
133383	0.0963	4.9	0.1530	7.8	-0.8480	43.5	0.8522	43.7
130084	-1.1156	64.8	0.0111	0.6	-0.0199	1.2	-0.5742	33.4
130122	0.2373	13.7	-0.1690	9.7	-0.7876	45.4	0.5415	31.2
130245	0.4795	16.6	0.9727	33.6	-0.5437	18.8	0.8979	31.0
132982	-0.0909	7.2	0.5826	46.1	0.2090	16.6	-0.3802	30.1
132787	0.0096	3.5	0.0161	5.9	-0.0421	15.4	0.2049	75.1

由表 5-9 观察到，不同单车受不同主成分的影响差异较大，这说明影响每辆单车健康状况变化的因素各不相同。例如，编号为 221491、130084 等单车健康率的变化主要受到第一主成分影响，第一主成分得分占比超过 60%，其余三个主成分得分综合占比不足 40%；编号为 130385、130145、130332 等单车健康率的变化主要受到第二主成分的影响；编号为 132925、132495、130122 等单车健康率的变化主要受到第三主成分的影响；编号为 130130、133383 等单车健康率的变化主要受到第四主成分的影响。此外，有些单车的健康率变化的因素复杂，受到两个或两个以上的主成分的共同影响，例如，编号为 130245、132982 等单车

健康率的变化主要受到第二主成分和第四主成分的影响。综合来看，每辆单车健康率变化的影响因素是复杂的，各个因素的影响程度不同。

为了深入分析影响单车健康率变化的主要因素（见图5-9），使用R语言编程的方法画出各主成分函数对均值函数的扰动图。均值扰动图可以反映各个主成分所代表的变化模式，分析各个主成分所反映的具体内容。接下来分析单车健康率随系统使用时间变化的特征。

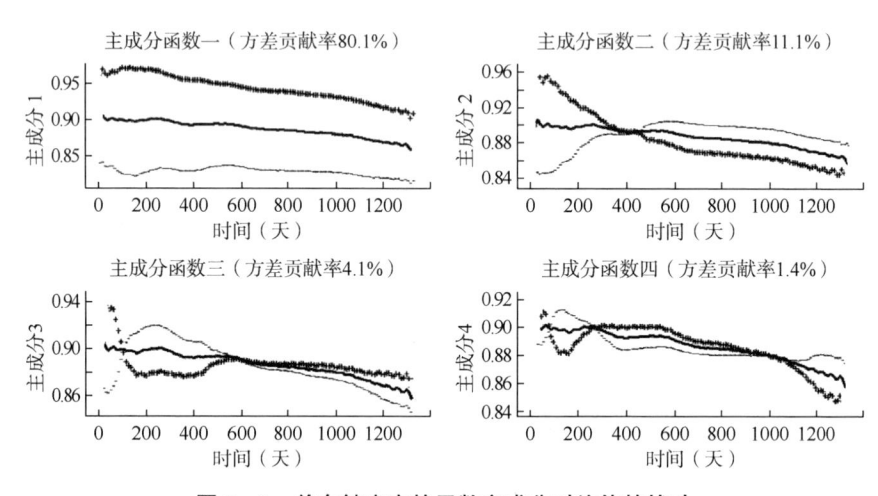

图5-9 单车健康率的函数主成分对均值的扰动

图5-9展示了函数主成分权重函数对均值函数的扰动情况。图中的"+"和"-"表示的是加上或减去主成分的扰动因素的情况，每一张小图中黑色实线表示健康率的均值函数曲线。前四个主成分的方差贡献率依次为80.1%、11.1%、4.1%和1.4%，累计方差贡献率高达96.7%，高于95%，可以解释单车健康率变化来源的足够多的信息，这说明函数型主成分分析达到很好的降维效果。

为了更深刻地掌握单车健康率随时间变化的特征，下面结合图5-8所示权重函数的图、图5-9各个函数主成分对均值的扰动情况和表5-9展示的部分车辆在各个主成分上的得分及其得分占比的情况来分析四个主成分所反映的主要内容。

由图 5-9 左上第一张图可以看出，第一函数型主成分解释了 80.1% 的健康率曲线变化的来源，其权重函数 $\varphi_1(t)$ 的波动表现为先增大后减小，但始终大于零。首先，第一函数主成分得分越高的单车受到高于平均健康率的影响越大，例如，编号为 221491 的这类单车；得分越低则表示受到低于平均健康率的影响越大。例如，编号为 130084 的这类单车。第一主成分得分占比在 25% 以上的车辆有 1851 辆，约占总体车辆数量的 82.0%，这说明系统中 82.0% 的单车受第一主成分的影响较大。其次，从均值扰动图也可以看出，第一主成分得分为正的单车的健康率高于平均健康水平，这样的单车共 1438 辆，约占总体车辆数量的 64%，第一主成分得分为负的单车健康水平低于平均健康水平，约占总体车辆数量的 37%。最后，第一权重函数表现的始终是显著的正效应，随着时间的增加并没有明显的波动，这说明第一主成分表示简单的平稳特征，反映了客观条件的综合影响。

首先，第二函数型主成分解释了 11.1% 的健康率曲线变化的来源，第二权重函数表现为持续下降的趋势，并在第 360 天左右，2014 年底或 2015 年初，第二权重函数值开始变为负值。第二主成分得分占比较高的单车如编号 132982 受到第二主成分因素变动的影响较大，即 2014 年底之后低于平均健康率的程度越多；第二主成分得分低的车辆例如编号 133383 受到相反的影响。第二主成分得分占比在 25% 以上的车辆有 952 辆，约占总体车辆数量的 42.2%，第二主成分得分占比在 50% 以上的车辆共 211 辆，约占分析总体的 9.3%。其次，从均值扰动图也可以看出，第二主成分得分为正的单车健康水平在第 360 天之前高于平均水平，在第 360 天之后健康水平低于当时车辆的平均健康水平，该类车辆共 1158 辆，数量约占总体车辆数量的 53%。第二主成分得分为负的车辆在第 360 天之前的健康状况低于车辆的平均健康水平，在第 360 天之后车辆的健康状况高于当时所有车辆的平均健康水平，约占总体车辆数量的

47%。最后，第二权重函数在第 360 天之后有显著的变化，在第 360 天之前有显著的正效应，第 360 天之后，具有显著的负效应，这说明该时间点的健康率变化因素是导致单车健康率波动的主要因素。在 2015 年 2 月健康率显著变化的原因可能是呼和浩特市在每年的 12 月至来年的 1 月气温极低，最低气温可低至零下 25℃，单车有些零部件会被冻坏。例如，油压碟刹的碟刹油会凝固，不同的碟刹使用的碟刹油不同，抗冻性也会因级别而不同，这在不同程度上影响了单车的刹车系统，从而影响了单车的健康状况。用户刷卡将单车借出后发现刹车不灵敏从而选择退租，提升了单车被用户退租的比率，这是在第 360 天之后健康率呈现负效应的可能原因。因此，第二主成分表明某些极端天气是影响单车健康状况变化的因素之一。

第三函数型主成分首先解释了 4.1% 的健康率曲线变化的来源，其权重函数的波动情况为先下降，后上升，其值表现为先正后负，最终变为正。第三主成分得分较高的单车如编号 132925 等。第三权重函数正负变化的交点在第 100 天（2014 年 3 月底至 4 月初前后）和第 600 天（2015 年 7 月下旬前后）。第 100 天之后低于平均健康率的影响较多，负效应显著，这可能是由于呼和浩特市 4 月时气温开始回暖，选择共享单车出行的用户增多，使用频率增加导致单车的健康状况下降。第 600 天之后正效应显著，这可能是由于在此时间段内，共享单车运营公司增加了一倍的车辆投入量，单车数量增加导致正效应显著。第三主成分得分占比大于 25% 的车辆有 428 辆，占总体车辆数量的 19.0%。此外，从均值扰动图也可以看出，第三主成分得分为正的车辆共有 1112 辆，占总体车辆数量的 49.2%，该些车辆在第 100 天之前的健康状况高于车辆的平均健康水平，第 100—600 天这些车辆的健康水平低于所有车辆的平均健康水平，第 600 天之后车辆的健康水平高于所有车辆的平均健康水平，第三主成分得分为负的车辆的情况与得分为正的车辆的情况恰好相反。综上，第三主成分反映的应该是用户使用频次对健康率变化带来的主要影响。

第四函数型主成分解释了1.4%的健康率曲线变动的来源，其权重函数表现为先下降后上升，最后下降的特点。第四权重得分占比在25%以上的车辆共180辆，约占车辆总数的8.0%。从均值扰动图也可以看出，第四主成分得分为正的车辆健康状况在第0—100天和第300—900天的健康状况要比所有车辆的平均健康状况好，这类单车共1036辆，占研究总体车辆数的45.9%，如车辆编号为132787等；得分为负的车辆相反，如车辆130130。第100天、第300天、第900天对应的大约时间点分别是2014年3月中旬、2014年10月下旬和2016年5月中旬。这说明第四主成分得分占比较高的单车，其健康率上下浮动，受外界气温、用户使用频次的影响较少。

第五节 本章小结

共享单车为居民提供了绿色、便捷且经济的出行方式，是绿色公共交通的重要组成部分。在运营的过程中，除了做好站点和车桩的规划、维持系统的平衡做好调度之外，共享单车健康状况的维持成为维修人员需要关注的问题之一。本章着眼于呼和浩特市共享单车用户的OD数据，结合设备健康管理理论、FPCA和函数型聚类方法探索共享单车的使用情况以及单车的健康状况，本章有以下主要研究结论。

首先，利用描述性统计分析方法分别从用户出行需求、单车租赁情况和用户活跃情况三个角度探索了呼和浩特市共享单车的整体使用状况和健康状况，分析了出行退租频次、车辆退租率以及用户产生退租行为的趋势。研究发现用户租车频次、参与使用的用户数随时间变化的趋势具有周期性，变化周期为1年，且频次峰值受气温的影响。用户出行对共享单车的需求是逐年增加的，单车使用数量在 4 年中呈现先上升后下降的趋势，用户退租的比率越来越高，说明单车整体的健康状况随着使用年限的增加逐渐劣化，用户满意度逐年下降。单车健康状况产生明显劣化的时间点是 2016 年 5 月之后，此时的车辆退租率高达 40.1%。

其次，利用 FPCA 方法分析了单车健康状况曲线变化的来源。以用户成功出行的频次和用户发生退租行为的频次为依据，构建了衡量单车健康状况的指标，存储为函数型数据，通过基函数进行拟合，利用 R 中的"fda"包计算出四个主成分函数和每辆单车在主成分上的得分，研究发现，单车健康状况的变化与气温、用户出行频次和用户数有关。

最后，利用函数型聚类方法按照健康状况的变化，即每辆单车健康曲线在四个主成分上的得分，将单车聚为 4 类，为维修人员制订维修计划提供科学的参考依据，实行分类管理，提高管理效率，从而提升用户使用的满意度。

本章使用 FPCA 方法研究了共享单车系统中单车健康状况变化的来源，并用函数型聚类的方法以健康状况变化趋势为依据将单车进行聚类。但如果想要达到更准确的结果，一些问题还需要进一步探讨。可以使用多元的函数型主成分分析方法对单车的健康状况进行更深一步的分析，构建更加丰富的衡量单车健康状况的指标。本章所做的研究工作只是把呼和浩特市共享单车用户产生的 OD 数据进行了初步的分析和挖掘，使用 FPCA 和函数型聚类的方法初步探索了单车健康状况的变化，更加丰富的研究方法和其他方面的数据如气温、降水等还可以在今后共享单车健康状况的研究中进一步探索。

第六章　基于出行链的可用性排序方法

第一节　问题的提出

随着共享单车可用性的降低,其所带来的运营故障和维护成本的增加将成为一个不容忽视的问题。因此,必须加强对共享单车的日常保养和维护。随着共享单车不断精细化发展,共享单车的维护管理问题逐渐显现出复杂性和挑战性。从这个意义上说,快速识别无法使用的共享单车,防止共享单车劣化和运营故障,有助于得到更好的交通服务,使城市共享交通更具可持续性。尽管学界在广泛的文献和实践中都进行了大量的研究,但主要集中在共享单车的服务可用性上。如何处理失败问题以提高共享单车系统的可持续性绩效,应得到更多的关注。故障的增多会导致维护成本增加,单车的可用度降低,最终影响用户出行体验,甚至影响共享交通的可持续发展。从可用性角度出发,应当构建适当的共享单车预防性维护,防止共享单车劣化和运行故障。但令人遗憾的是,用于共享单车维护管理的可用性信息极其难以收集。尽管 GPS、物联网、云计算等现代技术为用户出行数据提供了丰富的信息环境,但共享单车自身的故障和维护信息仍然缺乏。共享单车系统中嵌入了故障反馈功能,但用户对车辆故障反馈的意愿并不强烈,反馈信息的可用性极低。共享单车故障信息的缺失,无疑增加了从系统可靠性角度快速识别不可用共享单车的难度。因此，故障单车不能及时恢复到正常状态，从而影响了共享单车的可持续运行。

在我们前面的研究中，发现用户会在很短的时间内在同一站点换乘另一辆单车，我们将这种现象恰当地命名为用户取消租赁。[①] 假设用户更喜欢使用健康状态较好、没有故障的共享单车，我们认为极短时间内共享单车的租赁很可能是由于单车故障。从这个意义上说，一旦不可用的共享单车不能迅速恢复到正常状态，用户取消租赁的现象就会频繁发生。因此，本章基于一种行程链挖掘算法，通过探索共享单车数据集中的用户取消租赁数据，识别共享单车的相对可用性水平。

第二节　图论的基本概念

一　图的定义

图是一种抽象的数学对象，由若干个节点（节点也称为"顶点"）和连接这些节点的边（边也称为"弧"或者"线"）组成。用数学语言描述，图 G 可以表示为一个有序对 $G = (V, E)$，其中 V 为节点的集合，E 为边的集合。我们用 v_1，v_2，$v_3\cdots$，v_n 表示顶点，通常用圆圈或方框来表示；用 e_1，e_2，$e_3\cdots$，e_n 表示图形的边，通常用线或箭头来表示。如果边是无向的，则用线表示；如果边是有向的，则用箭头表示。如果边具有权重，即带有数值属性，则用数值表示边的权重。一般情况下，图可分为两类，即有向图和无向图。下面为图论中常用的概念。

（1）有向图。所有的边都呈现出有方向的状态，即从一个节点指向另一个节点，通常可表示为 $e_l = (v_i, v_j)$，其中 v_i 和 v_j 为有向边的起点

[①] Y. Zhou, R. Zheng and G. Kou, "Detection Approach for Unusable Shared Bikes Enabled by Reinforcement Learning and PageRank Algorithm", *Journal of Safety Science and Resilience*, Vol. 4, No. 2, 2023, pp. 220 – 227.

和终点。

（2）无向图。无向图是指边都是无方向的，即平等连接两个节点的边，通常可表示为 $e_l = \{v_i, v_j\}$，其中 v_i 和 v_j 为无向边的两个端点。

（3）度数。度数为节点所连接的边数。对有向图，度数由出度与入度组成。出度指的是发出的边的数量，入度指的是收到的边的数量。对于无向图来说，它的度数是指它的某个节点连接边的数量。

（4）完全图。在一个图 G 中，如果每个节点与图中的所有其他节点都有连接，那么这个图就是一个完全图，否则它就是非完全图。对于完全图，n 个节点之间必定有 $n*(n-1)/2$ 条边。

（5）子图。子图是由原图中的若干个节点和它们之间的边所组成的图形。同时，最小生成树是一个包含所有节点，且边权值之和最小的连通图（边权为连接两个节点的边的权值）。

（6）连通图。如果 G 是有向图，则所有连接两个顶点的路径上的边必须同向，以确保图形的完整性。图同构于一个具有一定结构和性质的代数网络，它表示了该网络拓扑上某一点与其邻点之间的关系。若图中之两点皆为连通之点，则该图即为连通图。

（7）环。环形路径是一条非空路径，其出现仅限于第一个和最后一个顶点的重复。它具有许多重要性质，如圈与点之间的关系等。无环图是一种没有环的图形，而有向无环图则是一种没有向环的图形。一个无环的连通图被称作树。

二　图的表示方法

（1）邻接矩阵

邻接矩阵作为有向图表示的数据结构可以体现任意两节点间的相互关系。对有向图 $G = (V, E)$ 来说，V 是节点的集合，E 是有向边的集合，其邻接矩阵 A 是一个 $N*N$ 的矩阵，其中 N 是节点的个数。对于所

有的 $i, j \in V$,该矩阵中 $a_{ij}=1$ 表示存在一条从节点 i 到节点 j 的有向边,而 $a_{ij}=0$ 则表示不存在这条边,可以表示为:

$$a_{ij} = \begin{cases} 1 & \text{若有弧从顶点 } i \text{ 指向顶点 } j \\ 0 & \text{其他} \end{cases} \quad (6-1)$$

则称以 a_{ij} 为元素的 $N*N$ 矩阵为有向图 G 的邻接矩阵,仍记为 A。当有向边的权值具有实际意义时,邻接矩阵也可以存储这些权值。在有向图中,邻接矩阵可由二维数组完成。二维数组中的每个元素表示当前节点到另一个节点的一条边。在邻接矩阵中,行和列都代表节点的位置。我们以图6-1中的一张简单的有向图为基础,对其邻接矩阵进行了表述。

$$A = \begin{bmatrix} 0 & 1 & 1 & 0 & 0 \\ 0 & 0 & 0 & 1 & 0 \\ 0 & 1 & 0 & 0 & 0 \\ 0 & 0 & 1 & 0 & 1 \\ 0 & 0 & 1 & 1 & 0 \end{bmatrix}$$

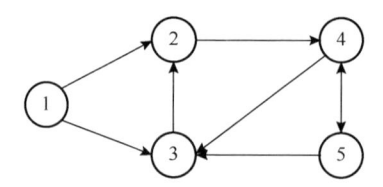

图6-1 简单有向图示例

(2) 邻接表

邻接表是一种图形数据结构,它由一个数组和多个链表构成,用于表示图形的拓扑结构。邻接表可以用循环链描述。在邻接表中,每个元素所代表的是图中的一个顶点,而每个元素所对应的链表则储存了与该顶点相邻的所有顶点。当把这个节点作为图时,就可以利用这个链表来实现对这些边或弧的连接运算。在链表中,每个节点都由两个字段组成,一个指向相邻顶点的指针,另一个则指向下一个节点的指针。邻接表是一种常用的图的表示方法,它可以用于解决许多与图论相关的问题。邻接表可以用于表示有向图和无向图。

三 拓扑排序的树搜索法

拓扑排序是将有向无环图中所有顶点排成一个线性序列,使各顶点在序列中保持其在图中体现出来的先后关系,这个过程称为拓扑排序。拓扑排序算法已经被应用于诸多方面,比如神经科学、[①] 工业流程、[②] 调度问题[③]和优先级问题[④]等。目前已有许多研究人员提出一些基于图论中的相关理论来求解这些问题的启发式算法,其中最常用的是树搜索法,即利用相邻节点进行网络拓扑分析。根据不同的搜索策略,可分为深度优先搜索算法(Depth First Search, DFS)和广度优先搜索算法(Breadth First Search, BFS)。

(1)深度优先搜索算法

使用 DFS 实现拓扑排序的基本思想为,对于一个特定节点,如果该节点的所有相邻节点都已经搜索完成,则该节点也会变成已经搜索完成的节点。在拓扑排序中,该节点位于其所有相邻节点的前面。节点的邻接节点是指从节点开始经过有向边所能达到的点。由于拓扑排序的顺序和搜索完成的顺序相反,因此需要使用一个栈存储所有已经搜索完成

[①] L. Caputi, A. Pidnebesna and J. Hlinka, "Promises and Pitfalls of Topological Data Analysis for Brain Connectivity Analysis", *Neuroimage*, Vol. 238, 2021, p. 118245; Y. Wang, R. Behroozmand, L. P. Johnson, et al., "Topological Signal Processing and Inference of Event-Related Potential Response", *Journal Neurosci Methods*, Vol. 363, 2021, p. 109324.

[②] Z. Haonan, M. Samavati and A. J. Hill, "Heuristics for Integrated Blending Optimisation in a Mining Supply Chain", *Omega*, Vol. 102, 2021, p. 102373.

[③] Y. Luo, "Topological Sorting-Based Two-Stage Nested Ant Colony Algorithm for Job-Shop Scheduling Problem", *Journal of Mechanical Engineering*, Vol. 51, No. 8, 2015, p. 178.

[④] Y. Yun, H. Chung and C. Moon, "Hybrid Genetic Algorithm Approach for Precedence-Constrained Sequencing Problem", *Computers & Industrial Engineering*, Vol. 65, No. 1, 2013, pp. 137 – 147.

的节点。DFS 的过程中需要维护每个节点的状态,每个节点的状态可能有 3 种情况:一是未访问,二是访问中,三是已访问。具体算法过程如表 6 – 1 所示。

表 6 – 1　　　　　　　　　　DFS 具体过程

步骤	描述
步骤 1	初始时,所有节点的状态都是「未访问」
步骤 2	每一轮搜索时,任意选取一个「未访问」的节点 u,从节点 u 开始 DFS。将节点 u 的状态更新为「访问中」,对于每个与节点 u 相邻的节点 v,判断节点 v 的状态,执行以下操作: (1)如果节点 v 的状态是「未访问」,则继续搜索节点 v。 (2)如果节点 v 的状态是「访问中」,则找到有向图中的环,因此不存在拓扑排序。 (3)如果节点 v 的状态是「已访问」,则节点 v 已经搜索完成并加入输出排序列表,节点 u 尚未完成搜索,因此节点 u 的拓扑顺序一定在节点 v 的前面,不需要执行任何操作
步骤 3	当节点 u 的所有相邻节点的状态都是「已访问」时,将节点 u 的状态更新为「已访问」,并将节点 u 加入输出排序列表
步骤 4	在全部节点被访问完毕后,若有向图的环未被发现,就会出现拓扑排序问题,全部节点由栈顶向栈底排序就是拓扑排序问题

(2)广度优先搜索算法

其与普通的 BFS 唯一的区别在于需要维护每一个节点对应的入度,并在遍历每一层时选取入度为 0 的节点。具体算法过程如表 6 – 2 所示。

表 6 – 2　　　　　　　　　　BFS 具体过程

步骤	描述
步骤 1	选择一个起始节点,对每个节点进行标记,以记录它是否已被访问过
步骤 2	把起始节点添加到队列中标记访问。队列内各要素按其入队先后顺序排列

续表

步骤	描述
步骤3	从队列中取出一个节点： （1）对队列内节点出队列处理； （2）遍历该节点的所有相邻节点； （3）若所述节点的相邻节点没有被接入，添加到队列中进行标记
步骤4	若所述队列空置，搜索完成。否则返回步骤3继续对队列下一节点进行处理
步骤5	输出所有被访问节点。这些节点组成了以起始节点为起点可以到达的所有节点集合

（3）Kosaraju算法

拓扑排序算法通常使用有向无环图作为输入。在实际应用中，许多时候输入数据会产生一个带环有向图。如果没有清楚地知道输入有向图中是否存在环，那么就不能判断它的输出序列是拓扑序列。所以，首先要判断给定有向图中是否存在环，其次利用算法对其拓扑排序。若输出是多个有向图，且每个图中都含有一条路径，则可以把该多面体看成无环。如果一个有向图中存在一个环，那么该环上的所有顶点都不会位于入度0处，因此输出列表不会被加入其中。通过检测输出列表中的顶点数量，可以判断有向图是否存在环状结构。如果列表中的顶点数量与有向图中的顶点数量相等，那么有向图就不具备环状结构，而列表中的序列则是图的拓扑结构。相反的情况表明存在一个环状结构。

根据DFS和BFS，我们检测图中是否有环，具体流程为，在未被访问的情况下，可以将顶点n设置在访问路径上，并对所有邻接顶点m进行DFS的递归调用。如果发现有新的对象加入，则把新增对象添加到相应位置后再执行该操作，直到它完成了整个过程为止，否则会重新计算每个节点的值，直至其达到最大值为止。当递归调用出现异常返回时，列表 L 不会直接返回 false，因为它不会被添加进去；如果所有相邻的顶点的访问都被成功返回，那么它们将被添加到列表 L 中，直到它们被访问过后才会返回 true。如果有两个或更多相邻的顶点需要执行上述操作，则将其作为一个新对象来处理。若节点 n 位于访问路径之上，则判定存在一个环，立即终止递归调用并返回 false。

在现有的含有有向图且有环的拓扑排序中使用的是 Kosaraju 算法，它以 DFS 有向图和逆图两次遍历为基础，通过 DFS 遍历有向图来记录节点的被遍历次序，然后 DFS 遍历逆图，每遍历一次节点就会形成强连通分量，并记录所输出的强连通分量序列。如果发现有新的对象加入，则把新增对象添加到相应位置后再执行该操作，直到它完成了整个过程为止，否则会重新计算每个节点的值，直至其达到最大值为止。由于第一次遍历得到的序列，逆图上的首个遍历节点所得到的遍历结果并不与其强连通分量相连通，因此，仅有那些发生强连通分量缩放的点才能指向其后发生强连通分量缩放点。算法具体步骤如表 6-3 所示。

表 6-3　　　　　　　　　　　**Kosaraju 算法步骤**

步骤	描述
步骤 1	有向图上，DFS 是从某顶点开始遍历的，按照遍历顺序进入栈。在遍历顶点中，没有未访问邻接点的情况下从栈中取出顶点；如果仍然有未访问邻接点，继续遍历并且邻接点进入栈中。在遍历时，按出栈顺序对全部顶点进行排序
步骤 2	在有向图中，从最终出栈的顶点开始，逆向 DFS 遍历沿着顶点的头部，如果无法访问所有有向图的顶点，则从其他顶点中最终完成访问的顶点开始，继续逆向 DFS 遍历，直到所有有向图的顶点都被访问为止
步骤 3	每次执行逆向 DFS 遍历时，访问到的顶点集合，就是有向图中强连通分量的顶点集合，同时如果逆向 DFS 被遍历，就可以访问图中全部顶点，这样就构成了强连通图

资料来源：E. Fishman, S. Washington and N. Haworth, "Barriers and Facilitators to Public Bicycle Scheme Use: A Qualitative Approach", *Transportation Research Part F-Traffic Psychology and Behaviour*, Vol. 15, No. 6, 2012, pp. 686-698。

第三节 构建基于出行链的可用性拓扑关系

随着经济和城市化的快速发展,将各种活动串联成多站出行链的倾向更为普遍。在一次旅行中连接多个活动可以提供比一系列单站出行更高的效率和便利。出行链是活动时间表的户外部分,是指从家里开始的一系列旅程,包括在相同或不同地点完成一项或多项活动,并在家中结束。

一 出行链类型

出行链通常根据链的复杂性分为不同的类别,如简单链和复杂链,[1]现有的研究主要分析影响出行链复杂性的因素,比如用户出行特征、年龄、性别和工作时间等,[2]或者利用出行链的概念分析用户的出行行为,[3]以及根据出行链数据预测用户的出行需求。[4]假设共享单车用户的出行链是一个出行活动链接,该链接包含连续时间内从起点到终点的一次或多次骑行活动。由于共享单车系统中用户出行数据没有提供有关行程目的的详细信息,因此我们根据 OD 数据对和行程链复杂

---

[1] F. Schneider, et al., "Trip Chain Complexity: A Comparison among Latent Classes of Daily Mobility Patterns", *Transportation*, Vol. 48, No. 2, 2020, pp. 953–975; S. Krygsman, T. Arentze and H. Timmermans, "Capturing Tour Mode and Activity Choice Interdependencies: A Co-Evolutionary Logit Modelling Approach", *Transportation Research Part A: Policy and Practice*, Vol. 41, No. 10, 2007, pp. 913–933.

[2] F. Primerano, M. Taylor, L. Pitaksringkarn, et al., "Defining and Understanding Trip Chaining Behaviour", *Transportation*, Vol. 35, No. 1, 2008, pp. 55–72.

[3] Y. Zhang, M. J. G. Brussel, T. Thomas, et al., "Mining Bike-Sharing Travel Behavior Data: An Investigation into Trip Chains and Transition Activities", *Computers, Environment and Urban Systems*, Vol. 69, 2018, pp. 39–50.

[4] X. Wang, Z. Cheng, M. Trépanier, et al., "Modeling Bike-Sharing Demand Using a Regression Model with Spatially Varying Coefficients", *Journal of Transport Geography*, Vol. 93, 2021, p. 103059.

性对五种主要类型的行程链进行了分类。五种类型的行程链和具体符号如表 6-4 所示,其中"O"表示原点,"D"表示与"O"不同的目的地,见表 6-4 至表 6-9。

表 6-4 五种主要类型的行程链

类型	含义
O-O	表示用户在某一共享单车站点租车,最后将单车还回到该站点
O-sD-O	表示用户在某一共享单车站点租车,最后将单车还回到该站点,但中途在其他另外的站点有租还单车的行为
O-mD-O	表示用户在某一共享单车站点租车,最后将单车还回到该站点,但中途在其他多个站点有租还单车的行为
O-sD	表示用户在某一共享单车站点租车,最后将单车还到其他站点
O-mD	表示用户在某一共享单车站点租车,最后将单车还到其他站点,但中途在其他多个站点有租还单车的行为

以下分别对这五种出行链做了具体的阐述。

(1) O-O 型

表 6-5 O-O 型出行链数据结构

用户 ID	车辆编号	租车站点代码	租车时间	还车站点代码	还车时间
3000038	153002	1002	2017/8/4 12:46	1002	2017/8/4 12:53

(2) O-sD-O 型

表 6-6 O-sD-O 型出行链数据结构

用户 ID	车辆编号	租车站点代码	租车时间	还车站点代码	还车时间
3000038	130023	3002	2017/8/1 8:17	2065	2017/8/1 10:41
3000038	154128	2065	2017/8/1 17:40	3002	2017/8/1 17:46

(3) O – mD – O 型

表 6 – 7　　　　　　　O – mD – O 型出行链数据结构

用户 ID	车辆编号	租车站点代码	租车时间	还车站点代码	还车时间
3000238	154781	4120	2017/8/1 6:54	4079	2017/8/1 7:23
3000238	150750	4079	2017/8/1 20:37	4080	2017/8/1 20:39
3000238	154815	4080	2017/8/1 20:39	4120	2017/8/1 21:11

(4) O – sD 型

表 6 – 8　　　　　　　O – sD 型出行链数据结构

用户 ID	车辆编号	租车站点代码	租车时间	还车站点代码	还车时间
3000038	154675	4134	2017/8/3 18:11	3041	2017/8/3 18:27

(5) O – mD 型

表 6 – 9　　　　　　　O – mD 型出行链数据结构

用户 ID	车辆编号	租车站点代码	租车时间	还车站点代码	还车时间
3000057	133275	1086	2017/8/2 17:09	1010	2017/8/2 17:13
3000057	151116	1010	2017/8/2 17:14	1085	2017/8/2 17:23
3000057	133113	1085	2017/8/2 17:23	4010	2017/8/2 17:33
3000057	153875	4010	2017/8/2 17:34	4132	2017/8/2 17:59

基于上述研究，我们将共享单车的出行链定义为一系列行程，用户在一天内的某一连续时间内从某站点出发，到同一站点或其他站点结束。我们采用活动链的概念，将其和拓扑排序结合起来识别共享单车的健康状况。为了更好地进行研究，提出了以下假设。

第一，将用户的出行活动看成单次的活动链，即从起始点 O 到目的地点 D 可能经过多个中间站点，在这些站点进行了多次的退还租行为，具体表达形式如图 6-2 所示。

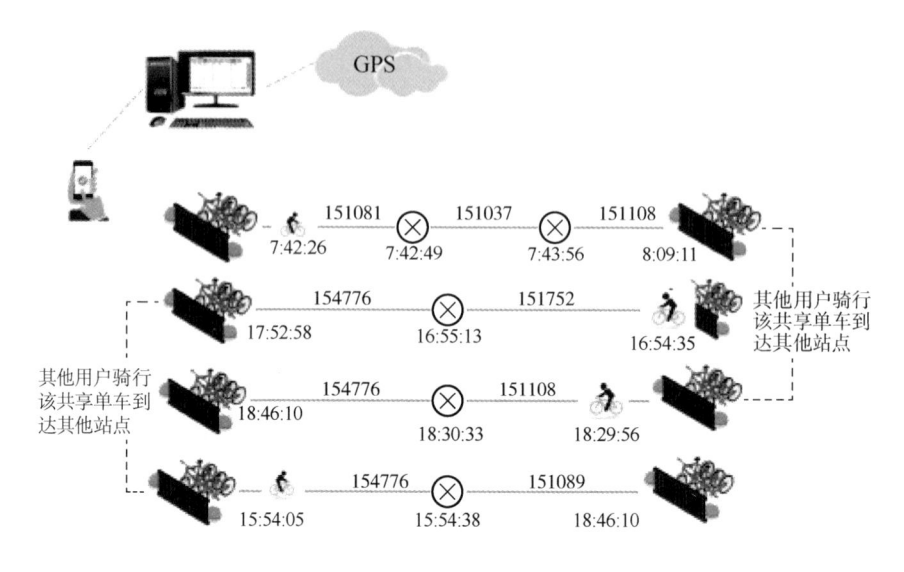

图 6-2　用户出行链

第二，结合呼和浩特市有桩共享单车系统实际桩点分布情况和交通状况，不同站点之间的间隔在 400 米以上，有效出行时间应为 5 分钟及以上，所以，我们认为出行时长在 3.5 分钟内为异常出行记录。本章认为 2 分钟内的出行记录是异常的出行模式，视作共享单车的退租记录，而大于 2 分钟的出行记录为正常的出行模式。

第三，若某用户在出行过程中骑行的车辆分别为 $A3$、$A2$、$A1$，最终到达终点站骑行的车辆为 $A3$，可以认为车辆 $A3$ 的健康状况是大于 $A2$、$A1$；另一个用户骑行的车辆为 $A2$、$A1$，最终到达终点站骑行的车辆为 $A2$，可以认为车辆 $A2$ 的健康状况是大于 $A1$。通过上述分析，我们可以知道，这三辆单车的可用性排序为 $A3 > A2 > A1$。

第四，某站点可能车辆现有在桩数充足，用户有充分的选择空间，但是用户骑行某辆车后在 2 分钟内退换，说明用户不受在桩车辆多少的限制。

为了说明构建用户出行链的过程，本章使用呼和浩特市共享单车系统的历史出行交易数据为例进行说明。共享单车系统所记录的用户出行交易数据涵盖了共享单车编号、起止时间、开始站点/结束站点代码以及行程持续时间等多个方面的信息。具体数据形式见表6-10。

表6-10　　　　　　　　　用户出行活动数据

用户ID	车辆编号	租车站点代码	还车站点代码	租车时间	还车时间	持续时间
3005120	151081	4098	4098	2017/8/7 7:42:26	2017/8/7 7:42:32	00:00:16
3005120	151037	4098	4098	2017/8/7 7:42:49	2017/8/7 7:43:33	00:00:44
3005120	151108	4098	4018	2017/8/7 7:43:56	2017/8/7 8:09:11	00:24:15
3022827	151081	4098	4098	2017/8/7 7:48:17	2017/8/7 7:48:24	00:00:07
3022827	151037	4098	4098	2017/8/7 7:48:54	2017/8/7 7:51:29	00:02:35
3042447	151752	4054	4054	2017/8/30 16:54:35	2017/8/30 16:55:00	00:00:15
3042447	154776	4054	4028	2017/8/30 16:55:13	2017/8/30 17:52:58	00:57:45
3116902	154776	4085	4085	2017/8/13 15:54:05	2017/8/13 15:54:31	00:00:26
3116902	151089	4085	4049	2017/8/13 15:54:38	2017/8/13 16:00:52	00:06:14
3136274	151108	4082	4082	2017/8/11 18:29:56	2017/8/11 18:30:26	00:00:30
3136274	154776	4082	1055	2017/8/11 18:30:33	2017/8/11 18:46:10	00:15:37
...	...	...	...	...	...	...

为了将表6-10所示的用户出行记录构建成用户出行活动链，我们利用Python 3.9对原始OD数据进行处理。首先，按照用户ID进行分组，将相同用户的出行记录当作一个分组。然后循环遍历这些用户ID对应的所有出行数据，把每一个用户出行记录按照时间先后排序。其

次，对每一条出行记录中用户的租车时间和还车时间做差，得出用户每次的退租时间，根据上述假设，将用户的异常 OD 数据，即退租时间差在 2 分钟以内的出行记录标记出来。最后将标记的记录作为我们实际研究所需的数据。具体处理流程见表 6-11。

表 6-11　　　　　　　　　用户出行数据处理流程

输入：用户出行数据
输出：用户出行活动链
步骤：（1）从 xlsx 文件读取数据；
（2）从数据库中筛选出相同用户 ID 所对应的所有出行记录；
（3）将相同用户 ID 分为一组；
（4）循环遍历用户 ID 所对应的出行记录；
（5）把每一个用户出行记录按照时间先后排序；
（6）对每一条出行记录中用户的租车时间和还车时间做差，得出用户每次的退租时间；
（7）标记用户的异常 OD 数据，即退租时间差在 2 分钟以内的出行记录，并且保留用户每次出行的最后一条出行记录；
（8）保存至 xlsx 文件

经过上述流程，我们可以从海量的用户出行记录数据中提取出每次出行活动的共享单车出行链（见表 6-12）。这为下文基于出行链的共享单车相对可用性研究奠定了基础。

表 6-12　　　　　　　　　构建的用户出行链

用户 ID	出行链
3005120	$4098(\text{Origin}) \xrightarrow[00:00:16]{151081} 4098(\text{Origin}) \xrightarrow[00:00:44]{151037} 4098(\text{Origin})$ $\xrightarrow[00:24:15]{151108} 4018(\text{Destination})$

续表

用户 ID	出行链
3042447	$4054(\text{Origin})\frac{151752}{00:00:15}4054(\text{Origin})\frac{154776}{00:57:45}4028(\text{Destination})$
3116902	$4085(\text{Origin})\frac{154776}{00:00:26}4085(\text{Origin})\frac{151089}{00:06:14}4049(\text{Destination})$
3136274	$4082(\text{Origin})\frac{151108}{00:00:30}4082(\text{Origin})\frac{154776}{00:15:37}1055(\text{Destination})$
3000543	$4003(\text{Origin})\frac{133541}{00:00:27}4003(\text{Origin})\frac{132709}{00:00:30}4003(\text{Origin})\frac{151847}{00:07:00}$ $4060(\text{Destination})$
3000584	$4043(\text{Origin})\frac{150285}{00:00:32}4043(\text{Origin})\frac{152467}{00:23:46}1059(\text{Destination})$
3000695	$4027(\text{Origin})\frac{133089}{00:00:23}4027(\text{Origin})\frac{132406}{00:06:20}1079(\text{Destination})$
...	...

由表6-10和表6-12，我们可以对用户出行活动进行描述。例如，对用户ID3005120从2017/8/7 7：42：26到2017/8/7 8：09：11的出行活动可以描述为，用户ID3005120首先选择单车151081，计划完成从起点4098到目的地4018的行程，但是用户ID3005120在16秒后换乘了另一辆单车151037，接着在44秒后换乘了另一辆单车151108，然后用户ID3005120在24分15秒内骑单车151108从起点4098到目的地4018。

在对用户出行链进行结构化描述之后，表6-12中包含的所有用户出行链信息都可以通过有向图自然地可视化。在图6-3中，准有向图方向可视为用户换乘共享单车次序。因此，拟有向图的弧可以表示用户换乘共享单车的先后顺序。

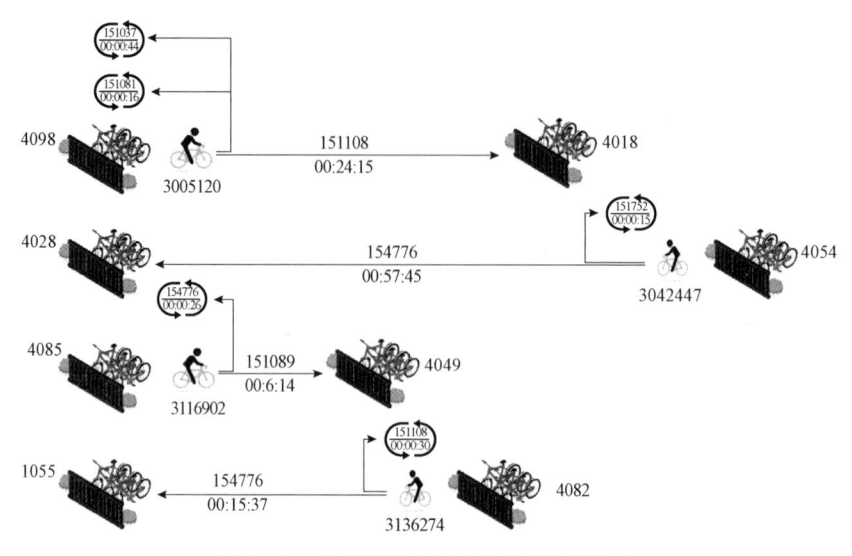

图 6 – 3　利用准有向图可视化用户出行链

二　基于用户出行链的二元拓扑关系

二元拓扑排序是一种对拓扑排序算法的扩展，它对有向无环图定义了一个二元关系，以便可以对节点进行更精细的排序。在二元拓扑排序中，每个节点都有一个优先级，如果节点 A 的优先级高于节点 B，那么在排序后，节点 A 应该位于节点 B 之前。在二元拓扑排序算法中，我们可以将图形式定义为 $G = (V, E, \geq)$，其中 V 为节点集合，E 为边集合，$\geq$ 为节点之间的关系。假设节点 V 的优先级为 $p(v)$，则对于节点 v 和 w，当且仅当 $p(v) \geq p(w)$ 时，v 可以排在 w 之前。具体的，二元拓扑排序的数学描述可分为以下几个步骤。

表 6 – 13　　　　　　　　　　二元拓扑排序步骤

步骤	描述
步骤 1	给定一个有向无环图 $G = (V, E)$，其中节点的集合为 V，边的集合为 E
步骤 2	在有向图中，从最终出栈的顶点开始，逆向 DFS 遍历沿着顶点的头部，如果无法访问为每个节点 v 赋予一个优先级 $p(v)$

续表

步骤	描述
步骤3	构建一个比较图 R,其中节点集合为 V,节点之间的关系定义为 ≥,即若节点 v 和 w 有一条边 (v,w),那么有 $p(v) \geq p(w)$
步骤4	对比较图 R 进行经典拓扑排序
步骤5	将分类好的节点按优先级输出

二元拓扑排序算法需要给各个节点赋予优先级才能按照优先级的高低来排序节点。通常,节点自身属性、状态和节点间依赖状态信息是决定优先级高低的标志。在排序的过程中,我们需要比较节点之间的优先级关系,并将较大(或相等)的节点排在靠前的位置,以便满足二元关系的要求。最后将排序后的节点按优先级依次进行排序并输出结果序列。

基于上述拓扑关系的描述,结合共享单车出行链,我们提取出用户出行链中的二元拓扑关系。我们知道,如果用户取消租用某一辆共享单车,转而使用另一辆共享单车,则可以合理地假设最终选择的共享单车比前者更健康。

我们将第 i 个用户第 j 次出行链中的取消租赁记录 CRR_{ij} (CRR_{ij}^1, CRR_{ij}^2, ..., CRR_{ij}^k) 记为了图 G_{ij} (V_{ij}^k, A_{ij}^{k-1}),顶点 V_{ij}^k ($bike_{i1}$, $bike_{i2}$, ..., $bike_{i(j+k-1)}$) 表示在该用户出行链中被选中的共享单车。其中,$bike_{i(j+k-1)}$ 表示第 i 个用户选择该共享单车服务于 $j+k-1$ 个用户出行链,弧线 A_{ij}^{k-1} 表示共享单车的相对可用性水平。对于第 i 条用户出行链,最终选择的共享单车 $bike_{i(j+k-1)}$ 可以为用户提供从起点到终点的服务。在这个给定的用户出行链中选取的所有共享单车 V_{ij}^k ($bike_{i1}$, $bike_{i2}$, ..., $bike_{i(j+k-1)}$) 中,它可以被分配为最健康的一辆。但是,在 V_{ij}^k ($bike_{i1}$, $bike_{i2}$, ..., $bike_{i(j+k-1)}$) 中,单车 $bike_{i(j+k-1)}$ 为所有车辆集合中最健康的单车。在这个意义上,集合 {($bike_{i(j+k-1)}$, $bike_{i1}$),

($bike_{i(j+k-1)}$，$bike_{i2}$)，…，($bike_{i(j+k-1)}$，$bike_{i(j+k-2)}$)} 中的任何二元拓扑关系都可以传达 $bike_{i(j+k-1)}$ 比共享单车（$bike_{i1}$，$bike_{i2}$，…，$bike_{i(j+k-2)}$）更健康的关系。结果是由相对关系得到的，因此我们将这种二元拓扑关系合理地命名为"相对可用性"。我们可以通过共享单车间的相对可用性来探讨共享单车的转移水平。根据上述分析，第 i 个用户行程链的弧 A_{ij}^{k-1} 可以表示为：

$$A_{ij}^{k-1} = \{(bike_{i(j+k-1)}, bike_{i1}), (bike_{i(j+k-1)}, bike_{i2}), \cdots,$$
$$(bike_{i(j+k-1)}, bike_{i(j+k-2)})\} \quad (6-2)$$

基于用户出行链和拓扑算法来探索用户取消租赁数据，以了解共享单车的可用性水平。以表 6-10 和图 6-3 为例，根据上述流程处理数据，提取 A_{ij}^{k-1} 中的二进制拓扑单元。我们用提取出的二元拓扑关系表示单车的相对可用性排序，结果如表 6-14 所示。

表 6-14　　　　从用户行程链中提取的二元拓扑关系

用户 ID	共享单车/顶点	共享单车/顶点	二元拓扑关系	相对可用性
3005120	151037	151108	(151108,151037)	151108→151037
3005120	151081	151108	(151108,151081)	151108→151081
3022827	151081	151037	(151037,151081)	151037→151081
3042447	151752	154776	(154776,151752)	154776→151752
3116902	154776	151089	(151089,154776)	151089→154776
3136274	151108	154776	(154776,151108)	154776→151108
3000543	133541	151847	(151847,133541)	151847→133541
3000543	132709	151847	(151847,132709)	151847→132709
3000584	150285	152467	(152467,150285)	152467→150285
3000695	133089	132406	(132406,133089)	132406→133089
…	…	…	…	…

三 二元拓扑关系的聚合

在表 6-14 中,两个关联共享单车之间的相对可用性关系或排序可以通过二元拓扑关系来表达。为了探究所有共享单车的相对可用性排名,需要对所有二元拓扑关系进行聚合。表 6-14 中的任何二元拓扑关系都是严格的拓扑排序,因此可以采用拓扑排序算法对二元拓扑关系进行聚合。拓扑排序要求遵循严格的有向和无环关系,即无环有向图。但所提取的二元拓扑单元之间可能存在循环关系。为此,引入了可处理循环有向图拓扑排序的 Kosaraju 算法,[①] 对所有共享单车的相对可用性等级进行排序。

Kosaraju 算法是通过 DFS 对有向图和反向图进行搜索来实现的。遍历有向图时,顶点和其次序将被记住。然后在反向图上进行 DFS 遍历,每次遍历的顶点构成强连通子图并通过记录输出得到强连通分量序列。由于首次遍历所得的次序,逆图上首先被遍历到的顶点不会与其强连通分量连接。这样,首先强连接分量收缩点就只能指向强连接分量后期收缩点。以表 6-10 为例,其有向图如图 6-4 所示。

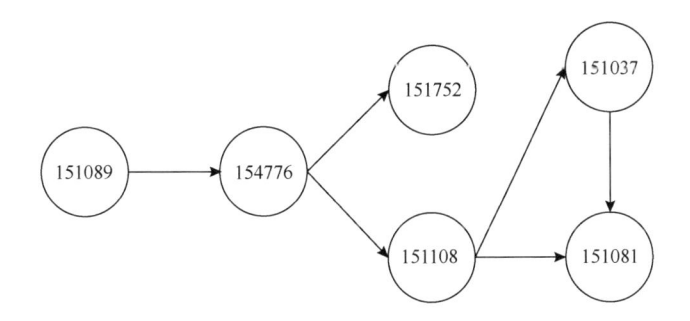

图 6-4 表 6-10 中的有向图

[①] M. Sharir, "A Strong-Connectivity Algorithm and Its Applications in Data Flow Analysis", Vol. 7, No. 1, 1981, pp. 67-72.

根据图 6-4，我们使用 Kosaraju 算法进行共享单车相对可用性的排序，具体步骤如下所示。

步骤 1：对有向图中的顶点进行 DFS 遍历并将顶点按照遍历的顺序依次叠加。在顶点处不存在需要遍历的未访相邻节点时，会弹出顶点。如果仍然有未访问的相邻节点，遍历将继续，其相邻节点将被推入。最后，所有的顶点都将按照弹出的顺序进行定向。对于图 6-4，第一个 DFS 的弹出顺序：

151089—154776—151752—151108—151081—151037

步骤 2：对有向图的上一个弹出的顶点进行反向 DFS 操作。若遍历无法获取有向图的全部顶点，遍历会在其余顶点中弹出上一顶点继续执行直至获取有向图全部顶点。根据有向图的第一个 DFS 的弹出顺序，图 6-5 展示了反向 DFS 过程。

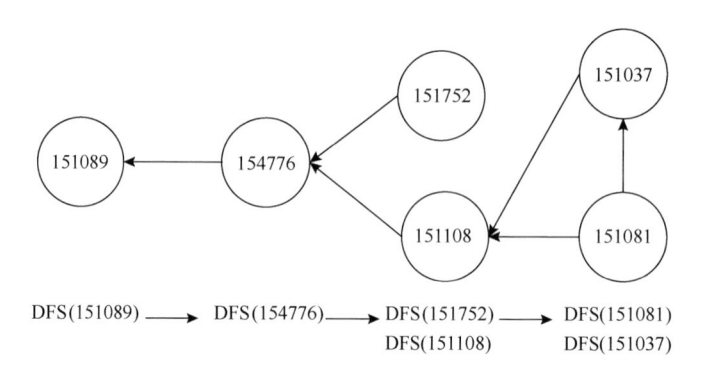

图 6-5　Kosaraju 算法的反向 DFS

步骤 3：每个反向 DFS 访问顶点集都是有向图中强连接组件的顶点集。完成该步骤后，可以得到共享单车相对可用性等级的拓扑排序：

151089—154776—151752—151108—（151037、151081）

在图 6-6 中，得到具有强连接分量的严格拓扑排序。根据拓扑排序的特点，可以给出顶点之间的严格方向。由于循环的存在，它以强连通图的形式表现出来。因此，我们提出了步骤 4 来改进 Kosaraju 算法的聚合结果。

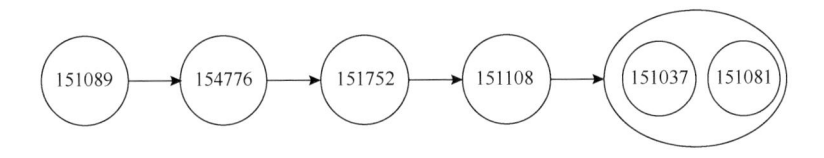

图 6-6　利用准有向图可视化用户出行链

步骤 4：任何强连接组件中的顶点顺序都可以通过累计取消租赁率来分配。累计取消租赁率定义为取消租赁次数占累计租赁次数的比例。最后，可以将图 6-6 中相对可用性级别的结果重新排序：

151089—154776—151752—151108—151081—151037

每天执行共享单车的运行调度或现场检查计划。因此，共享单车的相对可用性排名应定期更新。

四　二元关系的置信阈值

从上述分析我们可以知道，共享单车的二元拓扑关系表示两个单车之间的换乘关系。对于我们构建的二元拓扑关系 $A{\rightarrow}B$ 形式，表示的是用户扫码骑行 A 单车，但是由于该单车可用性水平较差，用户在 2 分钟内退还所借的单车，重新扫码骑行 B 单车到达目的地。我们认为单车停在站点中，平均一天至少应该被租赁一次。在二元拓扑关系中，我们发现存在多个 $A{\rightarrow}B1$、$A{\rightarrow}B2$、$A{\rightarrow}B3$，…，的数据形式，我们对 A 中的出度进行设置，将其设置为置信阈值。假设我们设置的置信阈值大于 1，那么对于 A 中置信阈值等于 1 的二元关系我们删除掉，如图 6-7 中展示的 $g{\rightarrow}r$、$m{\rightarrow}p$ 部分。对于 g 来说，其出度为 1，小于我们设置的置信阈值必须大于 1，所以我们将 $g{\rightarrow}r$ 的边割掉，删掉对应的二元关系。从图 6-7 中，我们可以看到用方框框住的 S1 部分和

S2 部分中间有其他的二元关系未展示出来，这部分数据可能包括少量的用户从高频站点骑行单车到低频站点还车的出行记录，使得单车之间存在链接关系。

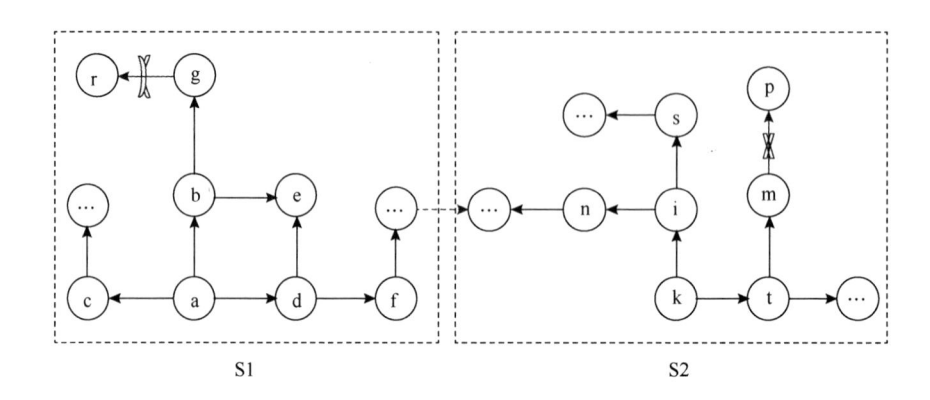

图 6-7　置信阈值设置

如果不考虑置信阈值，共享单车的相对可用性水平排序结果可能存在偏差。我们知道高频站点中的单车使用频率比低频站点中的单车使用频率高，对于高频站点中的单车，由于需求较大，用户对于单车的容忍度也会变大，对于一些轻微故障，用户也能接受，只有故障较严重时，才会出现单车被连续多次退租的现象，但是对于低频站点中的单车而言，由于地理位置，单车的使用频率受到影响，用户可选择性较大，用户退租单车的行为可能会更多。基于此，若不考虑置信阈值，原本位于低频站点中的某些单车可用性高于高频站点中的某些单车，但是，在对共享单车相对可用性水平排序时却出现相反的结果。此外，共享单车调度过程具有很强的区域性。通常，各调度中心负责其下属范围内站点的调度工作。因此，对二元关系进行置信阈值设置，得到的共享单车相对可用性排序结果更加符合实际，可以给管理者提供更加真实有效的建议。

第四节 基于滑动时间窗口的动态更新

滑动时间窗口算法（Sliding Time Window，STW）是一种在信息流计算中广泛使用的技术，它能够在实时处理大量数据的同时只保留一定时间内的最新数据。此外，滑动时间窗口算法还可以通过聚合操作来汇总和计算窗口内数据元素的统计信息。这种算法的应用非常广泛，它经常被用于一些需要连续监控数据流的场合。例如，监控实时网络流量、股票行情数据等。通过滑动时间窗口算法，我们可以持续地关注数据的最新状况，以及可能存在的变化和趋势，而不需要保留所有历史数据。

在滑动时间窗口算法中，数据被分成固定大小的时间片，称为"窗口"。STW 的基本过程是将数据按时间顺序划分为多个时间窗口 $W=\{w_1, w_2, w_3, \cdots, w_n\}$，每个时间窗口包括一个或者多个时间段 $N=\{t_1, t_2, t_3, \cdots, t_m\}$。随着时间推移，新的数据源源不断地涌入滑动时间窗口，与此同时，历史数据将被清除，因此滑动时间窗口内的数据集合将不断发生变化。为了确保滑动时间窗口内数据的实时更新，必须在新数据到达时立即对其进行实时处理，以保持数据的时效性。滑动时间窗口方法可以不断学习新数据并丢弃旧数据以完成增量学习。STW 模型所包含的两个关键参数分别为窗口尺寸和步幅长度，它们对于模型的性能和效率具有至关重要的影响。通过调整这两个参数设置来实现不同程度上的自适应更新。具体的模型结构如图 6-8 所示。

假设窗口大小 w_i 为 2，这意味着当前时间窗口包含两个时间段（t_1，t_2）的样本数据。随着时间以步长 r 滑动，当时间窗口滑动一次时，最早时间段中的样本数据被最新时间段中的样本数据替换，下一个滑动时

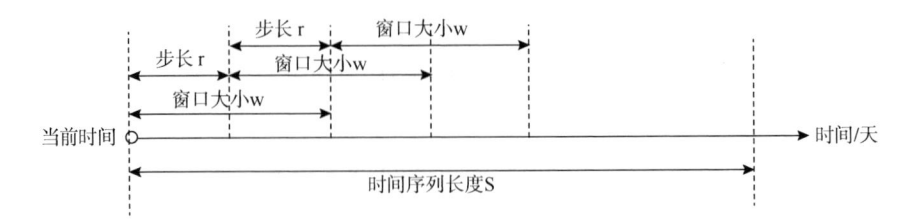

图 6-8 滑动时间窗口模型

间窗口 w_{i+1} 包含 $[t_2, t_3]$ 中的样本数据。这样的过程一直持续到时间序列结束。

  滑动时间窗口大小是影响识别效果的重要因素，当窗口长度较大时，虽然包含较多的数据，但是容易产生识别滞后，不可用共享单车不能及时被识别出来，客户满意度下降，维修成本升高。当窗口长度较小时，虽然对数据的识别更快速，但是可能会因数据较少造成误判，所以选择合适的滑动时间窗口十分重要。

  我们通过分析不同时间区间内共享单车退租次数的排序变化情况，发现时间越久远对排序影响越小，呈现出"平稳"特性。同时，时间越久远，共享单车已经进行了维修，对当前的影响有限。因此设定一个最优滑动时间窗口，分析该时间段内共享单车可用性水平十分重要。对于步长，我们选择一天作为数据更新间隔，考虑了维修人员一般在每天早上上班后统一对站点共享单车进行检查调度等任务。

  基于呼和浩特市共享单车的实际运营数据，我们使用 2017 年 8 月的数据对本章所提出的方法进行验证。我们使用秩相关系数来确定最优滑动时间窗口，秩相关系数可以用来衡量两个变量之间关系的强度。较大的正相关系数意味着两个数据序列倾向于同时增加或减少，而零相关系数表示两个变量不存在单调关联或不存在任何关联。为了确定最佳的滑动时间窗口，我们运用了三种常用的秩相关系数，分别为皮尔逊相关系数、斯皮尔曼相关系数和肯德尔相关系数，以达到最优的效果。

(1) 皮尔逊相关系数

变量 X 和 Y 之间的线性依赖关系可以用皮尔逊相关系数来描述，这个系数可以用来描述变量之间的关系。对于所提供的数据序列 $(X_1, Y_1), (X_2, Y_2), \cdots, (X_n, Y_n)$，$X$ 和 Y 之间的协方差除以其标准差的乘积得到的皮尔逊相关系数即为该系列的相关系数，可以表示为：$\rho_r = \dfrac{\sum_{i=1}^{n}(X_i - \bar{X})(Y_i - \bar{Y})}{[\sum_{i=1}^{n}(X_i - \bar{X})^2 \sum_{i=1}^{n}(Y_i - \bar{Y})^2]^{1/2}}$。其中，$\bar{X} = \dfrac{\sum_{i=1}^{n} X_i}{n}$，$\bar{Y} = \dfrac{\sum_{i=1}^{n} Y_i}{n}$。

(2) 斯皮尔曼相关系数

斯皮尔曼相关系数是一项用于评估可排序变量之间关系强度的指标。让 $(X_1, X_2, \cdots, X_n)$ 和 $(Y_1, Y_2, \cdots, Y_n)$ 表示大小为 n 的数据系列。如果 R_{Xi} 表示 X_i 的秩与 X 的其他值相比，对于 $i = 1, 2, \cdots, n$。因此，对于 n 对数据 $(X_1, Y_1), (X_2, Y_2), \cdots, (X_n, Y_n)$，斯皮尔曼相关系数

$\rho_s = \dfrac{\sum_{i=1}^{n}(R_{Xi} - \bar{R})(R_{Yi} - \bar{S})}{[\sum_{i=1}^{n}(R_{Xi} - R)^2 \sum_{i=1}^{n}(R_{Yi} - \bar{S})^2]^{1/2}}$。其中，$\bar{R} = \dfrac{\sum_{i=1}^{n} R_{Xi}}{n}$，$\bar{S} = \dfrac{\sum_{i=1}^{n} R_{Yi}}{n}$。

(3) 肯德尔相关系数

肯德尔相关系数是一项用于评估两个变量之间相互依赖程度的重要指标。在实际应用中，通常是通过计算相关程度来判断一个变量与另一变量之间是否存在因果关系或相关性强弱，从而可以确定该变量是否是影响其他变量变化的原因或结果。考虑 n 对数据序列 $(X_1, Y_1), (X_2, Y_2), \cdots, (X_n, Y_n)$ 的两个变量 X 和 Y：如果一个数据对的两个成员大于其他数据对的相应成员，则称为一致；如果它们与其他数据对的相应成员的顺序相反，则称为不一致。让 R_c 和 R_d 分别表示一致和不一致变量对的总数。如果两对 $X_i = X_j$ 和 $Y_i = Y_j$，它们不一致，不计入 R_c 或 R_d。肯德尔相关系数可以表示为：$\rho_r = \dfrac{2(R_c - R_d)}{n(n-1)}$。

第五节 案例及分析结果

对共享单车可用性进行识别之前,我们需要先确定所给定的有向图是否有环。我们根据前文相关内容对有向图中连通子图进行识别。我们使用 Python 软件对 2017 年 8 月 1 日的共享单车系统内用户出行记录进行分析,得到共享单车的相对可用性排序结果,表 6 – 15 展示了部分数据(由于数据量较大,未全部展示)。

表 6 – 15　　共享单车相对可用性排序结果

序号	车辆编号	序号	车辆编号	序号	车辆编号
1	134687	14	134833	27	154633
2	133582	15	151939	28	150926
3	150836	16	134846	29	150297
4	153908	17	153711	30	152869
5	150276	18	150458	31	150648
6	131376	19	150935	32	150007
7	150555	20	152791	33	130193
8	130724	21	152138	34	152253
9	153873	22	154760	35	150485
10	150870	23	132452	36	132422
11	132185	24	153952	37	130433
12	134784	25	132795	38	153041
13	133132	26	151531	…	…

根据表6-15的结果，我们可以知道共享单车的相对可用性水平。但此时的排序结果是针对所有单车，未考虑不同区域内单车使用频次差异导致单车可用性的不同，因此，我们根据前文提出的方法，设置A的置信阈值为2，即将A中置信阈值小于2的二元拓扑关系过滤，对剩余符合条件的二元拓扑关系检测是否存在连通子图，结果如表6-16所示，再对每个连通子图内的单车使用Kosaraju算法识别其可用性水平，我们得到最终共享单车的相对可用性排序，结果如表6-17所示。此外，当滑动时间窗口不同时，A的置信阈值应该选择不同的值。

表6-16　　　　　　　　　筛选后的连通子图

连通子图	共享单车编号
$S'1$	154952、154792、133181、135013、154062、153506、153800、150956、154561、150415、132131、133115、152427、152365、133161、133408、134784、132303、154613、1547938、154498、130893、153273、151594、134730、153531、153127、151668、154210、134996、150517、150240、152435、…
$S'2$	130144、132198、150829、153631、132301、150814、151593、154319、154083、154200
$S'3$	134888、153458、133104、154437、154647、152288、130379、153017、132281、152090、153384、151858
$S'4$	152908、153486、152477、133530、152880、132746、132943、133577
$S'5$	154149、151434、152752、132555、153283、132206
$S'6$	153550、132991、150510、150029、155031
$S'7$	150096、152330、132863、151989
$S'8$	134655、134055、153372、132277
$S'9$	133513、151606、152240、152606、133560、132856、131376
$S'10$	132608、150799、150448、151541、154760、152613、153505
$S'11$	153380、152218、151300、154253

续表

连通子图	共享单车编号
$S'12$	152577、135061、151257、154186、154600
$S'13$	152804、151739、153935、150332
…	…

表 6-17　　　　　　　不同连通子图内相对可用性排序

连通子图	可用性排序	连通子图	可用性排序	连通子图	可用性排序	…
$S'1$	135013	$S'2$	154200	$S'3$	151858	…
$S'1$	134938	$S'2$	154083	$S'3$	153384	…
$S'1$	150956	$S'2$	154319	$S'3$	130379	…
$S'1$	133181	$S'2$	151593	$S'3$	152288	…
$S'1$	150415	$S'2$	150814	$S'3$	132281	…
$S'1$	153506	$S'2$	132301	$S'3$	152090	…
$S'1$	154792	$S'2$	153631	$S'3$	154647	…
$S'1$	133115	$S'2$	150829	$S'3$	133104	…
$S'1$	154561	$S'2$	132198	$S'3$	154437	…
$S'1$	154952	$S'2$	130144	$S'3$	153458	…
$S'1$	153251	—	—	$S'3$	153010	…
$S'1$	153800	—	—	$S'3$	134888	…
$S'1$	154062	—	—	—	—	…
…	…	…	…	…	…	…

比较表 6-15 和表 6-17 可以发现，对二元拓扑关系设置置信阈值后，共享单车重新被分成了不同的连通子图。我们以表 6-17 中 $S'1$

和 $S'3$ 两个子图为例进行简单说明，如图 6-9 所示（由于 $S'1$ 中数据较多，图中仅展示部分数据进行说明）。在图 6-9 中，圆圈代表共享单车，边代表的是单车之间的换乘关系，箭头指向代表了用户的换乘顺序。从图 6-9 可以看出，圆圈的大小、箭头大小和边粗细都不同。圆圈的大小代表单车的出度大小，圆圈越大，说明该单车的出度越大，即单车被退租的频次越多。箭头大小和边的粗细代表权重不同，即单车之间的多次换乘行为，两辆单车被换乘骑行的次数越多，则边越粗、箭头越大。单车 151088 和单车 133104 之间的有向边，表示在未进行筛选之前，$S'1$ 和 $S'3$ 这两个子图是一个连通图，两个单车之间存在换乘关系。由于筛选掉了 A 中置信阈值小丁 2 的二元拓扑关系，因此两者之间的换乘关系不存在。对比表 6-15 和表 6-17 中的结果，发现经过筛选之后，使用活动链算法得到的共享单车相对可用性水平比未经过筛选之前的单车可用性水平更与实际相符。

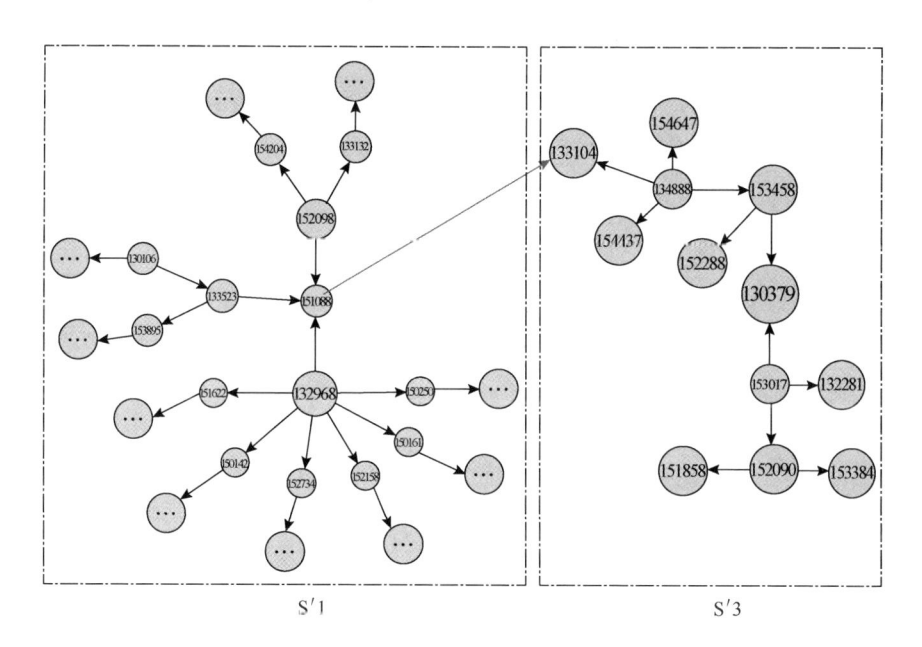

图 6-9 用户出行链展示

此外，我们还发现，A 中置信阈值的值越大，形成的连通子图越少，同一个连通子图内的单车链接性更强，即单车之间的二元关系越紧密。为了进一步说明上述现象，我们对 A 中置信阈值小于 3 和 4 的二元拓扑关系进行筛选，结果见表 6-18 和表 6-19，表 6-18 共形成了 38 个连通子图，表 6-19 共形成了 21 个连通子图（由于数据较多，仅展示部分数据）。

表 6-18　　　　　　　　A 中出度小于 3 的连通子图

连通子图	共享单车编号
$S''1$	133181、154062、153506、135013、154561、153800、154952、132131、152641、130037、152427、152365、133045、152072、153259、154757、133516、151292、150595、132327、155033、134972、134815、151157、154508、154734、150290、…
$S''2$	135239、150124、153708、133405
$S''3$	153531、154210、132303
$S''4$	130144、132198、150829、153631、132301、150814、151593、154319
$S''5$	152906、133591、152765、132490、154660、154012、152162、154795、133115、154195、134892、130460、152913、132423、151793、154058、151632
$S''6$	154246、130893、151458、153273、133409、153114、150026、132793
$S''7$	133513、151606、152240、152606、133560、132856、131376
$S''8$	151005、153310、133161
$S''9$	134888、153458、133104、154437、154647
$S''10$	133530、152880、153486、132746、132943、133577
$S''11$	135041、133203、154115、153034、150998、155021、152989、134854、150842、151098、153661
$S''12$	153017、130379、132281、152090
$S''13$	150517、150240、152435、134996
…	…

表 6-19　　　　　　　　A 中出度小于 4 的连通子图

连通子图	共享单车编号
$S'''1$	133181、154062、153506、154561、150415、154792、153800、132131、154584、130363、151926、153842、150577、130783、132584、152563、132833、133302、151365、154009、153260、150597、133919、153837、134973、132851、130037、152427、152365、152028、132309、154729、152265、151258、…
$S'''2$	154246、130893、151458、153273、133409、153114、150026、132793
$S'''3$	153102、154482、154822、133543、150352、151812、130226、150878、150092、152598
$S'''4$	151654、152735、154605、153807、154923、152643、152369、133015、153072、154786、154967、151319、152824、154952、151584、130955、132747
$S'''5$	152072、133516、151292、150595、132327、152641、155033
$S'''6$	154447、133195、150320、154860、150235、151312、154781、151456、132692、153176、154031、153324、134731、130082、153084
$S'''7$	133530、152880、153486、132746、132943、133577
$S'''8$	134972、134815、151157、153259、154508、151605、154734、150290
$S'''9$	150463、154000、133579、150947、130452、154990、152005、154664、152888
$S'''10$	135041、133203、154115、150998、155021、153034
$S'''11$	132506、154175、134816、132963、151943
…	…

根据我们得到的结果可以说明，共享单车的排序越靠后，其健康状况越糟糕。在此意义下，我们应当更加重视这类共享单车。利用相对可用性等级排名结果，可以对故障共享单车进行快速检测和定位。当一辆共享单车开始被用户取消租赁时，共享单车可能健康状况不佳的隐藏信息已经被释放了。用户取消租赁次数的增多，意味着共享单车确实处于糟糕的健康状态，开始影响用户的选择甚至满意度。如果对无法使用的

共享单车置之不理,将产生更多的用户取消租赁的情况。因此,及时识别共享单车的相对可用性水平是必要的。

第六节　本章小结

本章通过对异常数据的挖掘,引入行程链的概念,以建立用户取消租赁的特性。首先提取一种二元拓扑关系来传达拓扑单元中两辆共享单车的相对可用性。在此基础上,利用有向循环图拓扑排序算法,对所有共享单车的相对可用性进行排序,以确定它们的拓扑结构。以全新的视角为基础,我们提出一项创新的共享单车可用性分析解决方案,可以辅助和提升共享单车的运维管理。

第七章　基于贝叶斯模型的单车不可用概率

第一节　问题的提出

虽然通过上述操作构建出行链提取二元拓扑关系我们可以得到共享单车的可用性水平排序，但是此研究仅能了解单车的相对排序，对于单车的具体故障程度，即共享单车的不可用概率以及站点中具体有多少单车不可用是无法得知的。此外，基于活动链的共享单车相对可用性水平研究，我们是对用户异常出行数据，即用户异常换乘数据进行分析，这部分数据仅仅是针对具有换乘关系的共享单车，不涉及无换乘关系的单车，所以我们无法得到所有单车的相对可用性水平排序。

为了得到所有单车的可用性水平，具体了解单车的故障程度及站点中不可用单车的数量，帮助运营管理者有计划地安排维修任务，防止车辆报废，本章提出一个贝叶斯模型，即根据用户出行的租赁交易数据，提取退租数据，引入站点属性和用户退租共享单车的时间信息，构建带有协变量的贝叶斯模型，以估计每辆单车的不可用概率和站点中不可用单车的数量，并根据最终得到的结果给管理人员提出合理的维修建议。

第二节　模型假设

通过对用户退租现象的分析，观察共享单车的实际运营数据，我们发现随着使用时间的增长，共享单车的退租频次逐渐提高，退租率约占 11%，如第四章图 4-1 所示。另可以看到，相关数据中用户出行时长大部分集中在 3.5 分钟以内，结合呼和浩特市有桩共享单车系统实际桩点分布情况和交通状况，不同站点之间的间隔在 400 米以上，有效出行时间应为 5 分钟及以上，所以，我们认为出行时长在 3.5 分钟内为异常出行记录。在 Citi Bike 系统公布的公开数据集中，删除了 1 分钟内的出行记录，Zhao 等为了最小化不合理数据记录的影响，将 2 分钟内的数据删掉。[①] 然而，这部分数据恰恰隐藏着共享单车相对可用性水平的信息。因此，本章主要对用户在 2 分钟内的异常退租数据进行挖掘，根据退租频次，建立贝叶斯模型，识别共享单车的不可用概率。

本章模型中所涉及的参数和符号定义见表 7-1。

表 7-1　　　　　贝叶斯模型的主要参数和符号定义

参数	说明
i	共享单车编号
n	共享单车累计退租频次
m	可用共享单车的数量
e	租赁事件
C	共享单车的集合，$|C|$ 是共享单车的数量

[①] J. Zhao, J. Wang and W. Deng., "Exploring Bikesharing Travel Time and Trip Chain by Gender and Day of the Week", *Transportation Research Part C: Emerging Technologies*, Vol. 58, 2015, pp. 251–264.

续表

参数	说明
λ_i	先验概率,共享单车 i 租用时的不可用概率
$\lambda^e(x)$	租赁事件 e,情境 x 发生的概率
$\lambda^e(x,y)$	租赁事件 e,情境 x 和 y 发生的联合概率
λ_i^e	租赁事件 e 后,共享单车 i 不可用概率

本章选取呼和浩特市共享单车作为研究对象,通过构建贝叶斯模型对共享单车不可用概率进行了估算。基本假设如下。第一,共享单车在初始状态下都是可用的。第二,用户对租借的共享单车没有偏好,即用户从停放在站点的共享单车中随机选择一辆单车。第三,用户在租借共享单车时,不清楚单车是否可用,即用户可能租到故障单车,也可能租到可用的单车。第四,为了得到先验概率的一般估计值,我们可以将在给定时间段内修理的共享单车总数与同一时间段内的出行总数进行除法运算。由于数据中无法获得给定时间内维修单车的总数,本章将基于 Kaspi 等对先验概率的假设作为本研究的先验概率。[①]

第三节 贝叶斯基础模型

贝叶斯统计模型提供了一种有用的方法,可以根据与概率有关的数学规则对自然界中未观察到的数量进行推断和预测。此外,贝叶斯方法自然地允许我们解释和表达我们试图建模的系统中的不确定性。从根本上说,贝叶斯统计模型是对随机数据生成机制的正式数学描述。它可以使用生成的模型来模拟新数据,并使用现有数据来了解数据生成机制。

---

① M. Kaspi, T. Raviv and M. Tzur, "Detection of Unusable Bicycles in Bike-Sharing Systems", *Omega*, Vol. 65, 2016, pp. 10–16.

贝叶斯模型本质上是参数的（包括所谓的非参数贝叶斯模型），因为它们涉及指定为已知概率分布的组件。

(1) 先验概率与条件概率

先验概率就是随机事件出现的概率，它与其他事件无关。现实生活场景里的种种事物是有某种相互联系的。比如，一个人的性格、能力和知识等因素可能与另一事物有着密切的关系。因此，一个事件的发生概率必然受到其他事件相互作用的影响，这种相互作用是一种错综复杂的现象。现有事件 A 和事件 B，将 A 独自随机发生的概率记为 $P(A)$，则 $P(A)$ 为事件 A 的先验概率。然而，在 A 已经发生的基础下 B 发生了，此时事件 B 发生的概率为它的条件概率，记为 $P(B|A)$，将两件事情同时一起发生的概率记为 $P(AB)$，则它们之间的关系表示：

$$P(B|A) = \frac{P(AB)}{P(A)} \qquad (7-1)$$

(2) 事件独立性

事件的独立性在于，当两个或更多的事件发生时，它们之间是否存在相互影响的情况。在概率论中，独立性是一种重要的概念，它描述了事件之间的相互独立性质，给概率计算提供了重要的基础。如果事件 A 和事件 B 是相互独立的，那么事件 A 的发生概率不会受到事件 B 是否发生的影响。反之亦然。在数学上，我们可以用以下公式来表示事件 A 和事件 B 的独立性：

$$P(AB) = P(A)P(B) \qquad (7-2)$$

则我们可以推出，若有 n 个事件 $A_1, A_2, \cdots, A_n$ 相互独立，其中任意的 s ($2 \leq s \leq n$) 个事件均相互独立，则条件独立概率：

$$P(A_1, A_2, \cdots, A_n) = P(A_1)P(A_2)\cdots P(A_n) \qquad (7-3)$$

在实践中，我们可以通过观察实验数据来判断事件之间的独立性。如果两个事件发生情况相互独立，其概率分布也应相互独立，即事件 A 发生概率和事件 B 发生概率不互相干扰。反之，如果两个事件发生并不独立，则其概率分布应彼此相关，即事件 A 发生概率与事件 B 发生概率之间存在相互影响。

（3）全概率与贝叶斯定理

假定 S 是试验 O 的样本空间，A_1，A_2，…，A_n 是 S 分成的几个部分，B 为 O 的一个事件，并满足条件 A_1，A_2，…，A_n 两两相互独立，$P(B)>0$，$P(A_i)>0(i=1,2,…,n)$，则：

$$P(B) = \sum_{i=1}^{n} P(A_i)P(B|A_i) \qquad (7-4)$$

公式（7-4）被称为全概率公式。

根据下面条件概率公式：

$$P(A_i|B) = \frac{P(A_i)P(B|A_i)}{P(B)} \qquad (7-5)$$

代入全概率公式可得：

$$P(A_i|B) = \frac{P(A_i)P(B|A_i)}{\sum_{i=1}^{n} P(A_i)P(B|A_i)} \qquad (7-6)$$

其中，$P(A_i)$ 为 B 的先验概率，也就是 B 还没有发生的时候，我们主观猜测事件 A_i 发生的情况，$P(B|A_i)$ 为 B 的条件概率，即已知 A_i 出现状况时 B 出现的可能性则是该事件的实际出现状况，评估并调整事件出现的可能性，以得到更准确的后验概率。

基于上述的贝叶斯模型，我们使用其来计算共享单车在不同退租频次情况下的不可用概率。我们独立地关注每辆单车，为每辆单车分配一个不可用概率，并不断更新。可以知道，对于高频站点，如果一辆单车在很长一段时间内没有被租用，可能表明该单车不可用。然而，这种可能性还取决于其他因素，如共享单车在站点中的租赁交易数量。因此，我们根据用户退租频次来估计站点中的不可用单车的数量，并实时更新这个估算。对于共享单车 i 在退租 n 次情况下不可用的概率表示为：

$$\lambda(irented \mid iunusable) = \frac{1 - \lambda_i^{e-1}}{1 + \sum_{k \in C\{i\}}(1 - \lambda_k^{e-1})} \quad (7-7)$$

$$\lambda(irented \mid iusable) = \frac{\lambda_i^{e-1}}{1 + \sum_{k \in C\{i\}}(1 - \lambda_k^{e-1})} \quad (7-8)$$

用户扫码解锁共享单车后,若可以接受其可用性水平,则会直接骑走单车,反之,则会退租单车,重新换乘其他车辆或者选择其他交通方式。因此,由公式(7-7)和公式(7-8)可以得到共享单车被成功租赁和退租的概率分别为:

$$\lambda(irented) = \lambda(irented \mid iunusable) + \lambda(irented \mid iusable)$$

$$= \frac{1}{1 + \sum_{k \in C\{i\}}(1 - \lambda_k^{e-1})} \quad (7-9)$$

$$\lambda(icancalledrented) = 1 - \lambda(irented) = 1 - \frac{1}{1 + \sum_{k \in C\{i\}}(1 - \lambda_k^{e-1})}$$

$$(7-10)$$

在此基础上,我们利用贝叶斯规则,得到联合概率为:

$$\lambda^e(iunuasable, icancalledntimes) = \lambda_i^{e-1} * \frac{1 + \sum_{k \in C}^{n}(1 - \lambda_k^{e-1})}{\sum_{k \in C}^{n}(1 - \lambda_k^{e-1})}$$

$$(7-11)$$

因此,在共享单车 i 的不可用概率为:

$$\lambda_i^e = \lambda^e(iunusable \mid icancalledntimes)$$

$$= \frac{\lambda^e(iunuasable, icancalledntimes)}{\lambda^e(icancalledntimes)}$$

$$= \lambda_i^{e-1} * \frac{1 + \sum_{k \in C}^{n}(1 - \lambda_k^{e-1})}{1 + \sum_{k \in C\{i\}}^{n}(1 - \lambda_k^{e-1})} \quad (7-12)$$

对于站点内不可用单车的期望数量,本章采用共享单车的不可用概率的总和来进行计算。可用共享单车的数量也同此理:

$$E(unusable\ in\ C) = \sum_{i \in C} \lambda_i^{e-1} \qquad (7-13)$$

$$E(usable\ in\ C) = \sum_{i \in C} (1 - \lambda_i^{e-1}) \qquad (7-14)$$

通过公式(7-14),可以将公式(7-12)表达为:

$$\lambda_i^e = \lambda_i^{e-1} * \frac{1 + E(usable\ in\ C)}{\lambda_i^{e-1} + E(usable\ in\ C)} \qquad (7-15)$$

按照上述公式,当用户每租用一辆共享单车时,共享单车系统的后台都将产生用户出行的新数据,并且共享单车不可用概率将随新增数据的增加而实时更新。

第四节 带有协变量的贝叶斯扩展模型

共享单车作为一种可修复的系统,一旦出现故障,必须立即进行维修,以确保其恢复正常的使用状态。在系统的维护过程中,通常会出现三种状态,分别为完全维护、不完全维护和最小化维护。由于不完全维修假设同时考虑了运行时间和维修行为对系统状态的影响,因此更符合实际。常见的不完全维修模型主要有两种:虚龄模型[1]和比例强度模型。[2] Cox 和 Coll 最先提出比例强度模型,该模型强调通过降低系统的强度系数来评估其维修水平,从而提高维修效率。[3] 在此基础上,Lawless 和 Thiagarajah 提出另一种比例强度模型,该模型不仅包含系

---

[1] M. Kijima and U. Sumita, "A Useful Generalization of Renewal Theory: Counting Processes Governed by Non-Negative Markovian Increments", *Journal of Applied Probability*, Vol. 23, No. 1, 1986, pp. 71 – 88.

[2] D. R. Cox and I. Coll, "The Statistical Analysis of Dependencies in Point Processes", *Stochastic Point Processe*, 1972, pp. 55 – 66.

[3] D. R. Cox and I. Coll, "The Statistical Analysis of Dependencies in Point Processes", *Stochastic Point Processe*, 1972, pp. 55 – 66.

统运行时间信息,还涵盖了更新类型行为,但该模型仍存在一些难以应用的问题。① 鉴于此,Guo 等提出将累积故障强度函数作为协变量引入比例强度模型,② 并将各因素以乘积的形式表示,从而形成一个协变量。③ Cox 和 Coll 提出的比例风险回归模型是一种用于评估协变量对失效时间和故障恢复的影响的方法。它是一种统计技术,可用于研究故障和后续事件之间的时间。其结构形式为:

$$h(t) = h_0(t)\exp(\beta_1 X_1 + \beta_2 X_2 + \cdots + \beta_m X_m) \qquad (7-16)$$

其中,$h_0(t)$ 为基础风险率,在所有暴露因素均不存在的情况下,通常是一个未知的常数;β_i 为回归系数(根据观测值),可以度量每个暴露因素对 t 时刻的风险率效应大小。根据上述公式,可以求出每个观察对象在 t 时刻的风险值。为了更深入地探究公式中各变量之间的相互关系,我们对公式(7-16)进行了以下的转换:

$$\ln\left[\frac{h(t)}{h_0(t)}\right] = \ln HR = \beta_1 X_1 + \beta_2 X_2 + \cdots + \beta_m X_m \qquad (7-17)$$

其中,HR 表示风险比率。我们知道,风险比率不因时间的变化而变化,是一个与时间无关的变量。

在基础的贝叶斯模型中,我们假设共享单车的可用性水平仅与退租频次有关,但是在实际情况中,用户退租单车现象与共享单车所在站点属性以及用户出行时间信息有紧密关系。例如,在高峰时段和活跃度高的站点用户退租单车的次数要小于在低峰时段和活跃度低的站点退租单

---

① J. F. Lawless and K. Thiagarajah, "A Point-Process Model Incorporating Renewals and Time Trends, with Application to Repairable Systems", *Technometrics*, Vol. 38, No. 2, 1996, pp. 131–138.

② H. R. Guo, H. Liao, W. Zhao, et al., "A New Stochastic Model for Systems Under General Repairs", *IEEE Transactions on Reliability*, Vol. 56, No. 1, 2007, pp. 40–49; L. H. Guo, W. Zhao, "Practical Methods for Modeling Repairable Systems with Time Trends and Repair Effects", Reliability and Maintainability Symposium, California: IEEE, 2006, pp. 182–188.

③ S. Park, N. Balakrishnan and G. Zheng, "Fisher Information in Hybrid Censored Data", *Statistics & Probability Letters*, Vol. 78, No. 16, 2008, pp. 2781–2786.

车的次数。这是由于高峰时段活跃度高的站点，出行量大，对共享单车的需求大于站点中共享单车的数量。因此，对于一些可用性水平较低的单车，用户的容忍度也会变大。我们将站点属性和不同时间段退租单车的频次作为协变量引入比例模型，再将具有协变量的比例强度模型与贝叶斯模型结合，以分析共享单车的可用性水平。构建的带有协变量的扩展模型为：

$$h(t) = h_0(t) e^{\sum_{j \in S} \sum_{i=0}^{n} \beta_j x_i + \sum_{k \in T} \sum_{i=0}^{n} \alpha_k y_i} \qquad (7-18)$$

其中，$h_0(t)$ 表示仅与时间有关的基本不可用概率；β_j 表示站点对共享单车退租次数的影响系数，定义为该站点的出行记录除以当天总的出行量；α_k 表示不同时间段共享单车退租次数的影响系数；x_i 表示站点 i 的退租次数；y_i 表示单车在不同时段的退租次数。

因此，在基础的贝叶斯模型中，公式（7-9）和公式（7-11）结合共享单车站点属性和用户退租时间信息，带有协变量的扩展模型可以重新改写为：

$$\tilde{\lambda}(irented) = \frac{h_0(t) e^{\sum_{j \in S} \sum_{i=0}^{n} \beta_j x_i + \sum_{k \in T} \sum_{i=0}^{n} \alpha_k y_i}}{1 + \sum_{k \in C \setminus \{i\}} (1 - \lambda_k^{e-1})} \qquad (7-19)$$

$$\widetilde{\lambda^e} = (iunusable, icancellednties)$$

$$= \widetilde{\lambda_i^{e-1}} * \frac{1 + \sum_{k \in C} (1 - \lambda_k^{e-1})}{\sum_{k \in C} (1 - \lambda_k^{e-1})} * h_0(t) e^{\sum_{j \in S} \sum_{i=0}^{n} \beta_j x_i + \sum_{k \in T} \sum_{i=0}^{n} \alpha_k y_i} \qquad (7-20)$$

因此，我们可以得到共享单车的不可用概率为：

$$\widetilde{\lambda_i^e} = \widetilde{\lambda^e}(iunuasable \mid icancellednties)$$

$$= \widetilde{\lambda_i^{e-1}} * \frac{h_0(t) e^{\sum_{j \in S} \sum_{i=0}^{n} \beta_j x_i + \sum_{k \in T} \sum_{i=0}^{n} \alpha_k y_i} + \sum_{k \in C} (1 - \lambda_k^{e-1})}{h_0(t) e^{\sum_{j \in S} \sum_{i=0}^{n} \beta_j x_i + \sum_{k \in T} \sum_{i=0}^{n} \alpha_k y_i} + \sum_{k \in C \setminus \{i\}} (1 - \lambda_k^{e-1})} \qquad (7-21)$$

同理，不可用共享单车的期望数量为：

$$\widetilde{E}(unusableinC) = \sum_{i \in C} \widetilde{\lambda_i^{e-1}} \qquad (7-22)$$

第五节 案例及分析结果

为了验证本章所提出的带有协变量的贝叶斯扩展模型的有效性，我们使用 2017 年 8 月 1 日呼和浩特市共享单车系统的出行交易数据，模拟共享单车不可用概率的在线计算。我们对原始 OD 数据处理，整理得到每辆单车随着时间增加的累计租赁次数和退租次数（见表 7 - 2）。在实验中，将所有共享单车的失效概率设置为 0.01。也就是说，不可用性指标值取自参数为 0.01 的伯努利分布。

表 7 - 2　　　　　　　　　共享单车租赁数据

车辆编号	累计租赁次数									
	1	2	3	4	5	6	7	8	9	10
130006	0	0	1	2	—	—	—	—	—	—
132416	0	0	0	0	—	—	—	—	—	—
154952	1	2	3	4	5	—	—	—	—	—
153800	1	2	3	4	4	—	—	—	—	—
154062	1	1	1	1	2	3	4	5	—	—
150956	1	2	2	2	2	2	2	—	—	—
132131	0	0	0	0	1	2	3	4	5	5
133115	1	1	1	2	2	3	3	4	5	5
133181	1	1	1	2	2	2	3	4	4	5
153506	1	2	3	4	5	5	5	5	5	5

续表

车辆编号	累计租赁次数									
	1	2	3	4	5	6	7	8	9	10
154792	1	1	1	2	3	4	4	5	5	5
150415	1	2	3	4	5	6	7	8	9	9
154561	1	2	3	4	5	6	7	8	9	10
135013	0	0	0	0	0	0	0	0	0	0
153251	0	0	0	0	1	2	2	2	2	2
…	…	…	…	…	…	…	…	…	…	…

表7-2中，0代表的是在该次出行中，共享单车未被退租，1代表的是共享单车累计退租1次，后面的依此类推。随着使用时间的增长，每辆共享单车的累计租赁次数和退租次数会发生变化。

根据表7-2的数据，应用上述构建的带有协变量的扩展模型对一天内的用户出行数据进行模拟，使用Python软件模拟，得到单车每次租赁/退租后的不可用概率（见表7-3）。

表7-3　　　　　　　　　模型结果

车辆编号	累计租赁次数									
	1	2	3	4	5	6	7	8	9	10
130006	2.88E-03	8.24E-04	1.83E-03	4.45E-03	—	—	—	—	—	—
132416	2.88E-03	8.24E-04	2.36E-04	6.73E-05	—	—	—	—	—	—
154952	2.62E-02	4.62E-02	9.53E-02	2.01E-01	3.86E-01	—	—	—	—	—

续表

车辆编号	累计租赁次数									
	1	2	3	4	5	6	7	8	9	10
153800	2.62E-02	4.62E-02	9.53E-02	2.01E-01	6.70E-02	—	—	—	—	—
154062	2.62E-02	7.64E-03	2.19E-03	6.28E-04	1.61E-03	4.20E-03	1.10E-02	2.88E-02	—	—
150956	2.62E-02	4.62E-02	1.37E-02	3.94E-03	1.13E-03	3.23E-04	9.23E-05	2.64E-05	—	—
132131	2.88E-03	8.24E-04	2.36E-04	6.73E-05	1.72E-04	4.51E-04	1.19E-03	3.16E-03	8.38E-03	2.41E-03
133115	2.62E-02	7.64E-03	2.19E-03	5.34E-03	1.53E-03	4.00E-03	1.15E-03	3.04E-03	8.06E-03	2.32E-03
133181	2.62E-02	7.64E-03	2.19E-03	5.34E-03	1.53E-03	4.38E-03	1.16E-03	3.07E-03	8.80E-04	2.34E-03
153506	2.62E-02	4.62E-02	9.53E-02	2.01E-01	3.86E-01	3.86E-01	4.88E-02	1.44E-02	4.17E-03	1.19E-03
154792	2.62E-02	7.64E-03	2.19E-03	5.34E-03	1.36E-02	3.48E-02	1.02E-02	2.66E-02	7.75E-03	2.23E-03
150415	2.62E-02	4.62E-02	9.53E-02	2.01E-01	3.86E-01	6.15E-01	8.03E-01	9.12E-01	9.64E-01	8.83E-01
154561	2.62E-02	4.62E-02	9.53E-02	2.01E-01	3.86E-01	6.15E-01	8.03E-01	9.12E-01	9.64E-01	9.85E-01
135013	2.88E-03	8.24E-04	2.36E-04	6.73E-05	1.92E-05	5.49E-06	1.57E-06	4.49E-07	1.28E-07	3.66E-08
153251	2.88E-03	8.24E-04	2.36E-04	6.73E-05	1.72E-04	4.51E-04	1.29E-04	3.69E-05	1.05E-05	3.01E-06
...	...	...	...	...	...	...	...	...	...	...

从表7-3可以看出，随着使用时间的增长，共享单车的不可用概率会不断地发生变化。观察共享单车135013，该单车一直未被退租，不

可用概率随着使用时间的增长越来越小，可以反映出该辆共享单车健康状况较好。共享单车154561，当车辆连续累计退租9次的时候，不可用概率增长趋势缓慢，因此，可以推断出该车辆是故障车辆，需要及时进行维修。此外，通过表7-3还可以发现，用户退租共享单车的次序不同，单车的不可用概率也不同。例如，共享单车132131和共享单车133181在8月1日这一天都是累计租赁10次，退租5次，但是由于退租的次序不同，因此单车的不可用概率也不同。共享单车132131连续5次退租的时间都是在晚高峰19：00—21：00，而共享单车133181五次退租的时间分别在早上7：00—8：00、10：00—11：00和中午12：00—14：00，这段时间正好不是出行的高峰时段。从表7 3的结果可以知道共享单车132131的不可用概率大于共享单车133181的不可用概率，这与实际情况相符。

通过表7-3得到的每辆共享单车的不可用概率，根据公式（7-22）可以得到站点中不可用共享单车的期望数量为 $\widetilde{E}(unusable\ in\ C) = \sum_{i \in C} \widetilde{\lambda_i^{e-1}} = 75$ 辆。

将上述共享单车在一天内结束工作时的不可用概率作为单车第二天的初始不可用概率，根据带有协变量的扩展模型，可以得到第二天每辆共享单车的不可用概率（见表7-4）。

表7-4　　　　　　　　　次日共享单车的不可用概率

车辆编号	累计租赁次数										
	0	1	2	3	4	5	6	7	8	9	10
130006	4.45 E-03	1.28 E-03	—	—	—	—	—	—	—	—	—
132416	6.73 E-05	1.72 E-04	—	—	—	—	—	—	—	—	—

续表

车辆编号	累计租赁次数										
	0	1	2	3	4	5	6	7	8	9	10
154952	3.86 E-01	6.15 E-01	8.03 E-01	9.12 E-01	9.64 E-01	9.85 E-01	9.94 E-01	—	—	—	—
153800	6.70 E-02	2.01 E-02	—	—	—	—	—	—	—	—	—
154062	2.88 E-02	7.31 E-02	1.74 E-01	—	—	—	—	—	—	—	—
150956	2.64 E-05	7.54 E-06	2.01 E-05	5.35 E-05	—	—	—	—	—	—	—
132131	2.41 E-03	6.89 E-04	1.97 E-04	5.63 E-05	1.61 E-05	—	—	—	—	—	—
133115	2.32 E-03	6.63 E-04	1.77 E-03	4.69 E-03	1.35 E-03	3.85 E-03	1.10 E-04	3.14 E-05	—	—	—
133181	2.34 E-03	—	—	—	—	—	—	—	—	—	—
153506	1.19 E-03	3.41 E-04	9.76 E-05	2.60 E-04	6.93 E-04	1.85 E-03	4.91 E-03	1.30 E-02	3.39 E-02	9.93 E-03	—
154792	2.23 E-03	—	—	—	—	—	—	—	—	—	—
150415	8.83 E-01	—	—	—	—	—	—	—	—	—	—
154561	9.85 E-01	9.94 E-01	9.80 E-01	9.92 E-01	9.97 E-01	9.99 E-01	1.00 E+00	1.00 E+00	1.00 E+00	1.00 E+00	1.00 E+00
135013	3.66 E-08	1.05 E-08	2.99 E-09	8.54 E-10	2.44 E-10	6.97 E-11	—	—	—	—	—
153251	3.01 E-06	8.60 E-07	2.46 E-07	7.02 E-08	2.01 E-08	5.73 E-09	1.64 E-09	4.68 E-10	1.34 E-10	—	—
...	...	...	...	...	...	...	...	...	...	...	...

根据表 7-4，可以发现共享单车 154561 在第二天同样被连续退租，但不可用概率增长的幅度较小，因此可以反映出之前的推断是正确的，即共享单车 154561 连续累计退租 9 次为故障共享单车。同样的，对于共享单车 132131，由于第二天该辆单车未被退租，所以其不可用概率呈现下降趋势，均与实际情况相符。根据上述方法的应用研究，可以了解每辆共享单车的不可用概率和站点中不可用共享单车的数量。此外，当天工作结束时得到的单车不可用概率可以作为第二天单车的初始不可用概率。以此类推，这样便可以减少先验概率对数据的影响，得到的共享单车的不可用概率更加客观，有助于管理人员及时安排维修任务。在上述研究中，表 7-3 的结果是基于先验概率为 0.01 和 α_k 在高峰时段 7：00—9：00 和 17：00—21：00 为 0.8 的假设。因此，接下来，我们将分别假设在不同的先验概率值为 0.001、0.005、0.01、0.02 和 0.05，以及不同的 α_k 值为 0.5、0.6、0.7、0.8、0.9 的情况下，模拟共享单车的不可用概率。具体结果见表 7-5 和表 7-6。

表 7-5　　　　不同先验概率条件下共享单车的不可用概率

车辆编号\先验概率	0.001	0.005	0.01	0.02	0.05
130006	4.43E-04	2.21E-03	4.45E-03	8.94E-03	2.27E-02
132416	6.67E-06	3.34E-05	6.73E-05	1.36E-04	3.51E-04
154952	6.33E-02	2.46E-01	3.86E-01	5.38E-01	7.05E-01
153800	7.50E-03	3.55E-02	6.70E-02	1.20E-01	2.28E-01
154062	2.93E-03	1.45E-02	2.88E-02	5.21E-05	1.33E-01
150956	2.67E-06	1.32E-05	2.64E-05	5.21E-05	1.26E-04
132131	2.39E-04	1.19E-03	2.41E-03	4.85E-03	1.24E-02
133115	2.30E-04	1.15E-03	2.32E-03	4.66E-03	1.19E-02

续表

车辆编号\先验概率	0.001	0.005	0.01	0.02	0.05
133181	2.33E-04	1.16E-03	2.34E-03	4.72E-03	1.21E-02
153506	1.29E-04	6.20E-04	1.19E-03	2.21E-03	4.52E-03
154792	1.29E-04	1.11E-03	2.23E-03	4.48E-03	1.14E-02
150415	1.29E-04	8.08E-01	8.83E-01	9.26E-01	9.54E-01
154561	8.96E-01	9.74E-01	9.85E-01	9.91E-01	9.94E-01
135013	3.63E-09	1.81E-08	3.66E-08	7.40E-08	1.91E-07
153251	2.98E-07	1.49E-06	3.01E-06	6.08E-06	1.57E-05
…	…	…	…	…	…

表 7-6　　不同 α_k 条件下共享单车的不可用概率

车辆编号\α_k	0.5	0.6	0.7	0.8	0.9
130006	3.49E-03	3.85E-03	4.17E-03	4.45E-03	4.69E-03
132416	6.73E-05	6.73E-05	6.73E-05	6.73E-05	6.73E-05
154952	2.78E-01	3.18E-01	3.55E-01	3.86E-01	4.12E-01
153800	4.70E-02	5.39E-02	6.07E-02	6.70E-02	7.30E-02
154062	2.33E-02	2.59E-02	2.55E-05	2.88E-02	2.95E-02
150956	2.37E-05	2.46E-05	2.76E-02	2.64E-05	2.72E-05
132131	1.91E-03	2.15E-03	2.31E-03	2.41E-03	2.47E-03
133115	1.86E-03	2.07E-03	2.21E-03	2.32E-03	2.39E-03
133181	1.93E-03	2.12E-03	2.25E-03	2.34E-03	2.41E-03
153506	7.31E-04	8.89E-04	1.04E-03	1.19E-03	1.33E-03

续表

车辆编号\α_k	0.5	0.6	0.7	0.8	0.9
154792	1.66E−03	1.90E−03	2.09E−03	2.23E−03	2.33E−03
150415	7.34E−01	8.09E−01	8.55E−01	8.83E−01	9.01E−01
154561	9.52E−01	9.71E−01	9.80E−01	9.85E−01	9.88E−01
135013	3.66E−08	3.66E−08	3.66E−08	3.66E−08	3.66E−08
153251	2.60E−06	2.79E−06	2.92E−06	3.01E−06	3.07E−06
…	…	…	…	…	…

由于共享单车初始不可用概率是它的先验概率，因此可以发现，共享单车的不可用概率随着先验概率的增加而增加。

从表7−5和表7−6中可以看出不同先验概率条件和不同α_k条件情况下，共享单车不可用概率和不可用单车数量不同，但是具体哪个参数值的模拟效果更好，需要通过进一步验证得到在特定时间点的实际不可用单车数量的信息，与本节所估算的不可用单车数量进行比较。由于缺乏所需要的此类数据，因此，本节未进行比较，仅研究了在不同假设参数下共享单车的不可用概率和不可用数量。

随着共享单车使用时间的增长，如果不检查健康状况较差的共享单车，取消租赁的用户数量会随着时间的推移而增加。因此，不可用共享单车应该得到更多的关注。受维修人员、车间等维护资源的限制，每天的维护工作量是有限的。运营管理者根据研究得到的共享单车不可用概率和不可用单车的数量，可以设置一个阈值，即当共享单车的不可用概率超过阈值时，识别出完全不能使用的共享单车，并尽快将现场检测维修方案分配给工作人员。同时，应采取早期故障预警和维修时间选择策略。

第六节　本章小结

共享单车作为一个劣化和可修复系统，随着运营时间的增加和使用强度的提高，共享单车的可用性必然会随着使用时间的增加而下降。因此，本章基于用户历史出行记录，根据用户退租次数，引入站点属性和用户退租单车时间信息，构建带有协变量的贝叶斯模型的扩展模型，从而实时估算共享单车的不可用概率和不可用数量。我们提出的方法为未来共享单车可用性分析和实际应用的进一步探索提供了有价值的思路和案例，是本章最大的贡献。为了说明该方法的应用性和有效性，本章使用呼和浩特市共享单车出行数据进行分析，证明了该模型可以实时预测站点中不可用单车的数量。同时，可以发现在高频站点，如果共享单车被连续多次退租，则说明该共享单车可用性很小。此外，如果存在多辆单车在一天运行时间内被退租次数相同，那么在高峰期间退租的单车会比其他时段退租的单车不可用概率更大。根据本章得到的结果，可以对共享单车的运营管理人员提出以下建议。第一，运营管理者可以根据共享单车的不可用概率，及时了解共享单车的可用性水平，有计划地安排维修任务，防止高峰期间维修任务累积，使人力资源得到充分利用。第二，可以防止共享单车的小故障劣化为更大的故障，减少维修成本，实现可持续发展。第三，及时对共享单车进行维修可以减少用户骑行到故障单车的概率，减少用户出行的风险，提高用户出行的满意度，增加用户的黏性，为企业的长远发展带来更大的效益。但是，本章结论存在一定的局限性。由于共享单车系统中单个站点的具体单车信息不完全，因此，本章估算的不可用单车的数量是针对所有站点的综合不可用数量。

第八章 基于强化学习和 PageRank 的可用性分析方法

第一节 问题提出

BSS 是一种绿色、低碳、可持续的交通方式,具有改善身体健康、促进旅行安全和减少碳排放等潜在益处。[①] 它是可持续公共交通模式的重要组成部分,也将成为实现城市交通系统"碳峰值和碳中和"战略目标的重要途径。市民选择绿色、低碳的出行方式,如共享单车越多,则城市的碳减排就越多,从而改善城市空气质量,促进城市可持续发展。大量的文献和实践表明,降低脆弱性,提高运营服务质量、出行安全、共享单车可用性和用户满意度的策略是吸引更多旅行者的关键。[②] 在

[①] H. Luo, "Comparative Life Cycle Assessment of Station-Based and Dock-Less Bike Sharing Systems", *Resources, Conservation, and Recycling*, Vol. 146, No. 3, 2019, pp. 180 – 189; H. Luo, F. Zhao, W. Chen, et al., "Optimizing Bike Sharing Systems from the Life Cycle Greenhouse Gas Emissions Perspective", *Transportation Research Part C: Emerging Technologies*, Vol. 117, 2020, p. 102705; E. Fishman and P. Schepers, "Global Bike Share: What the Data Tells Us about Road Safety", *Journal of Safety Research*, Vol. 56, 2016, pp. 41 – 45; L. Zhang, Z. Xiao, S. Ren, et al., "Measuring the Vulnerability of Bike-sharing System", *Transportation Research Part A: Policy and Practice*, Vol. 163, 2022, pp. 353 – 369.

[②] M. Kaspi, T. Raviv and M. Tzur, "Bike-Sharing Systems: User Dissatisfaction in the Presence of Unusable Bicycles", *IISE Transactions*, Vol. 49, No. 2, 2017, pp. 144 – 158; L. Zhang, Z. Xiao, S. Ren, Z. Qin, et al., "Measuring the Vulnerability of Bike-sharing System", *Transportation Research Part A: Policy and Practice*, Vol. 163, 2022, pp. 353 – 369; B. Kutela and E. Kidando, "Towards a Better Understanding of Effectiveness of Bike-share Programs: Exploring Factors Affecting Bikes Idle Duration", *American Academic Scientific Research Journal for Engineering, Technology, and Sciences*, Vol. 29, No. 1, 2017, pp. 33 – 46.

BSS 快速增长后，BSS 的发展模式已经从过度投放单车转向精益管理。① 因此，BSS 的运维管理已成为一个热门话题。② 共享单车通常是劣化的、可修复的系统。共享单车在 BSS 中不可避免地会出现无法使用的情况，大大增加了事故的发生概率。③ 这将导致共享单车的运行可靠性下降，运行故障和维护成本增加。从这个意义上说，检测出不能使用的共享单车，防止单车劣化和运行故障，可以让共享单车更安全、更舒适，让城市共享交通更具可持续性。

从系统可靠性和安全性的角度，④ Fishman 和 Schepers 对共享单车安全性进行了实证研究，考察了 BSS 方案对用户伤害风险的影响，但没有

---

① T. Yang, Y. Li, S. Zhou, et al., "Dynamic Feedback Analysis of Influencing Factors and Challenges of Dockless Bike-sharing Sustainability in China", *Sustainability*, Vol. 11, No. 17, 2019, p. 4674; Y. Jin, C. Ruiz and H. Liao, "A Simulation Framework for Optimizing Bike Rebalancing and Maintenance in Large-scale Bike-sharing Systems", *Simulation Modelling Practice and Theory*, Vol. 115, 2022, p. 102422.

② R. Alvarez-Valdes, et al., "Optimizing the Level of Service Quality of a Bike-Sharing System", *Omega*, Vol. 62, 2016, pp. 163 – 175; M. Bordagaray, L. dell'Olio, A. Fonzone, et al., "Capturing the Conditions that Introduce Systematic Variation in Bike-Sharing Travel Behavior Using Data Mining Techniques", *Transportation Research Part C: Emerging Technologies*, Vol. 71, 2016, pp. 231 – 248; S. Zhang, G. Xiang and Z. Huang, "Bike-Sharing Static Rebalancing by Considering the Collection of Bicycles in Need of Repair", *Journal of Advanced Transportation*, Vol. 2018, 2018, p. 8086378; M. Du, L. Cheng, X. Li, et al., "Static Rebalancing Optimization with Considering the Collection of Malfunctioning Bikes in Free-Floating Bike Sharing System", *Transportation Research Part E: Logistics and Transportation Review*, Vol. 141, 2020, p. 102012; Y. Zhou, M. Zhang, G. Kou, et al., "Travel Preference of Bicycle-Sharing Users: A Multi-Granularity Sequential Pattern Mining Approach", *International Journal of Computers Communications & Control*, Vol. 17, No. 1, 2022, p. 4673; L. Zhang, Z. Xiao, S. Ren, et al., "Measuring the Vulnerability of Bike-sharing System", *Transportation Research Part A: Policy and Practice*, Vol. 163, 2022, pp. 353 – 369; D. Freund, S. G. Henderson and D. B. Shmoys, "Minimizing Multimodular Functions and Allocating Capacity in Bike-sharing Systems", *Operations Research*, Vol. 70, No. 5, 2022, pp. 2715 – 2731; C. Médard de Chardon, G. Caruso and I. Thomas, "Bike-share Rebalancing Strategies, Patterns, and Purpose", *Journal of Transport Geography*, Vol. 55, 2016, pp. 22 – 39.

③ Y. Wang and W. Y. Szeto, "Static Green Repositioning in Bike Sharing Systems with Broken Bikes", *Transportation Research Part D: Transport and Environment*, Vol. 65, 2018, pp. 438 – 457.

④ S. Qiao, et al., "A Dynamic Convolutional Neural Network Based Shared-Bike Demand Forecasting Model", *ACM Transactions on Intelligent Systems and Technology*, Vol. 12, No. 6, 2021, pp. 1 – 24.

考虑自行车故障可能引起的碰撞危险因素。① Bordagaray 等发现，用户可以换一辆更舒适、更安全的单车骑行。② 他们将这种现象命名为"单车试用"或"单车替代"。Bordagaray 等发现，不能使用的共享单车会降低用户满意度。③ Vishkaei 等将快速识别故障单车的能力列为评估和提高用户满意度的基本措施。④ Kutela 和 Kidando 从单车闲置时间的角度分析了 BSS 中单车不可用的因素。⑤ Zhang 等从系统失效的角度考察了他们对 BSS 脆弱性度量的努力。⑥ 这些研究一致认为，提高单车使用率是提高 BSS 效益的关键。快速识别故障单车，进行适当的维护和回收在减少不可用共享单车方面发挥着至关重要的作用。⑦ 然而，对于无法使用的

---

① E. Fishman and P. Schepers, "Global Bike Share: What the Data Tells Us about Road Safety", *Journal of Safety Research*, Vol. 56, 2016, pp. 41 – 45.

② M. Bordagaray, A. Fonzone, L. dell'Olio, et al., "Considerations About the Analysis of ITS Data of Bicycle Sharing Systems", *Procedia-Social and Behavioral Sciences*, Vol. 162, 2014, pp. 340 – 349.

③ M. Bordagaray, A. Fonzone, L. dell'Olio, et al., "Considerations About the Analysis of ITS Data of Bicycle Sharing Systems", *Procedia-Social and Behavioral Sciences*, Vol. 162, 2014, pp. 340 – 349.

④ B. M. Vishkaei, M. Fathi, M. Khakifirooz, et al., "Bi-objective Optimization for Customers' Satisfaction Improvement in a Public Bicycle Sharing System", *Computers & Industrial Engineering*, Vol. 161, 2021, p. 107587.

⑤ B. Kutela and E. Kidando, "Towards a Better Understanding of Effectiveness of Bike-share Programs: Exploring Factors Affecting Bikes Idle Duration", *American Academic Scientific Research Journal for Engineering, Technology, and Sciences*, Vol. 29, No. 1, 2017, pp. 33 – 46.

⑥ L. Zhang, Z. Xiao, S. Ren, et al., "Measuring the Vulnerability of Bike-sharing System", *Transportation Research Part A: Policy and Practice*, Vol. 163, 2022, pp. 353 – 369.

⑦ H. Si, J. -g. Shi, G. Wu, et al., "Mapping the Bike Sharing Research Published from 2010 to 2018: A Scientometric Review", *Journal of Cleaner Production*, Vol. 213, 2019, pp. 415 – 427; B. Kutela and E. Kidando, "Towards a Better Understanding of Effectiveness of Bike-share Programs: Exploring Factors Affecting Bikes Idle Duration", *American Academic Scientific Research Journal for Engineering, Technology, and Sciences*, Vol. 29, No. 1, 2017, pp. 33 – 46; Y. Jin, C. Ruiz and H. Liao, "A Simulation Framework for Optimizing Bike Rebalancing and Maintenance in Large-scale Bike-sharing Systems", *Simulation Modelling Practice and Theory*, Vol. 115, 2022, p. 102422; B. M. Vishkaei, M. Fathi, M. Khakifirooz, et al., "Bi-objective Optimization for Customers' Satisfaction Improvement in a Public Bicycle Sharing System", *Computers & Industrial Engineering*, Vol. 161, 2021, p. 107587; X. Li, Y. Zhang, L. Sun, et al., "Free-floating Bike Sharing in Jiangsu: Users' Behaviors and Influencing Factors", *Energies*, Vol. 11, No. 7, 2018, p. 1664.

共享单车的检测方法的研究非常少，而且还没有得到充分的研究。

系统故障检测和故障诊断方法已经在大量的文献和实践中进行了研究，形成了一些典型的方法，如以可靠性为中心的维护（RCM）、① 基于状态的维护（CBM）、② 预测和健康管理（PHM）③（这里仅举几个例子，更多相关类型的文献可以在它们的引用和被引用的作品中找到）。在具体的研究和实践应用中，模型和方法已经应用于许多领域，如卫星系统、④ 数控机床⑤和城市公交车⑥。在进行分析时，系统故障数据、维护信息甚至传感器数据在系统可靠性、安全性和可用性评估中起着关键作用。除了一些常用的分析方法外，机器学习方法如强化学习⑦和深度学习⑧也逐

---

① J. Moubray, *Reliability-centered Maintenance*, South Norwalk: Industrial Press Inc., 2001.
② M. Compare, F. Antonello, L. Pinciroli, et al., "A General Model for Life-cycle Cost Analysis of Condition-based Maintenance Enabled by PHM Capabilities", *Reliability Engineering & System Safety*, Vol. 224, 2022, p. 108499.
③ J. Lee, D. Kwon, N. Kim, et al., "PHM-based Wiring System Damage Estimation for Near Zero Downtime in Manufacturing Facilities", *Reliability Engineering & System Safety*, Vol. 184, 2019, pp. 213 – 218.
④ X. Jia and B. Guo, "Reliability Analysis for Complex System with Multi-source Data Integration and Multi-level Data Transmission", *Reliability Engineering & System Safety*, Vol. 217, 2022, p. 108050.
⑤ J. Guo, Y. -F. Li, B. Zheng, et al., "Bayesian Degradation Assessment of CNC Machine Tools Considering Unit Non-homogeneity", *Journal of Mechanical Science Technology*, Vol. 32, No. 6, 2018, pp. 2479 – 2485.
⑥ Y. Zhou, G. Kou, H. Xiao, et al., "Sequential Imperfect Preventive Maintenance Model with Failure Intensity Reduction with an Application to Urban Buses", *Reliability Engineering & System Safety*, Vol. 198, 2020, p. 106871; Y. Zhou, G. Kou and D. Ergu, "Analysing Operating Data to Measure the Maintenance Performance", *Quality Reliability Engineering International*, Vol. 31, No. 2, 2015, pp. 251 – 263.
⑦ Y. Liu, Y. Chen and T. Jiang, "Dynamic Selective Maintenance Optimization for Multi-state Systems Over a Finite Horizon: A Deep Reinforcement Learning Approach", *European Journal of Operational Research*, Vol. 283, No. 1, 2020, pp. 166 – 181; Y. Zhou, B. Li and T. R. Lin, "Maintenance Optimisation of Multicomponent Systems Using Hierarchical Coordinated Reinforcement Learning", *Reliability Engineering & System Safety*, Vol. 217, 2022, p. 108078.
⑧ C. Chen, Y. Liu, X. Sun, et al., "An Integrated Deep Learning-based Approach for Automobile Maintenance Prediction with GIS Data", *Reliability Engineering & System Safety*, Vol. 216, 2021, p. 107919.

渐被引入来解决多源数据融合和预测精度问题。有研究挖掘了多模态数据中的内隐情感关系。① 虽然现代技术使 BSS 成为一个丰富的信息环境，但共享单车的故障和维修信息仍然缺乏。② 共享单车故障信息的缺失，使得对不可用共享单车的检测非常困难，甚至是不可能的。尽管 BSS 具有故障反馈功能，但用户不愿意参与，降低了系统的可靠性。③ 按照 Jin 等④的建议，利用配置传感器和信息收集系统来收集共享单车的故障信息是无利可图的。⑤ 因此，本章将提出一种新的共享单车故障检测方法，该方法利用用户的出行数据，在缺乏故障和维修信息的情况下，对不可用共享单车进行检测。

本章的思路和主要贡献是利用同一站点的取消租赁事件来检测不可用的共享单车，并对可用共享单车进行排序。当给定滑动时间窗口时，通过考虑共享单车累计不可用数量、同一站点取消租赁事件的比例，以及取消租赁事件之间的平均时间来构建强化学习模型的值函数。基于推导得到的奖励阈值，通过强化学习识别出最差可用性状态下的共享单车。

---

① X. Wang, Y. Chang, V. Sugumaran, et al., "Implicit Emotion Relationship Mining Based on Optimal and Majority Synthesis from Multimodal Data Prediction", *IEEE MultiMedia*, Vol. 28, No. 2, 2021, pp. 96–105; X. Wang, L. Kou, V. Sugumaran, et al., "Emotion Correlation Mining Through Deep Learning Models on Natural Language Text", *IEEE Transactions on Cybernetics*, Vol. 51, No. 9, 2021, pp. 4400–4413.

② H. Si, Y. Su, G. Wu, et al., "Understanding Bike-sharing Users' Willingness to Participate in Repairing Damaged Bicycles: Evidence from China", *Transportation Research Part A: Policy and Practice*, Vol. 141, 2020, pp. 203–220.

③ H. Si, Y. Su, G. Wu, et al., "Understanding Bike-sharing Users' Willingness to Participate in Repairing Damaged Bicycles: Evidence from China", *Transportation Research Part A: Policy and Practice*, Vol. 141, 2020, pp. 203–220.

④ Y. Jin, C. Ruiz and H. Liao, "A Simulation Framework for Optimizing Bike Rebalancing and Maintenance in Large-scale Bike-sharing Systems", *Simulation Modelling Practice and Theory*, Vol. 115, 2022, p. 102422.

⑤ Y. Chen, D. Wang, K. Chen, et al., "Optimal Pricing and Availability Strategy of a Bike-sharing Firm with Time-sensitive Customers", *Journal of Cleaner Production*, Vol. 228, 2019, pp. 208–221; H. Lu, M. Zhang, S. Su, et al., "Broken Bike Recycling Planning for Sharing Bikes System", *IEEE Access*, Vol. 7, 2019, pp. 177354–177361.

我们利用PageRank算法对低于奖励阈值的共享单车进行可用性排序，并对该方法在BSS中的实际出行数据上进行了验证，以说明其有效性。

第二节 不可用共享单车检测方法

在对用户出行记录数据的预处理中，我们发现存在一种取消租赁的现象，并且这种现象随着时间的推移更加明显。假设这种取消租赁的现象是由于共享单车的可用性水平造成的，这一现象值得我们关注。根据维修人员上下班时间，将滑动时间窗口步长设置为一天。在站点租用共享单车后，用户可以采取三个动作：第一，用户成功骑到目的地；第二，在2分钟内，用户在同一站点退还单车；第三，在2分钟内，用户在不同站点退还单车，用户所采取的行动取决于此时共享单车的状态。同时，根据用户采取的动作、退租单车时站点的异同、站点属性等，给予不同的奖励值。在给定的滑动时间窗口内，利用马尔可夫决策过程和强化学习中的Q-learning算法来识别不可用的共享单车。如果共享单车的奖励值超过阈值，则认为该共享单车不可用，需要回收维修。一旦共享单车被退租，它的状态、动作和奖励值都会被更新。对于可用的共享单车，将使用PageRank算法对相对可用性级别进行排序。本章提出的检测方法的分析过程如图8-1所示。

一 单车换乘的邻接矩阵

本章采用PageRank算法对共享单车的相对可用性进行排序。共享单车取消租赁数据可以形成一个有向图$G = \{V, E\}$。V表示所有节点的集合，E表示有向图的边的集合。E是共享单车之间的指向关系，可以用邻接矩阵描述为一个有向图。对于矩阵M，如果共有N辆共享单车，则矩阵大小为$N \times N$；行号为i，列号为j。当$m_{ij} = 0$时，共享单车

第八章 基于强化学习和 PageRank 的可用性分析方法

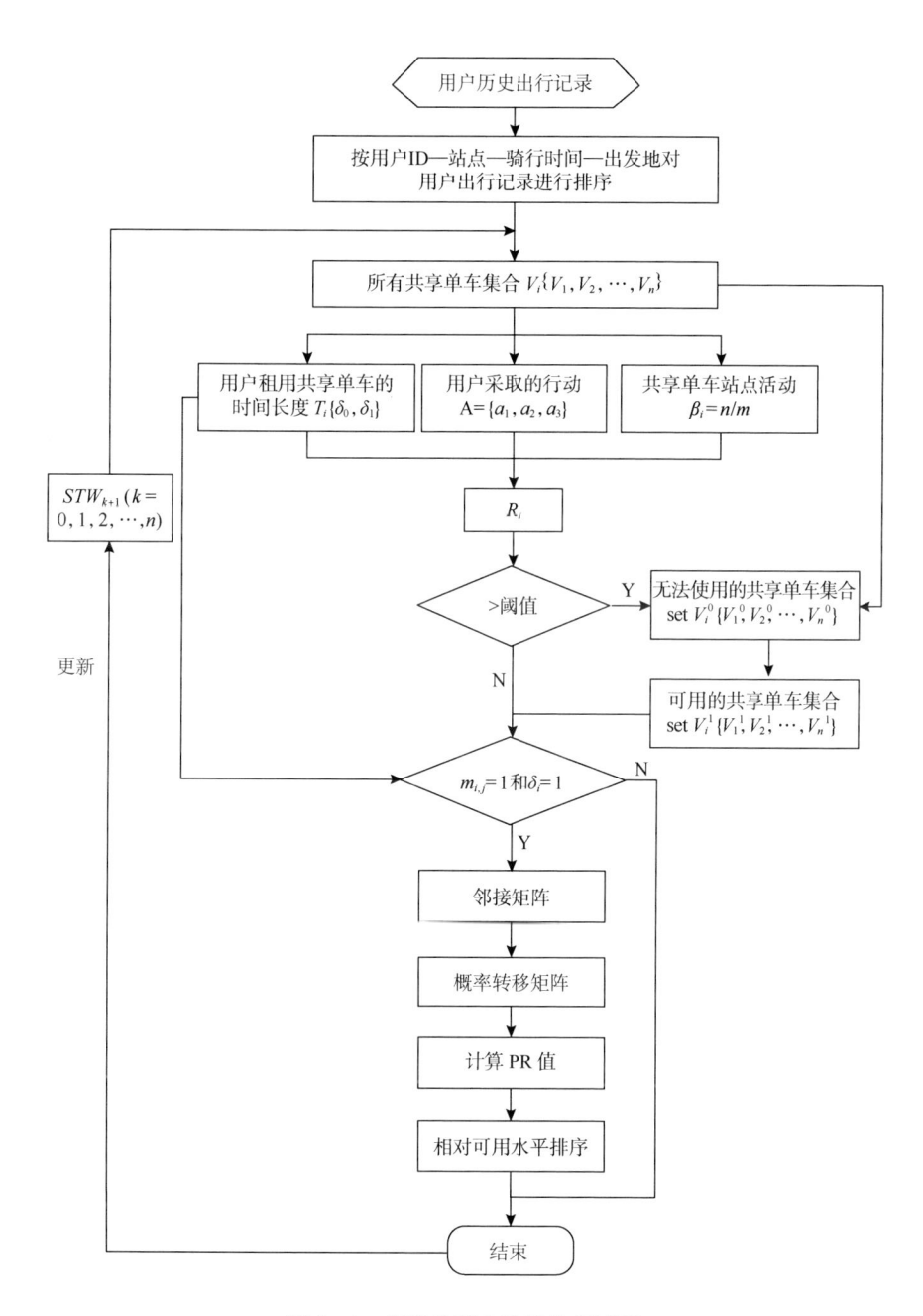

图 8-1 提出检测方法的分析过程

V_i 和 V_j 之间不存在换乘关系。当 $m_{ij}=1$ 时,表示共享单车 V_i 和 V_j 之间存在换乘关系。根据用户换乘单车的情况,可以得到邻接矩阵如下:

$$M = \begin{bmatrix} m_{11} & m_{12} & \cdots & m_{1N} \\ m_{21} & m_{22} & \cdots & m_{2N} \\ \vdots & \vdots & \vdots & \vdots \\ m_{N1} & m_{N2} & \cdots & m_{NN} \end{bmatrix} \quad (8-1)$$

根据邻接矩阵,可以得到相应的概率转移矩阵 P。转置后,矩阵每列的和等于 1。

$$P = \begin{bmatrix} \dfrac{m_{11}}{n_1} & \dfrac{m_{21}}{n_2} & \cdots & \dfrac{m_{N1}}{n_N} \\ \dfrac{m_{12}}{n_1} & \dfrac{m_{22}}{n_2} & \cdots & \dfrac{m_{N2}}{n_N} \\ \vdots & \vdots & \vdots & \vdots \\ \dfrac{m_{1N}}{n_1} & \dfrac{m_{2N}}{n_2} & \cdots & \dfrac{m_{NN}}{n_N} \end{bmatrix} \quad (8-2)$$

其中,n_i 表示与共享单车 V_i 存在传递关系的共享单车个数。

二 基于 Q – learning 算法检测不可用共享单车

由于用户使用共享单车,单车的可用性水平是不断变化的,用户和维护人员根据共享单车的实时可用性状态进行持续决策。在强化学习中,马尔可夫决策过程形式化了这个连续的决策过程。假设共享单车的状态 S 符合马尔可夫性质,可以表示为:

$$P^a_{ss'} = E(S_{t+1} = S' \mid S_t = s, A_t = a) \quad (8-3)$$

其中,s 表示状态,a 表示采取的动作,$P^a_{ss'}$ 表示在状态 s 下采取动作转到下一个状态 S' 的概率,S_t 表示的是所有状态的集合,A_t 表示的是所有可能有的动作的集合。我们假设共享单车系统的状态分为两种,即

第八章 基于强化学习和 PageRank 的可用性分析方法

共享单车可用 s_1 和共享单车不可用 s_2，表示为 $S=\{s_1, s_2\}$。用户骑行时可以采取的动作为 $A=\{a_1, a_2, a_3\}$，a_1 表示用户成功完成出行，未退租单车；a_2 表示租赁该单车，用户骑行该单车 2 分钟内在不同站点还车；a_3 表示租赁该单车，用户骑行该单车 2 分钟内在相同站点还车。

对于共享单车系统，用户做出不同的动作时，单车的状态会产生变化，随之会有即时奖励反馈给用户，反映在用户的行为上就是用户解锁单车后，是否会骑行单车。若未成功骑行，而是选择退还租赁的单车，则隐含共享单车可用性水平较低的问题。因此，为了识别不可用单车，我们采用 Q – learning 算法对给定时间窗口内，用户选择不同动作给予不同的奖励值，并随着退租频次不断更新 Q 值，获得最大的长期积累奖励，最终判断共享单车的可用性。因此，Q – learning 算法的基本形式如下：

$$Q^*(s_t, a_t) = R_t + \gamma \sum_{S' \in S} P_{ss'}^a \max Q^*(s_{t+1}, a_{t+1}) \quad (8-4)$$

其中，$Q^*(s_t, a_t)$ 表示在共享单车状态为 s、时间为 t 且用户采取行动 a 时，更新后的 Q 值。更新方法如下：

$$Q(s_t, a_t) \leftarrow Q(s_t, a_t) + \alpha [R_t + \gamma \max Q(s_{t+1}, a_{t+1}) - Q(s_t, a_t)]$$
$$(8-5)$$

其中，$Q(s_t, a_t)$ 表示时间为 t 时，共享单车状态为 s，用户采取动作 a 时的 Q 值；$\alpha = \dfrac{1}{1+\text{当前状态 } s \text{ 被访问的次数}}$ 表示学习率，在 (0, 1) 之间，γ 是折扣因子，取 (0, 1) 之间；R_t 表示奖励函数。在设计奖励函数时，我们考虑在给定滑动时间窗口内，共享单车的累计租赁频次、用户在同一站点退租共享单车的比例，以及站点的活跃度来构建模型，表示为：

$$R_t = \sum \varphi r_i \quad (8-6)$$

$$\varphi = \delta_i \beta_i m e^{\frac{n}{m}} + \delta_2 \beta_i e^{-\sum_{i=1}^{r} t \mu_i}$$

将公式（8-6）代入公式（8-5），改进后的公式为：

$$Q(s_t,a_t) \leftarrow Q(s_t,a_t) + \alpha[\sum \varphi r_t + \gamma \max Q(s_{t+1},a_{t+1}) - Q(s_t,a_t)] \tag{8-7}$$

$$\delta_i = \begin{cases} \text{if the transfer time is more than two minutes} & i=0 \\ \text{if the transfer time is less than two minutes} & i=1 \end{cases} \tag{8-8}$$

其中，$\delta_1 > \delta_0$。δ_2 为调节参数，n 为相同站点退租共享单车的数量，m 为共享单车累计租赁次数；t_i 为滑动时间窗口数，μ_i 为在每个时间窗口内取消共享单车租赁的次数；β_i 表示站点的活跃程度，计算方式是用在该站点上共享单车的租赁频次除以所有站点共享单车总租赁频次。

众所周知，共享单车在活跃度高的站点使用更加频繁。因此，根据站点的活动情况设置不同的阈值。高活跃度站点的最佳阈值为 $8.5498\delta_1$，低活跃度站点的最佳阈值为 $2.5121\delta_1$。如果迭代次数达到阈值，则停止迭代，将共享单车标记为不可用，等待维修人员进行维修。如果低于阈值，则用户可以继续骑行该单车。

三 基于 PageRank 算法的共享单车可用性排序

共享单车的取消时间会影响单车的可用性。因此，将共享单车的退租频率作为 PageRank 的权重系数 W_i。得到新的转移矩阵如下：

$$P^* = P \times W_i = \begin{bmatrix} \dfrac{m_{11}}{n_1} & \dfrac{m_{21}}{n_2} & \cdots & \dfrac{m_{N1}}{n_N} \\ \dfrac{m_{12}}{n_1} & \dfrac{m_{22}}{n_2} & \cdots & \dfrac{m_{N2}}{n_N} \\ \vdots & \vdots & & \vdots \\ \dfrac{m_{1N}}{n_1} & \dfrac{m_{2N}}{n_2} & \cdots & \dfrac{m_{NN}}{n_N} \end{bmatrix} \begin{bmatrix} \sum\limits_{m=0}^{m_1}\delta_i \\ \sum\limits_{m=0}^{m_2}\delta_i \\ \vdots \\ \sum\limits_{m=0}^{m_N}\delta_i \end{bmatrix} \tag{8-9}$$

根据上面得到的转移概率矩阵，通过递归算法从用户租赁单车数据中更新最终的 PageRank（PR）值，直到得分不再变化为止。PageRank 算法的公式为：

$$PR(V_i) = \frac{1-q}{N} + q \sum \frac{PR(P_j)}{L(P_j)} \qquad (8-10)$$

其中，$PR(V_i)$ 表示共享单车 V_i 的 PR 值，$L(P_j)$ 是退租共享单车的数量，N 是共享单车的数量，q 是阻尼因子，通常设置为 0.85。共享单车的 PR 值按公式（8-10）迭代计算。经过 n 次迭代，共享单车的 PR 值最终趋于收敛。

为了更有效地理解 PageRank 算法，我们用一个简单的例子来说明。图 8-2 是 6 个节点的有向图，从 A 到 F 代表所有共享单车。

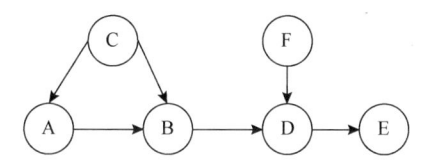

图 8-2　由六个节点组成的有向图

图 8-2 显示了共享单车被租用/取消租赁的关系。假设一开始给每辆单车分配相同的重要性分数，那么每辆单车被租用/取消租赁的概率相等，每辆单车的初始 PR 值为 $1/N$。根据图 8-2 的网络结构，对应的邻接矩阵 M 为：

$$M = \begin{bmatrix} 0 & 0 & 0 & 0 & 1 & 0 \\ 0 & 0 & 0 & 0 & 1 & 0 \\ 1 & 0 & 0 & 0 & 0 & 1 \\ 0 & 0 & 0 & 0 & 0 & 0 \\ 0 & 0 & 0 & 1 & 0 & 0 \\ 1 & 0 & 0 & 0 & 0 & 0 \end{bmatrix} \qquad (8-11)$$

根据邻接矩阵,通过递归算法从用户租赁单车数据中更新最终 PR 值,直到分数不再变化为止。共享单车的 PR 值按公式(8-10)迭代计算。经过 40 次迭代,共享单车的 PR 值最终趋同。迭代结果见表 8-1。共享单车的最终排名结果见表 8-2。

表 8-1　　　　　　　　PageRank 算法的迭代结果

排序	$PR(A)$	$PR(B)$	$PR(C)$	$PR(D)$	$PR(E)$	$PR(F)$
1	0.0250	0.2375	0.0958	0.3083	0.1667	0.0250
2	0.0215	0.1135	0.0321	0.2446	0.2835	0.0215
3	0.0179	0.0543	0.0270	0.1327	0.2258	0.0179
4	0.0119	0.0425	0.0195	0.0733	0.1247	0.0119
5	0.0071	0.0287	0.0121	0.0533	0.0694	0.0071
6	0.0044	0.0178	0.0075	0.0349	0.0498	0.0044
7	0.0030	0.0112	0.0049	0.0219	0.0326	0.0030
8	0.0019	0.0073	0.0032	0.0140	0.0205	0.0019
⋮	⋮	⋮	⋮	⋮	⋮	⋮
40	1.4013E−09	5.4024E−09	2.3272E−09	1.0392E−08	1.5132E−08	1.4013E−09

表 8-2　　　　　　　　共享单车的 PR 值排名结果

排序	共享车辆编号	PR 值
1	E	1.5133E−08
2	D	1.0391E−08
3	B	5.4023E−09
4	C	2.3272E−09
5	F	1.4013E−09
6	A	1.4013E−09

PR 值越小，共享单车被返还的次数越多，用户选择换用其他共享单车的概率越高，即共享单车的可用性越小。否则，共享单车的可用性就越大。根据表 8-2 中得到的每辆共享单车的 PR 值可知，共享单车的可用性等级由高到低依次为 E、D、B、C、(A,F)。

随着时间的推移，新的行程数据应该在建议的检测方法中更新。在本章提出的检测方法中，为了实时维护最新数据，当新数据到达时，滑动时间窗口方法允许通过不断学习新数据和丢弃旧数据来进行增量学习。[①] 在给定滑动时间窗口的情况下，利用马尔可夫决策过程和强化学习中的 Q-learning 算法动态识别出不可用的共享单车。

第三节 案例及分析结果

根据提出的方法，将滑动时间窗口设置为 7 天，观察 2017 年 8 月 1—7 日共享单车可用性水平的变化情况。首先，根据马尔可夫决策过程和 Q-learning 算法中设置的最优阈值判断共享单车的状态，具体结果见表 8-3。

表 8-3　　　给定滑动时间窗口下共享单车累计奖励值

租赁次数	共享车辆编号						
	13218	31375	30724	30735	30891	…	31251
1	$0.3\delta_0$	$0.7\delta_0$	$0.82\delta_1$	$0.7\delta_0$	$1.9\delta_1$	…	$0.82\delta_1$
2	$0.6\delta_0$	$2.31\delta_0$	$1.63\delta_1$	$1.4\delta_0$	$3.81\delta_1$	…	$1.63\delta_1$

[①] H. Xiao, Y. Zhang, Y. Xiang, et al., "Optimal Design of a Linear Sliding Window System with Consideration of Performance Sharing", *Reliability Engineering & System Safety*, Vol. 198, 2020, p. 106900; H. Xiao, K. Yi, H. Liu, et al., "Reliability Modeling and Optimization of a Two-Dimensional Sliding Window System", *Reliability Engineering & System Safety*, Vol. 215, 2021, p. 107870.

续表

租赁次数	共享车辆编号						
	13218	31375	30724	30735	30891	...	31251
3	$0.9\delta_0$	$2.93\delta_0$	$1.75\delta_0$	$2.1\delta_0$	$5.71\delta_1$	...	$2.45\delta_1$
4	$1.2\delta_0$	$3.60\delta_0$	$5.93\delta_1$	$2.8\delta_0$	$7.61\delta_1$	...	$3.26\delta_1$
5	$1.5\delta_0$	$4.27\delta_0$	$7.79\delta_1$	$3.5\delta_0$	$7.79\delta_0$	...	$4.08\delta_1$
6	—	$4.96\delta_0$	$9.66\delta_1$	$4.2\delta_0$	$9.66\delta_1$	...	$4.89\delta_1$
7	—	$5.65\delta_0$	$11.55\delta_1$	$4.9\delta_0$	$11.55\delta_1$	...	$5.71\delta_1$
8	—	$6.69\delta_0$	$13.43\delta_1$	$5.6\delta_0$	$13.43\delta_1$	...	$6.52\delta_1$
9	—	$7.04\delta_0$	$13.43\delta_1$	$6.3\delta_0$	$15.32\delta_1$	...	$7.34\delta_1$
10	—	$7.74\delta_0$	$15.58\delta_1$	$7\delta_0$	$17.22\delta_1$	...	$8.15\delta_1$
11	—	$7.43\delta_0$	$17.45\delta_1$	$7.7\delta_0$	$19.11\delta_1$	...	$8.97\delta_1$
...	...	...	...	...	...	...	...

见表8-3，给定滑动时间窗口，单车30724在滑动时间窗口内被租用了18次。第六次累计奖励值比最优阈值$8.5498\delta_1$更显著，因此在第六次租赁时应被检测为不可用共享单车。从该共享单车随后的取消租赁中也可以发现，该共享单车总是在2分钟内在同一活跃度较高的地点被取消租赁，可以推断该共享单车不可用，这与我们的识别结果一致。单车31375在滑动时间窗口内共出租11次，且第十一次累计奖励值小于最优阈值$8.5498\delta_1$，因此判定为可用。其他共享单车的情况也差不多。表8-3中共享单车累计奖励价值曲线如图8-3所示。

根据本章提出的方法，可以识别出105辆不能使用的共享单车，具体不能使用的单车见表8-4。

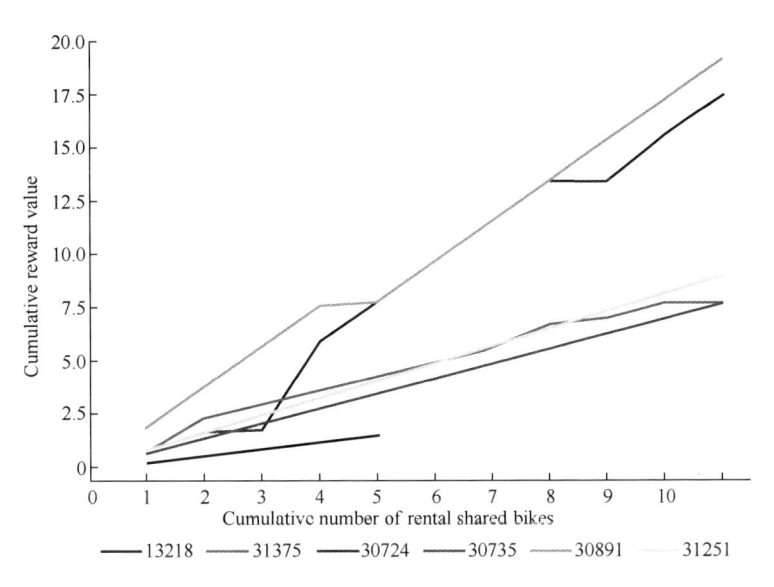

图 8-3　累计奖励价值曲线

表 8-4	无法使用的共享单车
排序	车辆编号
1	150658
2	154965
3	150295
4	152042
5	151081
6	134472
7	152072
8	30724
9	30891
10	31251
…	…

其次，利用 PageRank 算法对剩余共享单车的相对可用性进行排序。

最后，经过 141 次迭代，共享单车的 PR 值最终趋于收敛。共享单车的最终排名结果见表 8–5。

表 8–5　　　　　　　　　共享单车 PR 值

排序	共享车辆编号	PR 值
1	132138	3.8623E – 10
2	155018	3.8623E – 10
3	132154	3.8623E – 10
4	130356	3.8623E – 10
5	132674	3.8623E – 10
6	132661	3.8623E – 10
7	152038	3.8623E – 10
8	31330	3.8623E – 10
9	152068	3.8623E – 10
10	132705	3.8623E – 10
11	130218	3.8948E – 10
12	152523	3.9013E – 10
13	130270	3.9153E – 10
14	151037	3.9333E – 10
15	132459	3.9489E – 10
…	…	…

不同的滑动时间窗口有归还共享单车的其他时间。维修人员可根据维修计划的工作安排，选择合适的滑动时间窗口。因此，选择滑动时间窗口

分别为1天、4天、10天和13天,模拟分析共享单车的可用性水平。经鉴定,不能使用的单车可以分开送到维修车间。对于可用的共享单车,使用 PageRank 算法计算其相对可用性级别。随着滑动时间窗口的移动,新的数据会不断输入,不能使用的共享单车也会随着新的数据不断更新。共享单车的可用性等级将进行排序。具体仿真结果见表8-6至表8-9。

表8-6　　滑动时间窗口为1天的共享单车累计奖励值

租赁次数	共享车辆编号						
	13218	30891	31251	30724	30529	…	30997
1	$0.3\delta_0$	$1.9\delta_1$	$0.82\delta_1$	$0.82\delta_1$	$0.7\delta_0$	…	$1.9\delta_1$
2	$0.6\delta_0$	$3.81\delta_1$	$1.63\delta_1$	—	$2.31\delta_1$	…	$3.81\delta_1$
3	—	$5.71\delta_1$	$2.45\delta_1$	—	$2.93\delta_0$	…	$5.71\delta_1$
4	—	—	$3.26\delta_1$		$4.62\delta_1$	…	$5.93\delta_0$
5	—	—	$4.08\delta_1$		$5.22\delta_0$	…	$6.38\delta_0$
6	—	—	—		$5.86\delta_0$	…	—
7	—	—	—		$7.52\delta_1$	…	—
8	—	—	—		$7.52\delta_1$	…	—
…	…	…	…	…	…	…	…

表8-7　　滑动时间窗口为4天的共享单车累计奖励值

租赁次数	共享车辆编号						
	13218	30891	31251	30724	30529	…	30997
1	$0.3\delta_0$	$1.9\delta_1$	$0.82\delta_1$	$0.82\delta_1$	$0.7\delta_0$	…	$1.9\delta_1$
2	$0.6\delta_0$	$3.81\delta_1$	$1.63\delta_1$	$1.63\delta_1$	$2.31\delta_1$	…	$3.81\delta_1$
3	$0.9\delta_0$	$5.71\delta_1$	$2.45\delta_1$	$1.75\delta_0$	$2.93\delta_0$	…	$5.71\delta_1$

续表

租赁次数	共享车辆编号						
	13218	30891	31251	30724	30529	...	30997
4	$1.2\delta_0$	$7.61\delta_1$	$3.26\delta_1$	$5.93\delta_1$	$4.62\delta_1$	...	$5.93\delta_0$
5	$1.5\delta_0$	$7.79\delta_0$	$4.08\delta_1$	$7.79\delta_1$	$5.22\delta_1$	...	$6.38\delta_0$
6	—	$9.66\delta_1$	$4.89\delta_1$	$9.66\delta_1$	$5.86\delta_0$	...	$8.18\delta_1$
7	—	$11.55\delta_1$	$5.71\delta_1$	$11.55\delta_1$	$7.52\delta_1$	...	$8.18\delta_1$
8	—	$13.43\delta_1$	$6.52\delta_1$	$13.43\delta_1$	$7.52\delta_1$	...	$8.18\delta_1$
9	—	$15.32\delta_1$	$7.34\delta_1$	$13.43\delta_1$	$7.52\delta_1$	...	$8.54\delta_1$
10	—	$17.22\delta_1$	$8.15\delta_1$	$15.58\delta_1$	$7.52\delta_1$	...	$8.54\delta_1$
11	—	$19.11\delta_1$	$8.97\delta_1$	$17.45\delta_1$	$7.52\delta_1$	...	$8.54\delta_1$
12	—	$21.01\delta_1$	$9.79\delta_1$	$19.33\delta_1$	$7.52\delta_1$	...	$8.54\delta_1$
...	...	...	...	...	...	...	...

表8-8 滑动时间窗口为10天的共享单车累计奖励值

租赁次数	共享车辆编号						
	13218	30891	31251	30724	30529	...	30997
1	$0.3\delta_0$	$1.9\delta_1$	$0.82\delta_1$	$0.82\delta_1$	$0.7\delta_1$	...	$1.9\delta_1$
2	$0.6\delta_0$	$3.81\delta_1$	$1.63\delta_1$	$1.63\delta_1$	$2.31\delta_1$	...	$3.81\delta_1$
3	$0.9\delta_0$	$5.71\delta_1$	$2.45\delta_1$	$1.75\delta_1$	$2.93\delta_1$	...	$5.71\delta_1$
4	$1.2\delta_0$	$7.61\delta_1$	$3.26\delta_1$	$5.93\delta_1$	$4.62\delta_1$	...	$5.93\delta_0$
5	$1.5\delta_0$	$7.79\delta_0$	$4.08\delta_1$	$7.79\delta_1$	$5.22\delta_1$	...	$6.38\delta_0$
6	—	$9.66\delta_1$	$4.89\delta_1$	$9.66\delta_1$	$5.86\delta_0$	...	$8.18\delta_1$
7	—	$11.55\delta_1$	$5.71\delta_1$	$11.55\delta_1$	$7.52\delta_1$	...	$8.18\delta_1$

续表

租赁次数	共享车辆编号						
	13218	30891	31251	30724	30529	...	30997
8	—	$13.43\delta_1$	$6.52\delta_1$	$13.43\delta_1$	$7.52\delta_1$	...	$8.18\delta_1$
9	—	$15.32\delta_1$	$7.34\alpha_1$	$13.43\delta_1$	$7.52\delta_1$	...	$8.54\delta_1$
10	—	$17.22\delta_1$	$8.15\delta_1$	$15.58\delta_1$	$7.52\delta_1$	...	$8.54\delta_1$
811	—	$19.11\delta_1$	$8.97\delta_1$	$17.45\delta_1$	$7.52\delta_1$	...	$8.54\delta_1$
12	—	$21.01\delta_1$	$9.79\delta_1$	$19.33\delta_1$	$7.52\delta_1$	...	$8.54\delta_1$
13	—	$21.21\delta_1$	$10.6\delta_1$	$18.18\delta_1$	$7.52\delta_1$	...	$8.54\delta_1$
14	—	$23.09\delta_1$	$11.42\delta_1$	$8.58\delta_1$	$7.05\delta_1$	...	$8.54\delta_1$
15	—	$24.98\delta_1$	$12.23\delta_1$	$21.86\delta_1$	$7.05\delta_1$	...	$9.4\delta_1$
16	—	$26.87\delta_1$	$13.08\delta_1$	$23.71\delta_1$	$7.05\delta_1$	...	$10.44\delta_1$
...	...	...	...	...	...		...

表 8–9　　滑动时间窗口为 13 天的共享单车累计奖励值

租赁次数	共享车辆编号						
	13218	30891	31251	30724	30529	...	30997
1	$0.3\delta_0$	$1.9\delta_1$	$0.82\delta_1$	$0.82\delta_1$	$0.7\delta_0$	...	$1.9\delta_1$
2	$0.6\delta_0$	$3.81\delta_1$	$1.63\delta_1$	$1.63\delta_1$	$2.31\delta_1$	...	$3.81\delta_1$
3	$0.9\delta_0$	$5.71\delta_1$	$2.45\delta_1$	$1.75\delta_1$	$2.93\delta_0$	...	$5.71\delta_1$
4	$1.2\delta_0$	$7.61\delta_1$	$3.26\delta_1$	$5.93\delta_1$	$4.62\delta_1$	...	$5.93\delta_0$
5	$1.5\delta_0$	$7.79\delta_0$	$4.08\delta_1$	$7.79\delta_1$	$5.22\delta_0$	...	$6.38\delta_0$
6	—	$9.66\delta_1$	$4.89\delta_1$	$9.66\delta_1$	$5.86\delta_0$	...	$8.18\delta_1$
7	—	$11.55\delta_1$	$5.71\delta_1$	$11.55\delta_1$	$7.52\delta_1$	...	$8.18\delta_1$

续表

租赁次数	共享单车 ID						
	13218	30891	31251	30724	30529	...	30997
8	—	$13.43\delta_1$	$6.52\delta_1$	$13.43\delta_1$	$7.52\delta_1$	...	$8.18\delta_1$
9	—	$15.32\delta_1$	$7.34\delta_1$	$13.43\delta_1$	$7.52\delta_1$	...	$8.54\delta_1$
10	—	$17.22\delta_1$	$8.15\delta_1$	$15.58\delta_1$	$7.52\delta_1$	...	$8.54\delta_1$
11	—	$19.11\delta_1$	$8.97\delta_1$	$17.45\delta_1$	$7.52\delta_1$	...	$8.54\delta_1$
12	—	$21.01\delta_1$	$9.79\delta_1$	$19.33\delta_1$	$7.52\delta_1$	...	$8.54\delta_1$
13	—	$21.21\delta_1$	$10.6\delta_1$	$18.18\delta_1$	$7.52\delta_1$	...	$8.54\delta_1$
14	—	$23.09\delta_1$	$11.42\delta_1$	$8.58\delta_1$	$7.05\delta_1$	...	$8.54\delta_1$
15	—	$24.98\delta_1$	$12.23\delta_1$	$21.86\delta_1$	$7.05\delta_1$	...	$9.4\delta_1$
16	—	$26.87\delta_1$	$13.05\delta_1$	$23.71\delta_1$	$7.05\delta_1$	...	$10.84\delta_1$
17	—	$28.76\delta_1$	$13.86\delta_1$	$25.57\delta_1$	$7.05\delta_1$	...	$12.33\delta_1$
18	—	$28.76\delta_1$	$14.68\delta_1$	—	$7.78\delta_1$	...	$13.85\delta_1$
19	—	$29.25\delta_1$	$15.49\delta_1$	—	$7.78\delta_1$	...	$15.4\delta_1$
20	—	$31.12\delta_1$	$16.31\delta_1$	—	$7.78\delta_1$	...	$16.99\delta_1$
21	—	—	$17.13\delta_1$	—	$7.78\delta_1$	...	$16.99\delta_1$
22	—	—	$17.94\delta_1$	—	$7.78\delta_1$	...	$16.99\delta_1$
...	...	...	...	...	...		...

根据上述仿真结果可以发现，在不同滑动时间窗口下，共享单车的可用性水平和故障共享单车数量呈现出不同的趋势。以前可用的单车可能会变得不可用，或者以前不可用的单车可能会留在站点中而不进行维修。根据上述仿真结果识别出不可用共享单车后，使用 PageRank 算法

计算剩余可用共享单车的相对可用等级。对于标识为不可用的共享单车，运营管理者可以及时安排维修任务，避免车辆报废。对于可用性差的共享单车，可以提出预警或对维护人员的处罚制度。我们的方法允许在资源、成本和需求有限的情况下分批安排维修任务，防止单车无法使用，降低维修成本和提高客户满意度。

在增量学习过程中，滑动时间窗口更长，可用性排名与取消租赁次数之间的相关系数更高。如图8-4所示，CPU时间［Intel（R）Core（TM）i7-10700K CPU @ 3.8GHz CPU］随着滑动时间窗口的增加而增加，但"1相关系数"会减小。为了获得最佳的滑动时间窗口，应该权衡"1相关系数"和CPU时间之间的关系。

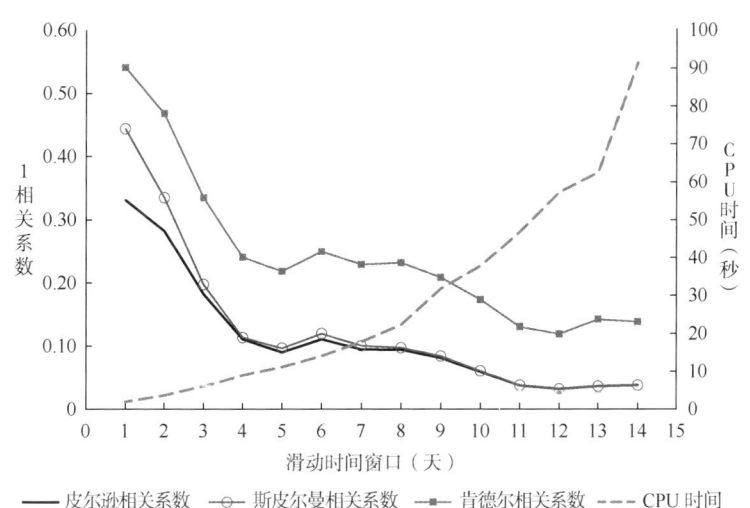

图8-4　热图的部分结果

第四节　本章小结

在本章中，我们提出一种基于强化学习和PageRank算法的方法，该方法实现了不可用共享单车的检测和相对可用性等级的排序。根据共享单车累计租赁次数和各站点之间的异同构建价值函数，在给定滑动时间窗口的情况下，采用马尔可夫决策过程和强化学习中的 Q – learning 算法对不可用共享单车进行动态识别，然后应用 PageRank 算法对低于阈值的共享单车的相对可用性进行排序。研究结果可辅助维修管理，对现有健康状况不佳的共享单车提出维护警示，避免单车报废，降低维护成本。如案例所示，我们提出的方法有效地识别了不可用的共享单车，并对可用性等级进行了排序。现场骑行数据越多，结果越准确。

第九章　广义系统可用性仿真及迁移预测方法研究

第一节　问题提出

随着数字时代的到来，共享单车系统作为一种新兴的智慧交通系统在全球多个国家及主要城市普及。人们的短途出行方式也发生了转变，由使用机动车出行逐渐转向使用共享单车等公共交通工具出行。[1] 作为无碳交通模式的共享单车系统有效缓解了居民出行"最后一公里"困难，构建了绿色出行体系，促进了社会可持续发展。[2]

然而，共享经济热潮下，不论是固定桩模式下的共享单车系统还是无桩模式下的共享单车系统，均出现了企业间恶性竞争、投资商争抢红利等现象。单车无序投放、挤占公共空间以及单车分布及用户行为的时空不对称性和不平衡性等问题逐渐严重，最终导致共享单车变质为"共享垃圾"。[3] 在此背景下，亟须进一步科学规划共享单车系统配置，提高用户

---

[1] G. L. Fuller D., Kestens Y., "The Potential Modal Shift and Health Benefits of Implementing a Public Bicycle Share Program in Montreal, Canada", *International Journal of Behavioral Nutrition and Physical Activity*, Vol. 10, 2013, pp. 1–6.

[2] P. H. Tang Y., Fei Y., "Research on Users' Frequency of Ride in Shanghai Minhang Bike-sharing System", *Transportation Research Procedia*, Vol. 25, 2017, pp. 4979–4987.

[3] S. Sohrabi, R. Paleti, L. Balan, et al., "Real-time Prediction of Public Bike Sharing System Demand Using Generalized Extreme Value Count Model", *Transportation Research Part A: Policy and Practice*, Vol. 133, 2020, pp. 325–336.

满意度，增强共享效率。

为了解决这些问题，学术界对调度优化、① 平衡分析、② 用户出行规律③以及需求预测方法④等多个方面的研究日益增加。目前有关车辆调度

---

① Z. Haider, A. Nikolaev, J. E. Kang, et al., "Inventory Rebalancing Through Pricing in Public Bike Sharing Systems", *European Journal of Operational Research*, Vol. 270, No. 1, 2018, pp. 103 – 117; I. M. Dell M., Novellani S., et al., "A Destroy and Repair Algorithm for the Bike Sharing Rebalancing Problem", *Computers & Operations Research*, Vol. 71, 2016, pp. 149 – 162; S. W. Y., Ho S. C., "Solving a Static Repositioning Problem in Bike-sharing Systems Using Iterated Tabu Search", *Transportation Research Part E: Logistics and Transportation Review*, Vol. 69, 2014, pp. 180 – 198; D. Zhang, C. Yu, J. Desai, et al., "A Time-space Network Flow Approach to Dynamic Repositioning in Bicycle Sharing Systems", *Transportation Research Part B: Methodological*, Vol. 103, 2017, pp. 188 – 207; J. Schuijbroek, R. C. Hampshire and W. J. van Hoeve, "Inventory Rebalancing and Vehicle Routing in Bike Sharing Systems", *European Journal of Operational Research*, Vol. 257, No. 3, 2017, pp. 992 – 1004; M. Mirabi, S. M. T. Fatemi Ghomi and F. Jolai, "Efficient Stochastic Hybrid Heuristics for the Multi-depot Vehicle Routing Problem", *Robotics and Computer-Integrated Manufacturing*, Vol. 26, No. 6, 2010, pp. 564 – 569.

② X. Li, Y. Zhang, L. Sun, et al., "Free-floating Bike Sharing in Jiangsu: Users' Behaviors and Influencing Factors", *Energies*, Vol. 11, No. 7, 2018, p. 1664; A. A. Kadri, I. Kacem and K. Labadi, "A Branch-and-bound Algorithm for Solving the Static Rebalancing Problem in Bicycle-sharing Systems", *Computers & Industrial Engineering*, Vol. 95, 2016, pp. 41 – 52; T. M. Raviv T., Forma I. A., "Stochastic Optimization Models for a Bike-Sharing Problem with Transshipment", *European Journal of Operational Research*, Vol. 276, No. 1, 2019, pp. 272 – 283; T. Raviv, M. Tzur and I. A. Forma, "Static Repositioning in a Bike-Sharing System: Models and Solution Approaches", *EURO Journal on Transportation and Logistics*, Vol. 2, No. 3, 2013, pp. 187 – 229; S. W. Y. Shui C. S., "Dynamic Green Bike Repositioning Problem—A Hybrid Rolling Horizon Artificial Bee Colony Algorithm Approach", *Transportation Research Part D: Transport and Environment*, Vol. 60, 2018, pp. 119 – 136.

③ E. O'Mahony and D. Shmoys, "Data Analysis and Optimization for (Citi) Bike Sharing", *Proceedings of the AAAI Conference on Artificial Intelligence*, Vol. 29, 2015, pp. 687 – 694; Y. Shen, X. Zhang and J. Zhao, "Understanding the Usage of Dockless Bike Sharing in Singapore", *International Journal of Sustainable Transportation*, Vol. 12, No. 9, 2018, pp. 686 – 700.

④ A. Kaltenbrunner, R. Meza, J. Grivolla, et al., "Urban Cycles and Mobility Patterns: Exploring and Predicting Trends in a Bicycle-Based Public Transport System", *Pervasive and Mobile Computing*, Vol. 6, No. 4, 2010, pp. 455 – 466; D. C. T. P. Thu N. T. H., Linh-Trung N., "Multi-source Data Analysis for Bike Sharing Systems", *2017 International Conference on Advanced Technologies for Communications (ATC) IEEE*, 2017, pp. 235 – 240; Y. Zhou, L. Wang, R. Zhong, et al., "A Markov Chain Based Demand Prediction Model for Stations in Bike Sharing Systems", *Mathematical Problems in Engineering*, Vol. 2018, 2018, pp. 1 – 8; C. C. R. Campbell, A. A. Ryerson M. S., et al., "Factors Influencing the Choice of Shared Bicycles and Shared Electric Bikes in Beijing", *Transportation Research Part C: Emerging Technologies*, Vol. 67, 2016, pp. 399 – 414; J. J. Lin Fei, Fan Jin and Wang Shihua, "A Stacking Model for Variation Prediction of Public Bicycle Traffic Flow", *Intelligent Data Analysis*, Vol. 114, 2018, pp. 911 – 933; A. Negahban, "Simulation-Based Estimation of the Real Demand in Bike-sharing Systems in the Presence of Censoring", *European Journal of Operational Research*, Vol. 277, No. 1, 2019, pp. 317 – 332; W. J. L. Chang P. C., Xu Y., et al., "Bike Sharing Demand Prediction Using Artificial Immune System and Artificial Neural Network", *Soft Computing*, Vol. 23, No. 2, 2017, pp. 613 – 626.

的研究主要是结合启发式算法实现路径优化,① 掌握站点共享单车的租借和归还情况做出最优的调度策略,② 从而实现站点共享单车的供需平衡。共享单车再平衡是指利用运输车辆将共享单车从需求少的站点运往需求多的站点,进而重新分配站点间的单车数量以达到供需平衡,现有的研究主要将保持各个站点的供需平衡分为静态再平衡问题和动态再平衡问题。③ 由于交通"潮汐"问题,用户在早高峰和晚高峰的出行规律呈现出相反的特征,④ 故研究用户出行模式,对共享单车系统的真实需求进行估计可以降低用户无法及时找到单车而产生的负面情绪,保障共享单车市场良好有序的运行。现有的研究中,有关共享单车系统中用户需求的预测方法种类繁多,⑤ 主要集中在传统 OLS 回归、⑥

---

① I. M. Dell M., Novellani S., et al., "A Destroy and Repair Algorithm for the Bike Sharing Rebalancing Problem", *Computers & Operations Research*, Vol. 71, 2016, pp. 149 – 162; S. W. Y., Ho S. C., "Solving a Static Repositioning Problem in Bike-sharing Systems Using Iterated Tabu Search", *Transportation Research Part E: Logistics and Transportation Review*, Vol. 69, 2014, pp. 180 – 198; D. Zhang, C. Yu, J. Desai, et al., "A Time-space Network Flow Approach to Dynamic Repositioning in Bicycle Sharing Systems", *Transportation Research Part B: Methodological*, Vol. 103, 2017, pp. 188 – 207; J. Schuijbroek, R. C. Hampshire, W. J. Van Hoeve, "Inventory Rebalancing and Vehicle Routing in Bike Sharing Systems", *European Journal of Operational Research*, Vol. 257, No. 3, 2017, pp. 992 – 1004.

② M. Mirabi, S. M. T. Fatemi Ghomi and F. Jolai, "Efficient Stochastic Hybrid Heuristics for the Multi-depot Vehicle Routing Problem", *Robotics and Computer-Integrated Manufacturing*, Vol. 26, No. 6, 2010, pp. 564 – 569; M. C. Contardo C., Rousseau L. M., "Balancing a Dynamic Public Bikesharing System", *Montreal: Cirrelt*, 2012.

③ X. Li, Y. Zhang, L. Sun, et al., "Free-floating Bike Sharing in Jiangsu: Users' Behaviors and Influencing Factors", *Energies*, Vol. 11, No. 7, 2018, p. 1664.

④ S. D. O'Mahony E., "Data Analysis and Optimization for (Citi) Bike Sharing", Proceedings of the AAAI Conference on Artificial Intelligence, Vol. 29, 2015.

⑤ D. C. T. P. Thu N. T. H., Linh-Trung N., "Multi-source Data Analysis for Bike Sharing Systems", 2017 International Conference on Advanced Technologies for Communications (ATC) IEEE, 2017, pp. 235 – 240.

⑥ Y. Zhou, L. Wang, R. Zhong, et al., "A Markov Chain Based Demand Prediction Model for Stations in Bike Sharing Systems", *Mathematical Problems in Engineering*, Vol. 2018, 2018, pp. 1 – 8.

Logit 回归、① 机器学习算法②和仿真预测③等方面，并逐渐向具有良好性能的机器学习和人工智能④等数据驱动预测方法转变。

基于已有的文献发现，"无车可租"和"无处还车"是用户负面情绪产生的主要原因，⑤ 而单车分布及用户行为的时空不对称性和不平衡性是造成这一系列问题的关键。⑥ 虽然目前已有上述部分研究提出了优化共享单车系统中单车数量的方法，但大多数研究只根据用户历史出行数据对系统中的用户需求进行预测。⑦ 用户到达站点的过程是一个非平

---

① P. H. Tang Y., Fei Y., "Research on Users' Frequency of Ride in Shanghai Minhang Bike-sharing System", *Transportation Research Procedia*, Vol. 25, 2017, pp. 4979 – 4987; C. C. R. Campbell A. A., Ryerson M. S., et al., "Factors Influencing the Choice of Shared Bicycles and Shared Electric Bikes in Beijing", *Transportation Research Part C: Emerging Technologies*, Vol. 67, 2016, pp. 399 – 414.

② A. Kaltenbrunner, R. Meza, J. Grivolla, et al., "Urban Cycles and Mobility Patterns: Exploring and Predicting Trends in a Bicycle-Based Public Transport System", *Pervasive and Mobile Computing*, Vol. 6, No. 4, 2010, pp. 455 – 466; J. J. Lin Fei, Fan Jin and Wang Shihua, "A Stacking Model for Variation Prediction of Public Bicycle Traffic Flow", *Intelligent Data Analysis*, Vol. 114, 2018, pp. 911 – 933; L. Romain Giot, Univ Bordeaux, France Cnrs, et al., "Predicting Bikeshare System Usage up to One Day Ahead", 2014 IEEE Symposium on Computational Intelligence in Vehicles and Transportation Systems (CIVTS), 2014, pp. 22 – 29; F. D. Jian N., Wiberg H. M., et al., "Simulation Optimization for a Largescal Bike-sharing System", 2016 Winter Simulation Conference (WSC), 2016, pp. 602 – 613; X. Xu, Z. Ye, J. Li, et al., "Understanding the Usage Patterns of Bicycle-Sharing Systems to Predict Users' Demand: A Case Study in Wenzhou, China", *Comput Intell Neurosci*, Vol. 2018, 2018, p. 9892134.

③ A. Negahban, "Simulation-Based Estimation of the Real Demand in Bike-Sharing Systems in the Presence of Censoring", *European Journal of Operational Research*, Vol. 277, No. 1, 2019, pp. 317 – 332; K. Labadi, T. Benarbia, S. Hamaci, et al., "Petri Nets Models for Analysis and Control of Public Bicycle-sharing Systems", *Petri Nets-Manufacturing and Computer Science*, 2012.

④ W. J. L. Chang P. C., Xu Y., et al., "Bike Sharing Demand Prediction Using Artificial Immune System and Artificial Neural Network", *Soft Computing*, Vol. 23, No. 2, 2017, pp. 613 – 626.

⑤ R. T. Kaspi M., Tzur M., "Bike Sharing Systems: User Dissatisfaction in the Presence of Unusable Bicycles", *IISE Transactions*, Vol. 49, 2017, pp. 144 – 158.

⑥ S. Sohrabi, R. Paleti, L. Balan, et al., "Real-time Prediction of Public Bike Sharing System Demand Using Generalized Extreme Value Count Model", *Transportation Research Part A: Policy and Practice*, Vol. 133, 2020, pp. 325 – 336; S. Schmöller and K. Bogenberger, "Analyzing External Factors on the Spatial and Temporal Demand of Car Sharing Systems", *Procedia-Social and Behavioral Sciences*, Vol. 111, 2014, pp. 8 – 17.

⑦ S. Schmöller and K. Bogenberger, "Analyzing External Factors on the Spatial and Temporal Demand of Car Sharing Systems", *Procedia-Social and Behavioral Sciences*, Vol. 111, 2014, pp. 8 – 17.

稳到达过程。① 基于单车租还记录研究不同时间段的用户真实需求具有重要意义。现有研究中将用户刷卡或使用 App 扫码取车的显性需求作为用户的真实需求下限，忽略了由于共享单车不足或站点容量不够而损失的用户隐性需求数据，这可能使制定的调度策略准确性下降。因此，本章的目的是以呼和浩特市固定桩模式下的共享单车系统的租还车数据为研究对象，在对原始 OD 数据进行清洗及预处理后，通过仿真和迁移学习的方法建立更优的预测模型。本章主要工作包含以下两个方面。

第一，利用 Arena 仿真软件，以库存模型为基础建立固定桩模式下的共享单车系统仿真模型，并结合非参数 bootstrap 方法对单车在站库存量未知情形下的真实需求进行迭代推理。通过离散事件仿真建立用户对共享单车的真实需求仿真过程，可以清楚地了解共享单车系统的运行结构，获取变量之间的逻辑关系和数量关系。这为共享单车系统建模提供了一种新的方案，期望能对"隐性需求"问题的解决起到一定的促进作用。

第二，在仿真预测方法的基础上，基于迁移学习的思路，通过聚类和回归寻找不同类别站点的隐性需求影响因素与真实需求低估百分比间的函数关系，快速地估算用户的真实需求，为共享单车系统的服务质量提升提供更有力的数据支撑。

第二节 文献综述

本章的核心是利用仿真和迁移学习解决共享单车系统在运行高峰期时的用户"隐性需求"问题。

大量的文献分别从传统 OLS 回归、Logit 回归、机器学习算法和仿真

---

① A. Negahban, "Simulation-Based Estimation of the Real Demand in Bike-Sharing Systems in the Presence of Censoring", *European Journal of Operational Research*, Vol. 277, No. 1, 2019, pp. 317 – 332.

预测等方面对共享单车系统中的用户需求进行预测。在传统 OLS 回归预测方面，Zhou 等指出回归模型具有高效且易于操作的优点，是预测共享单车系统整体需求的主流方法，在建立的回归模型中综合考虑了人口、经济、时间、气候和土地使用情况等用户需求影响因素。① 在 Logit 回归预测方面，Tang 和 Fei 利用二元 Logistic 模型研究了与共享单车使用频率相关的主要影响因素。② Campbell 等利用多项式 Logit 来分析影响北京市从现有交通方式切换到共享单车的因素。③ 众多学者也采用了机器学习方法对用户需求进行预测，Giot 等通过对比多种需求预测算法得出岭回归的预测性能更好的结论。④ 此外还有马尔科夫预测模型、⑤ ARMA 预测模型、⑥ 神经网络预测模型⑦等。在仿真预测方面，Labadi 等基于共享单车系统中的 Petri 网建立了用户需求仿真预测模型；⑧ Negahban 针对现有需求估计方法的缺陷，使用 Simio 仿真、非参数 bootstrap 方法和子集

---

① Y. Zhou, L. Wang, R. Zhong, et al., "A Markov Chain Based Demand Prediction Model for Stations in Bike Sharing Systems", *Mathematical Problems in Engineering*, Vol. 2018, 2018, pp. 1 – 8.

② P. H. Tang Y., Fei Y., "Research on Users' Frequency of Ride in Shanghai Minhang Bike-sharing System", *Transportation Research Procedia*, Vol. 25, 2017, pp. 4979 – 4987.

③ C. C. R. Campbell A. A., Ryerson M. S., et al., "Factors Influencing the Choice of Shared Bicycles and Shared Electric Bikes in Beijing", *Transportation Research Part C: Emerging Technologies*, Vol. 67, 2016, pp. 399 – 414.

④ L. Romain Giot, Univ Bordeaux, France CNRS, et al., "Predicting Bikeshare System Usage up to One Day Ahead", *2014 IEEE Symposium on Computational Intelligence in Vehicles and Transportation Systems (CIVTS)*, 2014, pp. 22 – 29.

⑤ F. D. Jian N., Wiberg H. M., et al., "Simulation Optimization for a Largescal Bike-Sharing System", *2016 Winter Simulation Conference (WSC)*, 2016, pp. 602 – 613.

⑥ A. Kaltenbrunner, R. Meza, J. Grivolla, et al., "Urban Cycles and Mobility Patterns: Exploring and Predicting Trends in a Bicycle-Based Public Transport System", *Pervasive and Mobile Computing*, Vol. 6, No. 4, 2010, pp. 455 – 466.

⑦ X. Xu, Z. Ye, J. Li, et al., "Understanding the Usage Patterns of Bicycle-sharing Systems to Predict Users' Demand: A Case Study in Wenzhou, China", *Comput Intell Neurosci*, Vol. 2018, 2018, p. 9892134.

⑧ K. Labadi, T. Benarbia, S. Hamaci, et al., "Petri Nets Models for Analysis and Control of Public Bicycle-Sharing Systems", *Petri Nets-Manufacturing and Computer Science*, 2012.

选择算法，基于 Citi Bike 的实际租还车数据研究了早高峰时用户的隐性需求，并首次将用户真实需求估计问题描述为一个优化模型。[①]

用户的真实需求包含显性需求和隐性需求两部分，隐性需求是相对于显性需求而存在的，当用户的显性需求得到满足后，隐性需求就会显现出来。Kaspi 和 Tzur 将隐性需求表示为用户没有表达清楚的需求，[②] 即用户没有被满足的需求。挖掘用户的隐性需求有利于产品和服务的迭代升级，改善用户体验。[③] 影响用户需求的因素有很多。Faghih-Imani 等指出，每天的时间段、节假日等是影响共享单车需求的重要因素。[④] O'Mahony 发现，住宅区周围的用户在早高峰时对共享单车的需求大，而在晚高峰时对车桩的需求大，而商业区则与之相反。[⑤] Shen 等发现，影响用户对单车需求的主要因素还包括车队规模、环境、基础设施状况和天气条件等。[⑥] 通过前文分析发现，目前关于共享单车用户需求的研究有很多，但关于用户租车的时间和空间分布的研究很少，这使得用户的隐性需求不能被充分地挖掘。因此，综合考虑各种用户需求影响因素，基于共享单车租还数据对用户真实需求进行研究具有必要性。

在现有的相关文献中，有关共享单车系统中的用户需求预测成果十

[①] A. Negahban, "Simulation-Based Estimation of the Real Demand in Bike-Sharing Systems in the Presence of Censoring", *European Journal of Operational Research*, Vol. 277, No. 1, 2019, pp. 317 – 332.

[②] R. T. Kaspi M., Tzur M., "Bike Sharing Systems: User Dissatisfaction in the Presence of Unusable Bicycles", *IISE Transactions*, Vol. 49, 2017, pp. 144 – 158.

[③] F. Jin, E. Yao and K. An, "Analysis of the Potential Demand for Battery Electric Vehicle Sharing: Mode Share and Spatiotemporal Distribution", *Journal of Transport Geography*, Vol. 82, 2020, p. 102630.

[④] A. Faghih-Imani, N. Eluru, A. M. El-Geneidy, et al., "How Land-Use and Urban Form Impact Bicycle Flows: Evidence from the Bicycle-Sharing System (BIXI) in Montreal", *Journal of Transport Geography*, Vol. 41, 2014, pp. 306 – 314.

[⑤] S. D. O'Mahony E., "Data Analysis and Optimization for (Citi) Bike Sharing", *Proceedings of the AAAI Conference on Artificial Intelligence*, Vol. 29, 2015.

[⑥] Y. Shen, X. Zhang and J. Zhao, "Understanding the Usage of Dockless Bike Sharing in Singapore", *International Journal of Sustainable Transportation*, Vol. 12, No. 9, 2018, pp. 686 – 700.

分有限,在经济管理学框架下将仿真与机器学习方法结合起来对用户需求进行预测的文献较少。使用传统机器学习方法训练模型有一定的难度,机器学习要求训练集与测试集始终保持相同的分布,同时需要大量带有完整标签的训练集数据进行建模。但不同站点的真实需求分布不一定相同,迁移学习可以利用数据间的相似性,将源数据域建立的模型应用于目标域数据,解决了传统机器学习中遇到的困难。因此,本章将仿真与迁移学习相结合对共享单车系统的用户真实需求进行预测。在以上介绍的相关研究中,Negahban[1]与本章的相同点在于都使用了仿真和非参数 bootstrap 方法,但是两者的仿真软件、数据来源和建模目标都不相同。

第三节 基于离散系统仿真的可用性分析方法

本章研究所使用的数据为呼和浩特市 2017 年 9 月的用户租还车数据。该数据集样本总量为 1272600 条,包含 298 个站点,特征总数为 27。预测建模需要对数据进行清洗及预处理,本章选取租车状态中占比较大的"已还"和"已租"数据,将车辆编号、租车状态、租还车站点代码、租还车时间等设置为关键属性,剔除其他字段所对应的数据。表 9-1 呈现了部分原始数据及变量。

表 9-1　　　　　　　　部分用户骑行数据

序号	租车状态	租车站点代码	租车桩号	还车站点代码	租车时间	还车时间
1	已还	3023	2	3023	2017/9/30 22:00	2017/9/30 22:01
2	已还	2028	5	2015	2017/9/30 22:00	2017/9/30 22:35

---

[1] A. Negahban, "Simulation-Based Estimation of the Real Demand in Bike-Sharing Systems in the Presence of Censoring", *European Journal of Operational Research*, Vol. 277, No. 1, 2019, pp. 317–332.

续表

序号	租车状态	租车站点代码	租车桩号	还车站点代码	租车时间	还车时间
3	已租	2010	22	—	2017/9/30 22:00	—
⋮	⋮	⋮	⋮	⋮	⋮	⋮
7188	异常还车	4009	38	2020	2017/9/30 18:23	2017/9/30 18:49
⋮	⋮	⋮	⋮	⋮	⋮	⋮
598089	租车异常	4098	2	—	2017/9/16 11:17	—
⋮	⋮	⋮	⋮	⋮	⋮	⋮
1272600	已还	4014	39	4014	2017/9/1 6:00	2017/9/1 6:00

一周中周一至周五为工作日，周六、周日为非工作日。由图9-1可以看出，用户租车数量呈周期性变化，工作日的租车数量明显大于非工作日的租车数量，且工作日的租车数量基本围绕35000辆波动，这表明用户的租车需求在2017年9月没有受到极端天气等特殊情况的影响。共享单车在23:00至次日6:00不存在用户租还车需求，因此本章只针对原始数据中的21个工作日每天6:00—23:00共享单车租还数据进行分析。

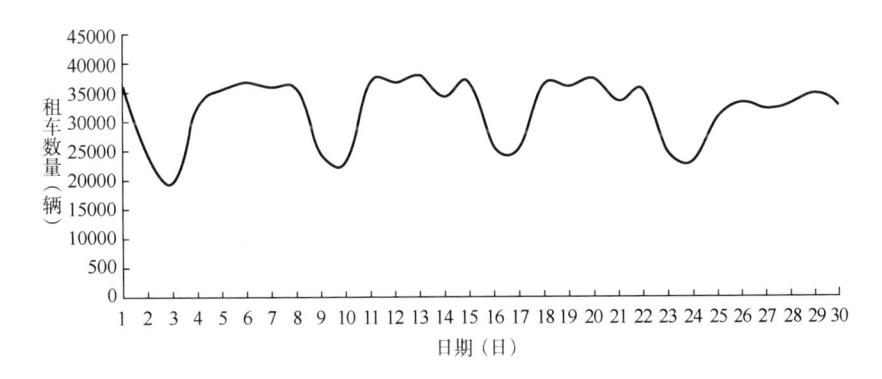

图9-1 用户租车需求

图 9-2 绘制了共享单车站点用户每日平均租车需求。由于通勤的需要，7：00 以后用户租车数量显著上升，出现了早高峰。随后租车数量逐渐下降，在 11：00—12：00 时租车数量再次上升，出现了第一个午高峰，午休结束后 14：00—15：00 出现了第二个午高峰。晚高峰出现在 17：00—19：00，此时的峰值与早高峰峰值基本相同。可以发现，一天内用户到达站点的过程为非平稳到达过程，因此本章使用分段定常速率函数方法对用户真实需求进行分析，假设用户在 1 小时内到达系统的过程是平稳的。

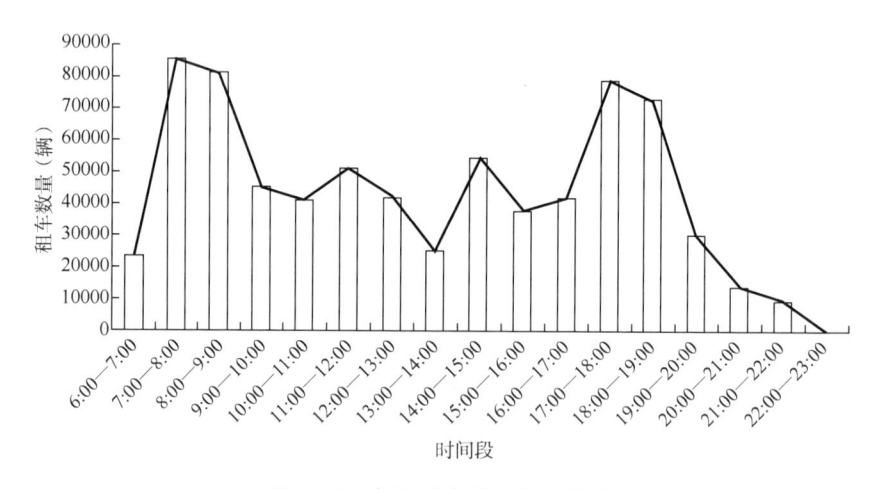

图 9-2 每日用户平均租车需求

一 变量设置

从系统论的角度来看，固定桩模式下的共享单车系统是指在一定的时空里，由车桩、共享单车、运营商和用户等相互影响的动态要素所构成的具有租车和还车功能的有机整体。借鉴 Negahban 的研究方法，[1] 本

---

[1] A. Negahban, "Simulation-Based Estimation of the Real Demand in Bike-Sharing Systems in the Presence of Censoring", *European Journal of Operational Research*, Vol. 277, No. 1, 2019, pp. 317–332.

章在仿真系统中主要设置了 8 个变量，表 9-2 显示了共享单车系统中各变量名称及含义。

表 9-2　　　　　　　　　　系统中的 8 个变量

变量名称	简称	含义
用户到达时间间隔	CIAT	用户到达站点的时间间隔
单车到达时间间隔	BIAT	骑手进入站点的时间间隔
单车需求、供给量	$\overline{CIAT}$、$\overline{BIAT}$	用户、骑手到站时间间隔的平均值
用户取车时间间隔	IPT	用户刷卡或扫码取车的时间间隔
有效取车时间间隔	VIPT	站点共享单车数量大于 0 时，连续两个用户取车的时间间隔
用户还车时间间隔	IDT	骑手进站并停车的时间间隔
单车可用情况下的用户取车时间	BAPT	用户取车时间点与单车在站库存量为 0 后，第一辆单车进站时间点的时间差

$\widehat{CIAT}$、$\widehat{BIAT}$、$\widehat{BAPT}$、$\widehat{IDT}$ 和 $\widehat{IPT}$ 为各个变量在仿真模型中输出的模拟值。图 9-3 将时间原点车站没有共享单车时各变量之间的关系进行可视化，可以发现当 IPT 与 CIAT 或 IDT 与 BIAT 不相同时，会产生删减用户隐性需求的问题。由于本章集中研究系统运行高峰期用户对共享单车的真实需求，一般情况下 IPT 和 IDT 的观测数据不会同时出现删减隐性需求的问题，在这种情境下可以假设用户对车桩的需求得到满足，即 BIAT 与 IDT 相同。

现有的研究发现 BAPT 可以观测，且在代替 CIAT 方面相较于 IPT 或 VIPT 更优，[1] 因此本章将使用 BAPT 研究在小样本和单车在站库存量未知情况下的需求预测方法。

---

[1] G. Levitin, L. Xing and Y. Dai, "Minimum Cost Replacement and Maintenance Scheduling in Dual-Dissimilar-Unit Standby Systems", *Reliability Engineering & System Safety*, Vol. 218, 2022, p. 108127.

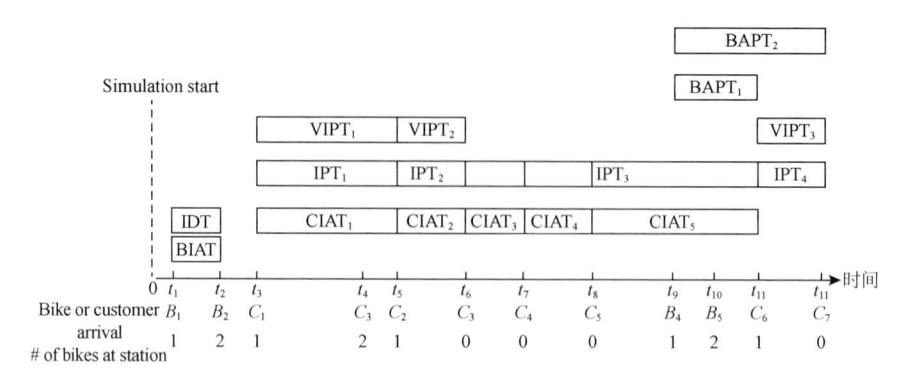

```
                                                    ┌─────────┐
                                                    │ BAPT₂   │
                                                    └─────────┘
                   Simulation start              ┌────────┐
                          ┊                      │ BAPT₁  │
                          ┊   ┌──────────┬──────────┐     └────────┐      ┌────────┐
                          ┊   │  VIPT₁   │  VIPT₂   │              │      │ VIPT₃  │
                          ┊   └──────────┴──────────┘              │      └────────┘
                          ┊   ┌──────┬──────┐   ┌────────────┐     ┌──────┐
                          ┊   │ IPT₁ │ IPT₂ │   │   IPT₃     │     │ IPT₄ │
                          ┊   └──────┴──────┘   └────────────┘     └──────┘
                     ┌───┐┊┌─────┬─────┬────┬────┬──────────┐
                     │IDT│┊│CIAT₁│CIAT₂│CIAT₃│CIAT₄│  CIAT₅  │
                     │BIAT│└─────┴─────┴────┴────┴──────────┘
                     └───┘
                     0  t₁ t₂ t₃   t₄  t₅  t₆  t₇  t₈    t₉  t₁₀ t₁₁    时间
 Bike or customer    B₁ B₂ C₁   C₃  C₂  C₃  C₄  C₅    B₄  B₅  C₆  C₇
 arrival              1  2  1    2   1   0   0   0     1   2   1   0
 # of bikes at station
```

图 9-3 共享单车系统变量关系

二 仿真模型构建

共享单车系统是由车桩、共享单车、运营商和用户等相互影响的动态要素所构成的随机离散系统。通过仿真可以建立与现实世界相似的共享单车系统模型，并通过建立的模型来研究现实系统的运行过程。

本章以 (s, S) 库存策略为基础建立固定桩模式下的共享单车系统，其中 s 为共享单车安全库存，S 为站点车桩数量。[①] 模型中主要使用了 Arena 仿真软件中的 Create、Assign、Decide、Delay、Separate、Write 和 Dispose 等模块，如图 9-4 所示，该模型包含同一个站点下的用户租还车两个流程，这两个流程都与站点单车数量有关，即用户租车会减少单车数量，用户还车会增加单车数量。

表 9-3 给出了模型中设置的变量及含义，在离散系统仿真模型中需要通过改变共享单车需求量和供给量来运行模型。在 Arena 仿真软件中，对于指数分布表达式中的平均值可以直接调整，比较简单，但是在其他分布的表达式中调整到达时间间隔的平均值十分困难。因此，本章

[①] Y. Zhou, R. Zheng and G. Kou, "Detection Approach for Unusable Shared Bikes Enabled by Reinforcement Learning and PageRank Algorithm", *Journal of Safety Science and Resilience*, Vol. 4, No. 2, 2023, pp. 220-227.

(a) 流程一：用户租车模型

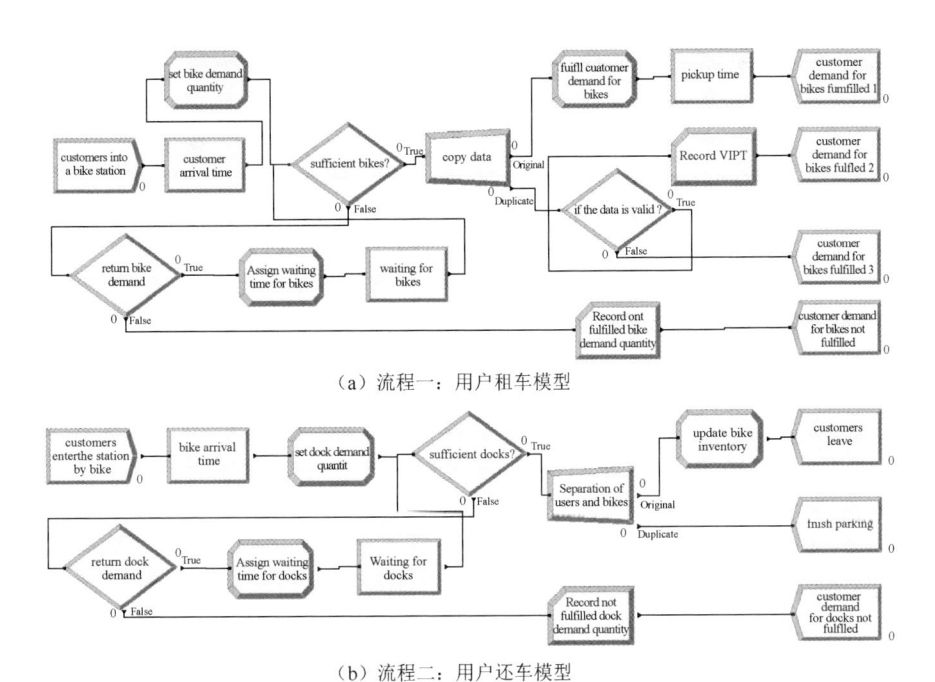

(b) 流程二：用户还车模型

图 9-4　固定桩模式下的共享单车系统

假设系统中的时间间隔都服从指数分布，以"秒"为离散系统仿真模型的基准时间单位。

表 9-3　　　　　　　　仿真模型中变量设置及含义

变量设置	含义
bike inventory	模型运行时单车在站实时库存量
station size	站点车桩数量
bike demand quantity	一个用户的租车数量，设为 1 辆
dock demand quantity	一个用户的还车数量，设为 1 辆
waiting time	用户需求未满足时用户愿意等待的时间，表达式为 TRIA(1,5,10)

续表

变量设置	含义
safe inventory	共享单车安全库存,设为1辆
customer into a bike station	用户到站时间间隔分布,表达式为 $\alpha + EXPO(\overline{CIAT})$
customer enter the station by bike	骑手到站时间间隔分布,表达式为 $\beta + EXPO(\overline{BIAT})$

三 仿真模型验证

本章假设站点的车桩和共享单车没有质量问题,均可使用,并忽略每个用户租还车所花费的时间。将 $\overline{BIAT}$ 的值设为84.6秒,描述 IDT 分布的表达式为 $-0.001 + EXPO(84.6)$,通过调整 $\dfrac{\overline{CIAT}}{\overline{BIAT}}$ 比例的大小来确定 $\overline{CIAT}$ 的值,描述 IPT 分布函数表达式为 $-0.001 + EXPO(\overline{CIAT})$。表9-4显示了模型在1小时内7种情境下的仿真结果,当 $\dfrac{\overline{CIAT}}{\overline{BIAT}} < 1$ 时,仿真系统中出现了共享单车供不应求的现象;当 $\dfrac{\overline{CIAT}}{\overline{BIAT}} > 1$ 时,仿真系统中出现了共享单车供过于求的现象。因此,可以确认建立的仿真模型与实际系统的行为一致。

表9-4 模型验证结果

模型流程	输出类别	$\dfrac{\overline{CIAT}}{\overline{BIAT}}$						
		0.1	0.5	0.7	1.0	1.2	1.5	2.0
流程一	满意人数	44.35	44.05	42.95	42.05	32.15	27.80	21.55
	不满意人数	381.60	40.35	18.10	0.00	0.00	0.00	0.00

续表

模型流程	输出类别	$\overline{CIAT}/\overline{BIAT}$						
		0.1	0.5	0.7	1.0	1.2	1.5	2.0
流程二	满意人数	42.10	41.85	40.70	42.80	33.75	29.50	23.30
	不满意人数	0.00	0.00	0.00	0.00	8.75	13.50	18.40

注：IDT 表达式为 $0.999 + EXPO(84.6)$，车桩为 80 个，初始单车库存为 45 辆。

四 非参数 bootstrap 方法

非参数 bootstrap 方法可以推断未知的总体分布，本章使用非参数 bootstrap 方法观察两个分布在 19 个百分位数上的差异。当两组分布之间的 19 个百分位数显著差异个数越少时，两组分布之间的差异也就越小。具体算法流程见表 9-5。

表 9-5　　　　　　　　　非参数 bootstrap 算法

步骤	描述
步骤 1	令 $p_i = \{5, 10, 15, \cdots, 95\}$ ($i = 1, 2, \cdots, 19$)，表示 19 个百分位数，N_1 和 N_2 分别表示被比较总体的实际 $BAPT$ 与模拟 $\widehat{BAPT}$ 的总数
步骤 2	分别从 N_1 和 N_2 中随机抽取 a、b 数量的两个样本 n_1、n_2，$$a = b = \min(N_1, N_2)$$ 计算两个样本的第 p_i 个百分位数，记为 p_{1i} 和 p_{2i}；计算两组百分位数方差，记为 σ_1^2 和 σ_2^2
步骤 3	按照 $\dfrac{|p_{1i} - p_{2i}|}{\sqrt{\sigma_{1i}^2 + \sigma_{2i}^2}}$ 计算每个百分位数的 t_i 值
步骤 4	在显著性水平为 10% 的情况下进行假设检验 $H0: p_{1i} - p_{2i} = 0$（两个样本的百分位数无显著差异） $H1: p_{1i} - p_{2i} \neq 0$（两个样本的百分位数存在显著差异） 合并 n_1、n_2 两个样本，记为 C

续表

步骤	描述
步骤5	设 $B = 1000$： ①按放回抽样，抽取样本 n_{1j}、n_{2j}，$(j = 1, 2, \cdots, 1000)$； ②计算两个样本的第 p_i 个百分位数 p_{1ij}、p_{2ij}，以及方差 σ_{1j}^2、σ_{2j}^2； ③按照 $\dfrac{|p_{1ij} - p_{2ij}|}{\sqrt{\sigma_{1j}^2 + \sigma_{1j}^2}}$ 计算每一次重复抽样下19个百分位数对应的 t_{ij} 值
步骤6	计算每个百分位数在10%的显著性水平下的 t 统计量，记为 T_i
步骤7	若 $t_i > T_i$，拒绝原假设，在该百分位数上 $BAPT$ 与 $\widehat{BAPT}$ 存在显著差异，反之则不存在显著差异

五 迁移学习

迁移学习是指利用源数据来辅助目标数据学习的方法。迁移学习使得机器学习能在不同分布的数据间进行迁移，是一项重大突破。[①] 虽然源数据与目标域数据的分布可能不同，但是两者之间存在一定的相关性。本章拟使用迁移学习的思路，快速地获取不同类别站点的用户隐性需求，迁移学习建模流程如图9-5所示。首先确定聚类数目 K，通过 K-means 聚类分别获得源数据和目标数据。聚类使得类内相似度高，类间相似度低，[②] 但所有的数据都是2017年9月呼和浩特市单车租还数据，通过相同的特征来预测低估真实需求百分比，因此不同类别站点之间具有相似性。

[①] S. Zhang, G. Xiang and Z. Huang, "Bike-Sharing Static Rebalancing by Considering the Collection of Bicycles in Need of Repair", *Journal of Advanced Transportation*, Vol. 2018, 2018, p. 8086378.

[②] M. Usama, O. Zahoor, Y. Shen, et al., "Dockless Bike-Sharing System: Solving the Problem of Faulty Bikes with Simultaneous Rebalancing Operation", *Journal of Transport and Land Use*, Vol. 13, No. 1, 2020, pp. 491–515.

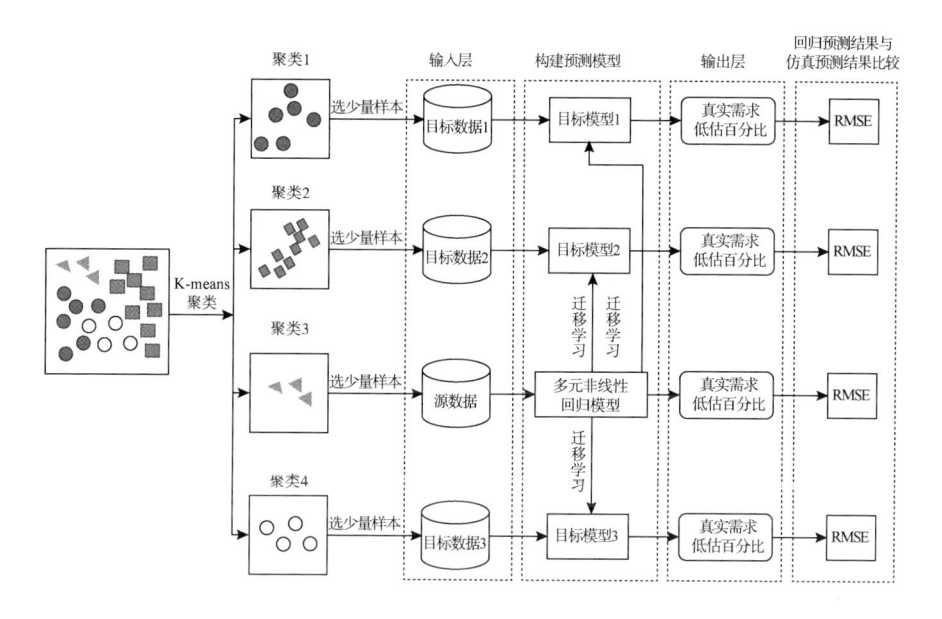

图 9-5 迁移预测流程

真实需求低估百分比的计算表示为：

$$y_i = 1 - \frac{\widehat{CIAT_i}}{IPT_i} \tag{9-1}$$

其中，y_i 为第 i 个样本的仿真预测低估百分比，$\widehat{CIAT_i}$ 为真实需求对应的用户到达时间间隔平均值，IPT_i 为显性需求对应的用户取车时间间隔平均值。

采用欧氏距离将样本点划分到距离它最近的类中心点所对应的类中，两个样本 x 和 y 间的距离计算表示为：

$$\text{EUCLID}(x,y) = \sqrt{\sum_{i=1}^{n}(x_i - y_i)^2} \tag{9-2}$$

然后在聚类结果中选取站点数最少的类别，从中选取大量样本通过仿真模型得到其真实需求低估百分比，寻找真实需求低估百分比与其影响因素之间的关系，进而构建回归模型。将源数据训练得到的模型应用于目标数据，目的是在一定误差下求得目标数据域的真实需求低估百分比，节约预测时间。最后以 RMSE 作为比较回归预测结果与仿真预测结果的评价函数。

$$\text{RMSE} = \sqrt{\frac{1}{m} \sum_{i=1}^{m} (y_i - \hat{y}_i)^2} \qquad (9-3)$$

其中，y_i 为第 i 个样本的仿真预测结果，$\hat{y}_i$ 为第 i 个样本的回归预测结果，m 为样本个数。

第四节　系统真实需求仿真预测结果分析

一　BAPT 计算方法

共享单车在站库存量未知的情况下很难获取 BAPT 数据，因此本章提出计算 BAPT 的新思路：假设初始时刻的单车库存为 0，通过 IDT 和 IPT 推出站点库存最低状态值，然后取其绝对值作为初始单车库存，进而推出每一时刻的单车在站库存量，求得 BAPT。在获取仿真模型产生的 $\widehat{BAPT}$ 时，首先将实际数据中所有工作日的站点最低状态值的绝对值求和并取平均值，以此作为研究时间段内每天初始时刻的单车在站库存量，通过仿真模型输出的 $\widehat{IDT}$ 和 $\widehat{IPT}$，推出模拟的 $\widehat{BAPT}$。

二　迭代寻优算法设计

本章将真实需求估算问题抽象为一个优化问题构建了迭代寻优算法，图 9-6 描述了该算法的具体步骤。根据真实的租还车数据推出 BAPT，将给定的离散空间中的 $\widehat{CIAT}$ 依次作为优化模型的输入变量，输出 $\widehat{BAPT}$，目标是找到与 BAPT 差距最小的 $\widehat{BAPT}$，进而找到与实际 CIAT 分布差距最小的 $\widehat{CIAT}$。

第九章 广义系统可用性仿真及迁移预测方法研究

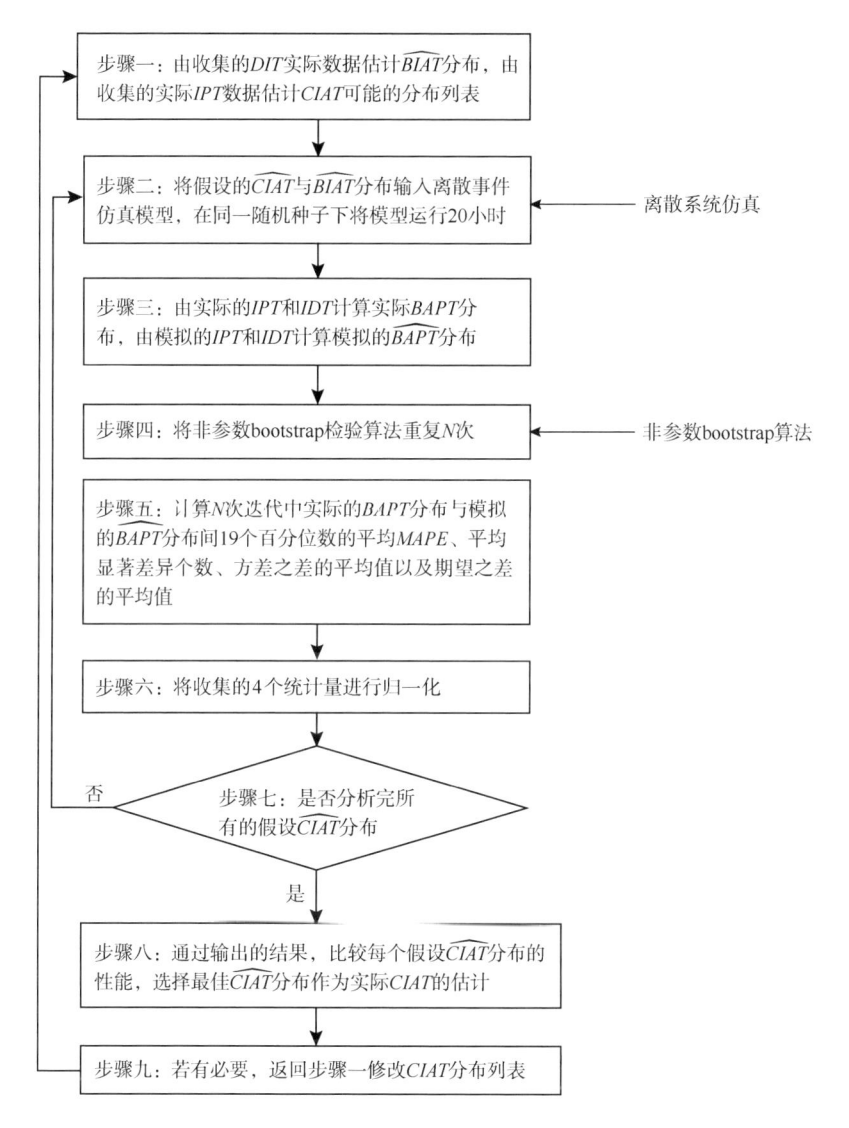

```
步骤一：由收集的DIT实际数据估计$\widehat{BIAT}$分布，由
        收集的实际IPT数据估计CIAT可能的分布列表
            ↓
步骤二：将假设的$\widehat{CIAT}$与$\widehat{BIAT}$分布输入离散事件  ← 离散系统仿真
        仿真模型，在同一随机种子下将模型运行20小时
            ↓
步骤三：由实际的IPT和IDT计算实际BAPT分
        布，由模拟的IPT和IDT计算模拟的$\widehat{BAPT}$分布
            ↓
步骤四：将非参数bootstrap检验算法重复N次  ← 非参数bootstrap算法
            ↓
步骤五：计算N次迭代中实际的BAPT分布与模拟
        的$\widehat{BAPT}$分布间19个百分位数的平均MAPE、平均
        显著差异个数、方差之差的平均值以及期望之差
        的平均值
            ↓
步骤六：将收集的4个统计量进行归一化
            ↓
       步骤七：是否分析完所
否 ←   有的假设$\widehat{CIAT}$分布
            ↓是
步骤八：通过输出的结果，比较每个假设$\widehat{CIAT}$分布的
        性能，选择最佳$\widehat{CIAT}$分布作为实际CIAT的估计
            ↓
步骤九：若有必要，返回步骤一修改CIAT分布列表
```

图 9-6 迭代寻优算法流程

步骤四、步骤五和步骤六将实际数据的 $BAPT$ 与模拟的 $\widehat{BAPT}$ 进行了比较。在这一过程中非参数 bootstrap 算法循环了 N 次，本章以两个分布在 19 个百分位数下的平均显著差异个数 s、两个分布的平均期望值之差的绝对值 e、两个分布的平均方差之差的绝对值 v，以及两个分布的 19

个百分位数的平均绝对百分比误差$\overline{MAPE}$ 4 个统计量作为仿真预测模型的评价指标，见公式（9-4）至公式（9-8）。

$$s = \frac{L}{N} \quad (9-4)$$

$$e = \frac{|E(BAPT) - E(\widehat{BAPT})|}{N} \quad (9-5)$$

$$v = \frac{|V(BAPT) - V(\widehat{BAPT})|}{N} \quad (9-6)$$

$$\overline{MAPE} = \frac{\sum_{i=1}^{19} \frac{|p_i - \hat{p}_i|}{p_i}}{19 \times N} \quad (9-7)$$

$$\hat{x}_{ij} = \frac{x_{ij} - min(x_j)}{max(x_j) - min(x_j)}, \quad i=1, 2, \cdots, N; j=1, 2, 3, 4 \quad (9-8)$$

其中，L 为两个分布的显著差异个数。设 x_{ij} 为第 j 个统计量迭代 i 次的值，为了便于分析，本章将输出的 4 个统计量数据 x_{ij} 进行归一化处理得到 $\hat{x}_{ij}$，$\hat{x}_{ij}$ 数值越小，预测精度越高，通过统计 4 个统计量中 0 值的个数来寻找最优的 $\widehat{CIAT}$ 分布。

三 迭代寻优算法验证

表 9-6 显示了真实 $\frac{\overline{CIAT}}{\overline{BIAT}}$ = 0.7 时 4 个统计量的结果。

表9-6　　　　　真实比例为 0.7 时 4 个统计量的仿真结果

真实$\frac{\overline{CIAT}}{\overline{BIAT}}$	假设$\frac{\overline{CIAT}}{\overline{BIAT}}$	$\overline{MAPE}$	s	e	v
0.70	0.10	0.0464	0.9735	0.0013	0.0370
	0.20	0.0442	1.0000	0.0012	0.0352

续表

真实$\overline{\dfrac{CIAT}{BIAT}}$	假设$\overline{\dfrac{CIAT}{BIAT}}$	$\overline{MAPE}$	s	e	v
0.70	0.30	0.0405	0.9912	0.0011	0.0318
	0.40	0.0369	0.9912	0.0012	0.0314
	0.50	0.0269	0.9381	0.0010	0.0236
	0.60	**0.0063**	**0.1593**	0.0000	**0.0022**
	0.70	**0.0000**	**0.0000**	**0.0001**	**0.0000**
	0.80	0.2168	0.7080	0.0725	0.2349
	0.90	1.0000	0.7080	1.0000	1.0000
	1.00	0.9711	0.9912	0.2800	0.6383

注：IDT 表达式为 0.999 + EXPO（84.6），车桩为 80 个，初始库存为 45 辆，$N=10$，BAPT 规模为 352 个样本。

不同假设$\overline{\dfrac{CIAT}{BIAT}}$下与真实比例相符的$\widehat{CIAT}$分布已经在表格中通过灰色背景突出显示，可以发现假设比例为 0.7 时的方案统计量对应的 0 值的个数最多，故该假设比例对应的分布最接近真实的 CIAT 分布。

表 9-7 总结了指数分布下真实$\overline{\dfrac{CIAT}{BIAT}}=0.7$时，BAPT 样本规模的大小对真实需求估计的影响，不同假设比例下推荐的最佳$\widehat{CIAT}$分布已经在表格中通过灰色背景突出显示。对于较小的样本，如样本规模为 50 个和 100 个样本量时，假设比值为 0.7 时的方案下 s 和 e 方面的统计分别出现了误差。但是 BAPT 样本规模对于真实需求的正确估算影响较小，通过判断 4 个统计量中 0 值的个数依然可以找到真实需求的 CIAT 分布。

表 9–7　　　　　　　　　　不同 *BAPT* 规模下仿真结果

BAPT 规模	假设 $\overline{\dfrac{CIAT}{BIAT}}$	$\overline{MAPE}$	s	e	v
50	0.50	0.0133	1.0000	0.0009	0.0198
	0.60	**0.0008**	0.0000	**0.0003**	**0.0060**
	0.70	0.0000	**0.0741**	0.0000	0.0000
	0.80	0.2126	1.0000	0.0682	0.2276
	0.90	1.0000	1.0000	1.0000	1.0000
100	0.50	0.0184	1.0000	0.0009	0.0233
	0.60	**0.0007**	**0.0500**	0.0000	0.0000
	0.70	0.0000	0.0000	0.0000	**0.0008**
	0.80	0.2292	0.7750	0.0567	0.2154
	0.90	1.0000	0.7250	1.0000	1.0000
250	0.50	0.0263	1.0000	0.0009	0.0225
	0.60	0.0058	0.1875	0.0003	0.0068
	0.70	0.0000	0.0000	0.0000	0.0000
	0.80	0.2417	0.7917	0.0780	0.2442
	0.90	1.0000	0.8750	1.0000	1.0000
450	0.50	0.0329	1.0000	0.0010	0.0263
	0.60	0.0074	0.3279	0.0001	0.0051
	0.70	0.0000	0.0000	0.0000	0.0000
	0.80	0.2491	0.7213	0.0646	0.2229
	0.90	1.0000	0.7541	1.0000	1.0000

续表

BAPT 规模	假设 $\overline{CIAT}/\overline{BIAT}$	$\overline{MAPE}$	s	e	v
	0.50	0.0293	1.0000	0.0010	0.0258
	0.60	**0.0055**	**0.2292**	**0.0000**	**0.0037**
700	0.70	0.0000	0.0000	0.0000	0.0000
	0.80	0.2597	0.8333	0.0744	0.2498
	0.90	1.0000	0.8125	1.0000	1.0000

注：IDT 表达式为 0.999 + EXPO（84.6），车桩为 80 个，初始库存为 45 辆，$N=10$，BAPT 规模为 352 个样本。

为了进一步验证迭代寻优算法的准确性，表 9-8 总结了 $N=10$，BAPT 规模为 352 个样本，$\overline{CIAT}/\overline{BIAT} < 1$ 时的 4 个统计量数据归一化后的结果，可以发现 4 个统计量的度量效果很好，可以通过统计量中 0 值的个数来寻找真实需求的 CIAT 分布。表 9-9 总结了 $\overline{CIAT}/\overline{BIAT} > 1$ 时的 4 个统计量数据归一化后的结果，当 $\overline{CIAT}/\overline{BIAT} > 1$ 时，4 个统计量的度量效果不如 $\overline{CIAT}/\overline{BIAT} < 1$ 时好，真实比例为 1.3 时出现度量误差，但是没有导致删减问题。

表 9-8　　$\overline{CIAT}/\overline{BIAT} < 1$ 时的仿真结果

真实 $\overline{CIAT}/\overline{BIAT}$	假设 $\overline{CIAT}/\overline{BIAT}$	$\overline{MAPE}$	s	v	e
	0.10	0.0000	0.0000	0.0000	0.0000
	0.20	0.1191	1.0000	0.0077	0.0894
0.10	0.30	0.3026	0.8852	0.0385	0.2471
	0.40	0.5400	0.4959	0.1400	0.4644
	0.50	1.0000	0.3443	1.0000	1.0000

续表

真实 $\overline{\dfrac{CIAT}{BIAT}}$	假设 $\overline{\dfrac{CIAT}{BIAT}}$	$\overline{MAPE}$	s	v	e
0.20	0.10	0.1378	1.0000	0.0159	0.1369
	0.20	0.0000	0.0000	0.0000	0.0000
	0.30	0.1731	0.6780	0.0495	0.1815
	0.40	0.4775	0.8305	0.2318	0.4619
	0.50	1.0000	0.9322	1.0000	1.0000
0.30	0.10	0.3767	1.0000	0.0436	0.3273
	0.20	0.1654	0.7031	0.0296	0.1741
	0.30	0.0000	0.0000	0.0000	0.0000
	0.40	0.2234	0.6250	0.1151	0.2744
	0.50	1.0000	0.8438	1.0000	1.0000
0.40	0.20	0.1565	1.0000	0.0308	0.1701
	0.30	0.0850	0.7719	0.0286	0.1094
	0.40	0.0000	0.0000	0.0000	0.0000
	0.50	0.2160	0.6842	0.1833	0.2358
	0.60	1.0000	0.8947	1.0000	1.0000
0.50	0.30	0.2967	0.9808	0.1672	0.3724
	0.40	0.1707	0.7500	0.1981	0.2711
	0.50	0.0000	0.0000	0.0000	0.0000
	0.60	0.7951	0.8077	1.0000	0.9964
	0.70	1.0000	1.0000	0.9097	1.0000
0.60	0.40	0.1173	1.0000	0.0166	0.1112
	0.50	0.0784	0.7174	0.0151	0.0876

续表

真实 $\overline{\dfrac{CIAT}{BIAT}}$	假设 $\overline{\dfrac{CIAT}{BIAT}}$	$\overline{MAPE}$	s	v	e
0.60	0.60	0.0000	0.0000	0.0016	0.0000
	0.70	0.0480	0.2609	0.0000	0.0122
	1.0000	0.7826	1.0000	1.0000	
0.80	0.60	0.2017	0.8000	0.0750	0.3197
	0.70	0.1924	0.7667	0.0757	0.3317
	0.80	0.0000	0.0000	0.0000	0.0000
	0.90	0.6241	0.7000	1.0000	1.0000
	1.00	1.0000	1.0000	0.2302	0.5456
0.90	0.60	1.0000	1.0000	0.9631	0.9756
	0.70	0.9681	0.9024	1.0000	1.0000
	0.80	0.6801	0.8293	0.9652	0.7670
	0.90	0.0000	0.0000	0.0000	0.0000
	1.00	0.7145	0.4634	0.6730	0.2872

注：IDT 表达式为 $0.999 + EXPO(84.6)$，车桩为 80 个，初始库存为 45 辆，$N=10$，$BAPT$ 规模为 352 个样本。

表 9 – 9　　$\overline{\dfrac{CIAT}{BIAT}} > 1$ 时的仿真结果

真实 $\overline{\dfrac{CIAT}{BIAT}}$	假设 $\overline{\dfrac{CIAT}{BIAT}}$	$\overline{MAPE}$	s	e	v
1.2	1.0	0.0000	1.0000	1.0000	1.0000
	1.1	0.2500	0.2164	0.2933	0.0258
	1.2	0.5000	0.0000	0.0000	0.0000
	1.3	0.7500	0.0558	0.0133	0.0619
	1.4	1.0000	0.1594	0.5067	0.0283

续表

真实 $\overline{\dfrac{CIAT}{BIAT}}$	假设 $\overline{\dfrac{CIAT}{BIAT}}$	$\overline{MAPE}$	s	e	v
1.3	1.0	0.0000	1.0000	1.0000	1.0000
	1.1	0.2500	0.0360	0.0471	0.0931
	1.2	0.5000	0.0822	0.4235	0.0962
	1.3	0.7500	0.0397	0.1176	0.0145
	1.4	1.0000	0.0000	0.0000	0.0000
1.1	0.9	0.0000	1.0000	0.9770	0.9869
	1.0	0.2500	0.9096	1.0000	1.0000
	1.1	0.5000	0.0129	0.0000	0.0000
	1.2	0.7500	0.0693	0.2644	0.0251
	1.3	1.0000	0.0000	0.1149	0.0518

注：IDT 表达式为 $0.999 + EXPO（84.6）$，车桩为 80 个，初始库存为 45 辆，$N=10$，$BAPT$ 规模为 352 个样本。

通过验证可以发现该方法适用于小样本，不同假设 $\overline{\dfrac{CIAT}{BIAT}}$ 下对应的 4 个统计量的 0 值个数越多，假设的 $\widehat{CIAT}$ 越接近真实的 $CIAT$。本章规定当两个假设比例对应的统计量各出现 2 个 0 值时，4 个统计量之和对应的最小的假设比例最接近真实比例。

第五节　案例及结果分析

一　真实需求结果

Negahban 研究了纽约花旗共享单车的 519 站点在 2018 年 2 月 5 日、7 日和 16 日共三个工作日的早高峰轨迹数据，文章假设三个工作日的真实需求分布服从指数分布,通过仿真得出三天的$\overline{CIAT}$在33—38秒。[①] 为了验证前文构建的真实需求仿真方法的有效性,本章对这三个工作日的真实需求进行迭代推理。通过分析8:00—9:00站点实际数据,得出 *IPT* 数据分布表达式为 EXPO (94.6), *IDT* 数据分布表达式为:EXPO (97.4)。在$\overline{BIAT}$设为97.4秒的基础上,调整不同的供需比来确定$\widehat{CIAT}$分布的表达式。迭代寻优算法的结果见表9-10,可以发现当假设比例$\dfrac{\overline{CIAT}}{\overline{BIAT}}=0.35$时,4个统计量中0值的个数最少,故估算的三个工作日的$\overline{CIAT}$为34.09秒,在33—38秒区间。因此,本章构建的迭代寻优算法具有较高的准确性。

表9-10　　　　　　花旗共享单车的519站点真实需求估算

假设$\dfrac{\overline{CIAT}}{\overline{BIAT}}$	$\overline{CIAT}$	$MAPE$	s	e	v
0.25	24.35	0.4502	1.0000	0.9645	1.0000
0.30	29.22	0.1652	0.3235	0.9671	0.6480
0.35	34.09	0.0000	0.0000	**1.0000**	0.5681
0.40	85.96	**0.1674**	**0.3529**	0.5086	0.0000
0.45	43.83	1.0000	0.8235	0.0000	0.9377

注:*IDT* 表达式为 EXPO (97.4),车桩为61个,初始库存为3辆,$N=10$,*BAPT* 规模为99个样本。

将仿真方法应用于呼和浩特市共享单车系统的4020站点(敬业学校),通过分析8:00—9:00站点实际 *IPT* 数据,得出其分布表达式为 0.999 + EXPO(113)。同理,得出实际 *IDT* 分布表达式为:0.999 + EX-

---

[①] A. Negahban, "Simulation-Based Estimation of the Real Demand in Bike-Sharing Systems in the Presence of Censoring", *European Journal of Operational Research*, Vol. 277, No. 1, 2019, pp. 317–332.

PO(159)。在$\overline{BIAT}$设为 159 秒的基础上,调整不同的供需比来确定$\widehat{CIAT}$分布的表达式,迭代寻优算法的结果见表 9-11。

表 9-11 呼和浩特市的 4020 站点真实需求估算

假设$\dfrac{\overline{CIAT}}{\overline{BIAT}}$	$\overline{CIAT}$	$\overline{MAPE}$	s	e	v
0.40	63.60	0.0315	1.0000	0.0059	0.0889
0.50	79.50	**0.0358**	**0.7368**	**0.0000**	**0.0365**
0.60	95.40	**0.0000**	**0.5789**	**0.0026**	**0.0285**
0.70	111.30	**0.1320**	**0.0000**	**0.0026**	**0.0000**
0.80	127.20	1.0000	0.5000	1.0000	1.0000

注:IDT 表达式为 0.999 + EXPO (159),车桩为 42 个,初始库存为 10 辆,$N=10$,BAPT 规模为 82 个样本。

当假设比例$\dfrac{\overline{CIAT}}{\overline{BIAT}}=0.7$时,4 个统计量中 0 值的个数最少,故该比例对应的$\widehat{CIAT}$分布最接近真实的 CIAT 分布。此时估算的$\overline{CIAT}$为 111.3 秒,而由实际 IPT 估计的 $\overline{CIAT}$ 为 113 秒,可以得出当使用 IPT 数据代替 CIAT 数据时,低估了真实需求的 1.23%,显性需求与真实需求基本相同。

用同样的方法对该站点其他五个时间段的真实需求进行估算。由图 9-7 发现,可能出于下班或放学的原因站点晚高峰和第一个午高峰租车需求大于早高峰和第二个午高峰租车需求,具有实际意义。

离散系统仿真能够测算站点在不同时间段内的真实需求,但是通过 Arena 仿真预测真实需求需要不断迭代,花费时间长。因此,本章期望通过迁移学习寻找低估真实需求百分比与其影响因素之间的关系,对新站点的未知真实需求进行预测。

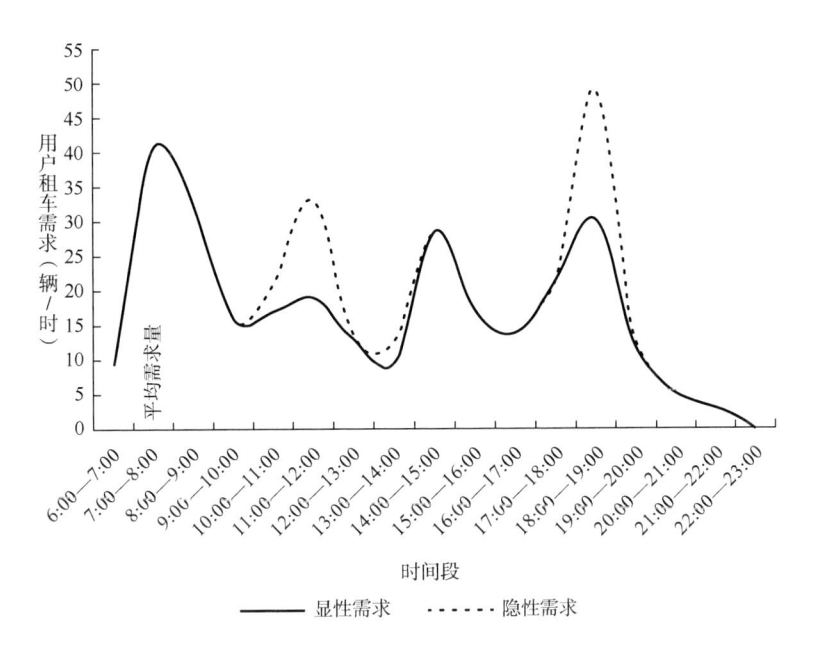

图 9-7 呼和浩特市的 4020 站点仿真结果

二 真实需求迁移预测

为了便于分析，本章规定早高峰为 8：00—9：00，第一个午高峰为 12：00—13：00，第二个午高峰为 14：00—15：00，晚高峰为 17：00—18：00。经过数据清洗，剔除平均每小时租车数量小于 5 辆的站点数据，提取了 177 个租车频率大的站点。将簇内误方差（SSE）和轮廓系数作为选择聚类数目 K 的依据。由图 9-8 可以看出，随着 K 的增加，类内的离散程度逐渐减小，当 K 大于 4 时 SSE 的减小程度越来越不明显。观察不同 K 值下的轮廓系数，发现 $K=4$ 时的轮廓系数高于 $K<4$ 时的轮廓系数。轮廓系数常用来判断类内和类间集中程度的差异，轮廓系数越大说明类内差异小，而类间差异大，因此选择 4 作为最终的聚类簇数。

(a) SSE

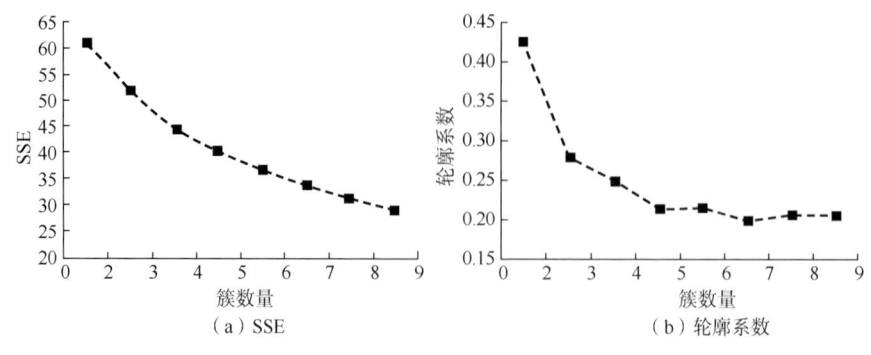

(b) 轮廓系数

图 9-8　SSE 图与轮廓系数

通过仿真分析发现影响低估真实需求百分比的影响因素主要有 8 个，表 9-12 为各个指标的说明。

表 9-12　　　　　　　　　8 个指标说明

变量	变量解释	单位
Y	低估百分比	%
X_1	桩点数	个
X_2	显性需求	辆
X_3	$BAPT$ 规模	个
X_4	初始库存	辆
X_5	时间段	—
X_6	每天租车需求	辆
X_7	每天还车需求	辆
X_8	真实$\overline{\frac{CIAT}{BIAT}}$(真实比例)	—

进行聚类分析时要选取具有代表性的变量，对具有高维特征的数据进行 PCA 降维，将标准化后的数据维数压缩为两维，$X=(X_1,X_2,\cdots,X_n)$，标准化表示为：

$$X'=\frac{X_i-\overline{X}}{\sigma} \qquad (9-9)$$

其中，X' 为标准化后的数据，$\bar{X}$ 为 n 个 X 的平均值，σ 为 n 个 X 的方差。

由图 9-9 可以发现，聚类 2 的站点数量最多，达到 96 个；聚类 3 的站点数量最少，只有 19 个；聚类 1 有 42 个站点；聚类 4 有 20 站点。与聚类 3 的类中心点距离最近的是聚类 1 的类中心点，其次是聚类 4 和聚类 2 的类中心点。

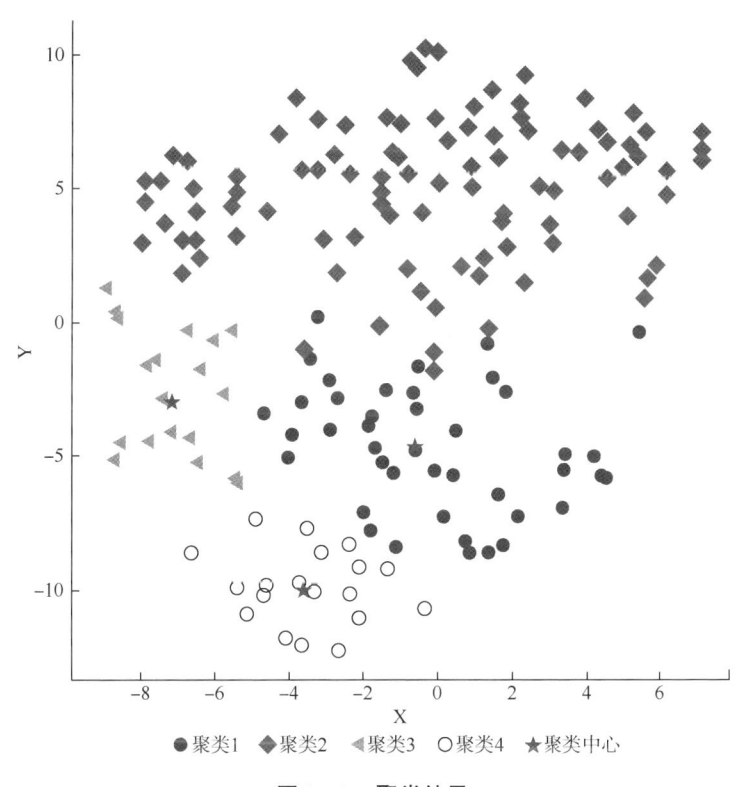

图 9-9 聚类结果

由图 9-10 可以看出，研究选取的指标在 4 个类群中存在差异，具有统计意义。在租借频率方面，聚类 1 站点、聚类 2 站点、聚类 4 站点的早高峰和晚高峰显性需求均高于两个午高峰，而聚类 3 站点的第二个午高峰显性需求大于晚高峰的显性需求。聚类 4 站点的租还车频率大，聚类2站点租还车频率最小。聚类1站点、聚类3站点的用户租还车需求介于聚类2站点、聚类4站点之间。聚类1站点早高峰、第二个午高峰还车数量大于租车数量，聚类3站点的早高峰、第二个午高峰租车数量大于还车数量。

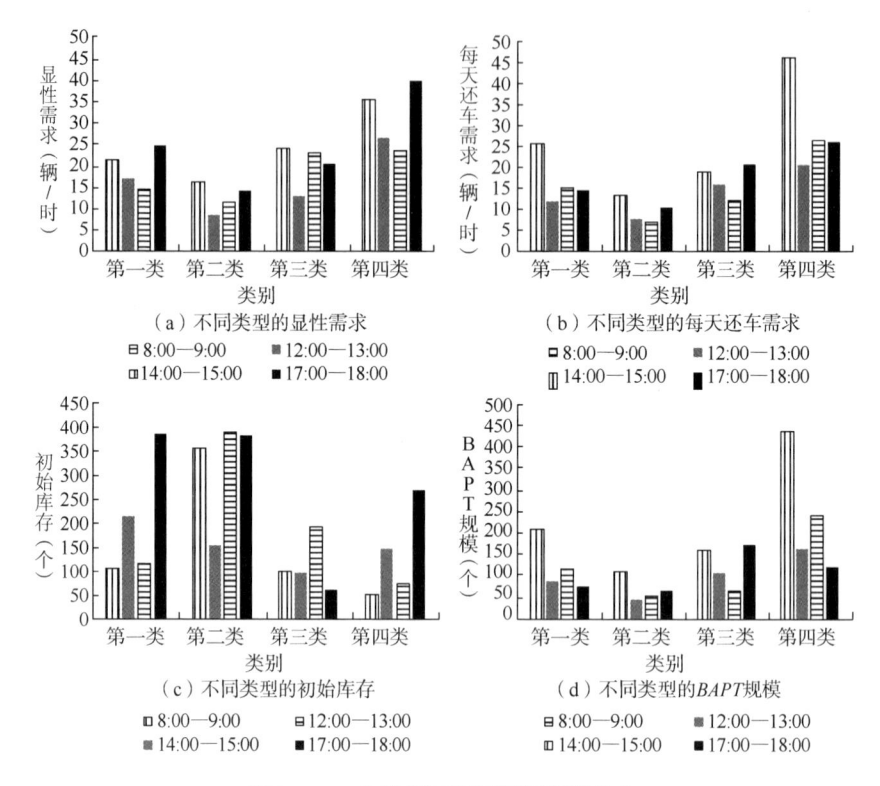

图9-10 各类别下不同指标频率分布

在初始库存和BAPT规模方面，4个类群也呈现出不同的特点。聚类3站点的数据量最少，提取一部分站点数据来估算总体的准确性更高。因此，本章选取该类别租车频率较高的7个站点（3015站点、4020站点、4112站点、4024站点、4113站点、4054站点和4133站点）作为迁移学习的源数据，研究它们在不同时间段的真实需求，通过仿真共收集到30组带有标签的样本数据。

本章拟通过回归研究低估真实需求百分比与其影响因素之间的关系。对 9 个变量进行统计分析，30 个样本的方差和均值数据见表 9-13。

表 9-13　　　　　　　　变量的方差和均值

变量	Y	X_1	X_2	X_3	X_4	X_5	X_6	X_7	X_8
方差	17.58	7.18	7.41	77.44	3.60	3.36	7.01	6.20	0.44
均值	18.63	37.86	23.06	145.70	5.15	12.70	20.57	20.26	1.05

将 30 个样本数据标准化后，热力图如图 9-11 所示，观察 9 个变量之间的相关性，发现 X_2 与 X_6、X_3 与 X_7 之间的相关系数的绝对值均大于 0.8，说明选取的解释变量之间可能存在多重共线性问题，因此采用逐步回归的策略对解释变量进行筛选。

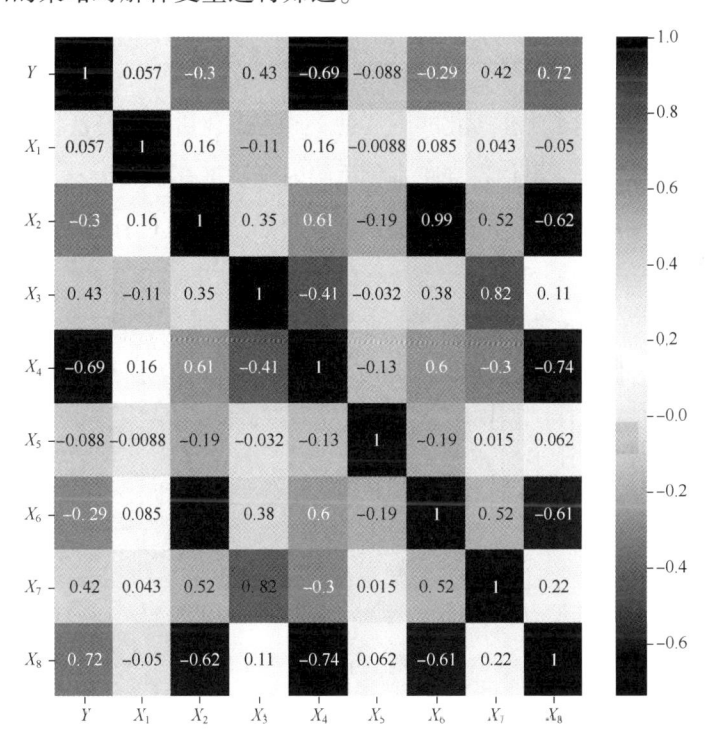

图 9-11　自变量和实际需求低估百分比

相关命令输入 Python 3.8.5，一共获得 254 种变量组合，根据贝叶斯信息准则（BIC）和赤池信息准则（AIC），在条件数（Cond）小于 10 的情况下，求得 BIC 较小，拟合优度（R^2）较大的 5 个变量组合，结果见表 9-14。最终选取 BIC 最小、变量数最少的 X_3 和 X_8 作为线性回归方程的解释变量。

表 9-14　　　　　　　　　　逐步回归结果

变量组合	BIC	AIC	Cond	R^2
(X_3, X_8)	62.64	58.64	1.28	0.52
(X_3, X_5, X_8)	64.77	59.45	1.30	0.54
(X_1, X_3, X_8)	65.06	59.73	1.36	0.53
(X_3, X_4, X_8)	65.63	60.30	2.94	0.52
(X_3, X_7, X_8)	65.75	60.42	3.14	0.52

图 9-12 显示了未正态化的因变量 Y 和正态化后的因变量 Y 的频数分布和概率密度情况，可以发现正态化后的因变量 Y 存在 2 个异常值。为了尽可能地扩大回归方程的应用范围，剔除两个异常值进行回归分析。

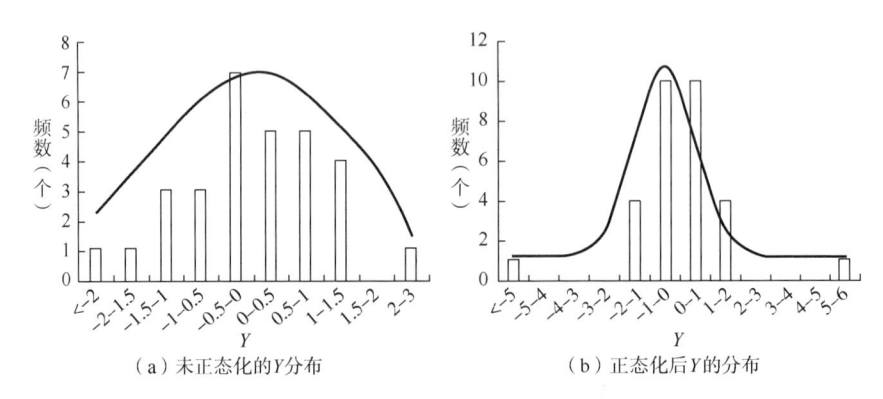

（a）未正态化的 Y 分布　　　　（b）正态化后 Y 的分布

图 9-12　因变量 Y 的分布情况

通过绘制的散点图，如图 9-13 所示，可以发现解释变量与被解释变量之间呈非线性关系，因此采用多变量自适应回归样条的方法进行非线性回归。设最高阶数为 3 阶，相关命令输入 Python 3.8.5 后发现 $X_5 X_1^2$ 没有被剔除，对标准化的数据建立非线性回归模型为：

$$\hat{Y} = C + B_1 \hat{X}_3 + B_2 \hat{X}_8 + B_3 \hat{X}_5 \hat{X}_1^2 + \varepsilon$$

$$= C + B_1 \times \frac{x_3 - \overline{X}_3}{\sigma_3} + B_2 \times \frac{x_8 - \overline{X}_8}{\sigma_8} + B_3 \times \frac{x_5 - \overline{X}_5}{\sigma_5} \times \frac{x_1 - \overline{X}_1}{\sigma_1} \times \frac{x_1 - \overline{X}_1}{\sigma_1} + \varepsilon$$

$$(9-10)$$

$$\hat{Y} = \frac{y - \overline{Y}}{\sigma} \qquad (9-11)$$

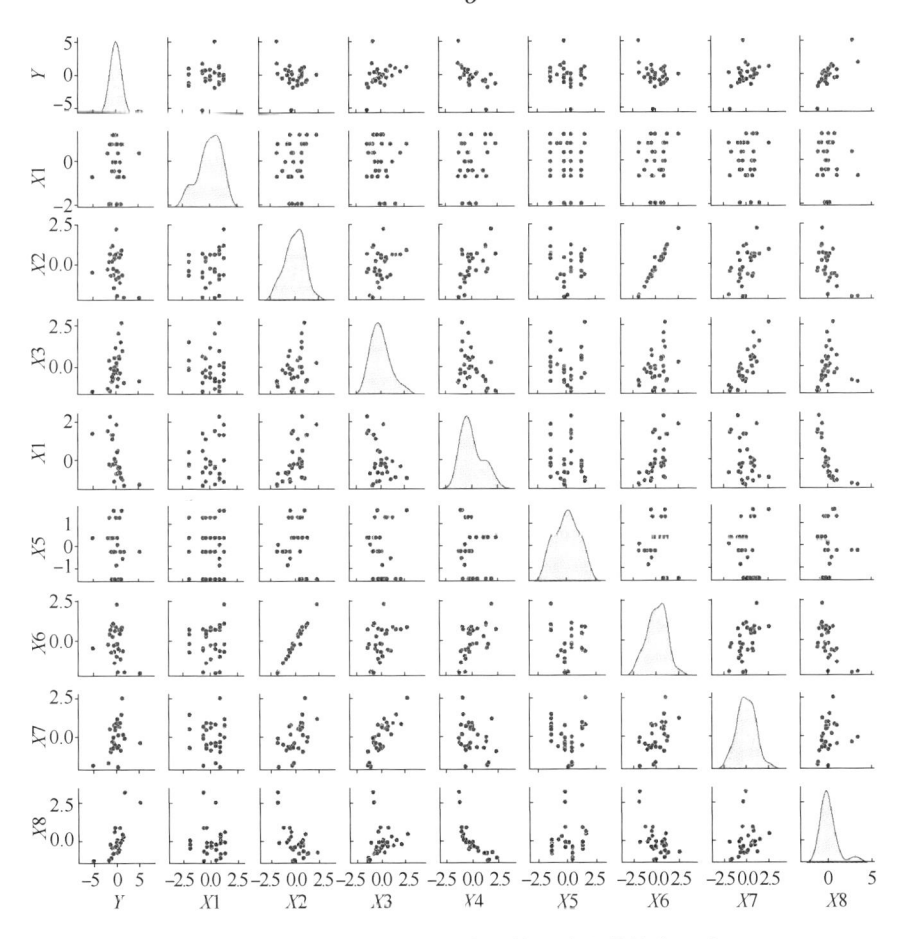

图 9-13 自变量与实际需求低估百分比的散点矩阵

非线性回归的结果见表 9-15。可决系数 $R^2=0.7030$，模型拟合较好。Durbin-Watson 为 2.082，说明所有观测值相互独立，模型中不存在自相关问题。对方程整体显著性进行检验，发现 F-statistic 对应的 P 值很小，各变量联合起来对 $\hat{Y}$ 有显著影响。各解释变量的 t 统计量对应的 P 值均小于 0.05，有 95% 的把握说明 $\hat{X}_3$、$\hat{X}_8$、$\hat{X}_5\hat{X}_1^2$ 分别对 $\hat{Y}$ 有显著影响。多元非线性结果表明真实比例（X_8）对低估真实需求百分比的影响最大，其次是 BAPT 规模（X_3）。

表 9-15 回归结果

变量	回归系数	t 统计量	P 值
常数项	-0.0101	-0.0970	0.9230
$\hat{X}_3$	0.3075	2.8690	0.0080
$\hat{X}_8$	0.6806	6.4730	0.0000
$\hat{X}_5\hat{X}_1^2$	-0.1483	-2.2260	0.0360
R-squared	0.7030	—	—
Adjusted R-squared	0.6660	—	—
Durbin-Watson	2.0820	—	—
F-statistic	18.9400	—	0.0000

将多元非线性回归预测结果与仿真预测结果进行比较，当回归预测结果为负值时，将低估百分比设为 0。求得聚类 3 站点中原始的 30 组数据对应的非线性回归预测值 $\hat{Y}$ 与对应 Y 的 RMSE 为 9.44，表明两种方法预测结果的误差在 10% 以内，具体结果见表 9-16。

表 9-16　　　　　　　　　　聚类 3 站点比较结果

样本	仿真结果（Y）	非线性回归结果（$\hat{Y}$）
4020 站点 8:00—9:00	1.23	5.66
4020 站点 10:00—11:00	19.60	20.95
4020 站点 11:00—12:00	42.60	27.77
4020 站点 13:00—14:00	23.00	10.17
4020 站点 14:00—15:00	0.00	0.00
4020 站点 18:00—19:00	37.90	34.85
4112 站点 8:00—9:00	20.07	16.05
4112 站点 12:00—13:00	14.77	18.11
4112 站点 14:00—15:00	4.60	2.41
4112 站点 18:00—19:00	12.16	16.42
4024 站点 8:00—9:00	24.00	9.78
4024 站点 12:00—13:00	45.00	52.77
4024 站点 14:00—15:00	0.00	0.00
4024 站点 17:00—18:00	32.40	30.51
4113 站点 8:00—9:00	29.90	26.92
4113 站点 12:00—13:00	59.80	44.71
4113 站点 14:00—15:00	0.00	0.00
4113 站点 17:00—18:00	28.80	6.87
4054 站点 8:00—9:00	36.90	40.27
4054 站点 12:00—13:00	0.00	14.38
4054 站点 14:00—15:00	20.70	7.69

续表

样本	仿真结果(Y)	非线性回归结果($\hat{Y}$)
4054 站点 17:00—18:00	0.00	5.01
4133 站点 8:00—9:00	14.60	13.99
4133 站点 12:00—13:00	33.60	15.01
4133 站点 14:00—15:00	12.00	9.68
4133 站点 17:00—18:00	15.40	20.54
3015 站点 8:00—9:00	13.80	17.30
3015 站点 12:00—13:00	12.90	27.93
3015 站点 14:00—15:00	3.30	4.72
3015 站点 17:00—18:00	33.20	19.23

根据迁移学习的思路，获取其他类别站点的隐性需求时不需要重新训练新的预测模型。本章对剩余三个类别中租车频率较大的站点进行仿真，并验证根据聚类 3 站点的数据建立的回归模型是否可以用于其他类型的站点。选取聚类 1 中的 1036 站点、4073 站点，聚类 2 中的 4051 站点、4087 站点，聚类 4 中 3002 站点、4003 站点作为目标数据，对其进行仿真预测并对回归方程进行验证，不同类别站点的仿真与回归预测结果的 RMSE 见表 9 – 17。可以发现非线性回归预测结果与仿真预测结果的误差与聚类 1 站点、聚类 2 站点和聚类 4 站点的聚类中心相对于聚类 3 站点的聚类中心远近有关。基于聚类 3 站点建立的回归方程对聚类 3 站点内的站点预测效果最好，其次是聚类 1 站点、聚类 4 站点，最差的是聚类 2 站点，RMSE 超过 20%。因此，在误差要求为 20% 以内时，可以采用迁移预测的方法，运用聚类 3 站点的回归模型去预测聚类 1 站点、聚类 4 站点的真实需求。

表 9-17　　　　　　　　　两个模型的 RMSE 结果

类别	RMSE
聚类 1	16.19
聚类 2	21.80
聚类 3	9.44
聚类 4	17.61

第六节　本章小结

共享单车系统是一个复杂的随机离散系统，是由若干个相互制约的要素组成的有机整体，现实生活中共享单车系统的用户真实需求估算涉及许多要素，是一个复杂的问题。本章将共享单车站点的租赁和归还系统简化为一个库存系统，对原始数据进行挖掘，通过离散事件仿真和迭代寻优方法计算出不同高峰期的用户真实需求，得出当使用 *IPT* 数据代替 *CIAT* 数据时删减了用户的隐性需求。然后使用聚类、回归和迁移学习的方法寻找到低估真实需求百分比与其影响因素之间的函数关系。从站点数量最少的聚类 3 站点数据中抽取 30 个样本，求得所有样本的低估真实需求百分比，训练回归模型，将该模型迁移学习到其他类别的站点，发现回归预测值与仿真预测值存在误差，这一误差与其他类别站点的类中心点和聚类 3 站点的类中心点距离远近有关。

迁移学习利用不同类别站点的数据、目标和模型间的相似性，将由源数据域训练好的模型应用到目标域数据上，这一方法可以解决目标域标签数据过少的问题，同时缩短预测时间，降低人力、物力成本。因此，在一定的误差范围内，共享单车运营商可以运用迁移学习方法快速地预测出所有站点的低估真实需求百分比，根据回归结果判断各个站点的隐性需求，重新调度系统中的单车数量，以提高用户满意度，促进共享经济持续健康发展。

本章的不足之处主要是忽略了设备故障、参数范围以及没有对其他类别站点的回归预测模型进行微调等对真实需求估算的影响，未来可以获取更详细的数据，在离散系统仿真模型中通过 Failure 模块来设置车桩和共享单车的寿命周期，并且将 $CIAT$ 和 $BIAT$ 的离散分布空间范围扩大，提高 $\dfrac{\overline{CIAT}}{BIAT}$ 比值的设置精度，对共享单车系统的真实需求仿真方法进行更加深入的研究。

第十章　基于深度学习的广义系统可用性预测方法

不论是对于共享单车系统初始建立时的站点选址研究，还是对其营运期间的动态调度研究，都与准确高效的预测租还需求密切相关。共享单车系统租还预测的传统研究大多数停留在利用现有数据去做预测。由于早中晚的"高峰效应"产生"租车难"的问题，导致租车用户被迫到临近站点租车，进而使站点存在隐性需求。为了有效解决用户租车困难的问题，需要分析高峰时间段站点的隐性需求，从而更新站点真实需求并对其进行预测，进一步帮助企业制定合理的调度策略，使想租车的租车用户都有车可借。为此，本章将基于呼和浩特市共享单车的骑行记录，对站点的真实需求进行预测。

第一节　站点真实需求

一　真实需求研究方法

真实需求的概念来源于经济学，由显性、隐性两部分需求组成。显性需求指消费者有消费意愿并有能力消费的需求，而隐性需求指消费者虽然对某商品有强烈的购买意愿，但受个人或外界因素影响只能待时购买的需求。隐性需求的提出是为了研究市场中消费者的隐性需求意愿。共享单车的租还记录体现了站点中存在的显性需求,但对骑行数据进一步研究,会发现数据中不仅存在站点的显性需求,同时也可以挖掘出站点的隐性需求。因此接下来首先通过需求判定方法对这部分缺失的隐性需求数据进行补全,然后进行租车用户真实需求的预测。

关于站点真实需求的具体研究思路如图 10-1 所示,通过数据预处理的方法得到不同站点每隔 10 分钟的租还记录后,根据租赁数和归还数绘制出站点状态变化图,寻求站点的两种临界状态。在临界状态下,如果有高频用户在临近站点租车,则该站点的隐性需求为该时间段下在

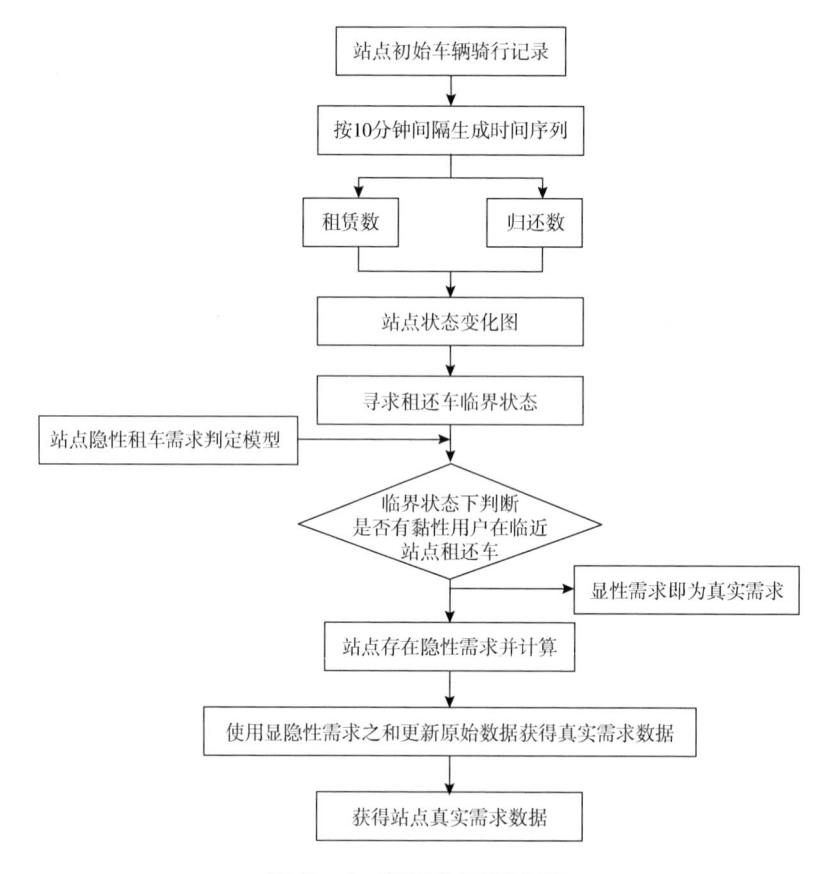

图 10-1 真实需求研究框架

临近站点租车的用户数量，真实需求用隐性需求和显性需求之和来更新；反之，站点不存在隐性需求，显性需求即为真实需求。基于此判定方法更新站点的真实需求数据，为下一节的预测做准备。

二 站点状态变化

为了详细分析站点的隐性需求，首先需要了解站点车辆数量随租还行为发生的变化情况，随机选取核心通勤类别中的金地商城站点并绘制其在 2016 年 3 月 9—15 日的车辆变化情况，由于本数据集中不包含站点初始车辆信息，因此将站点的初始状态设置为 0，绘制结果如图 10-2 所示。当用户发生租车行为时，由于站点的车辆被租走，因此其状态值变为负数；当用户在该站点进行还车时，站点的车辆增加，则状态值变为正数。

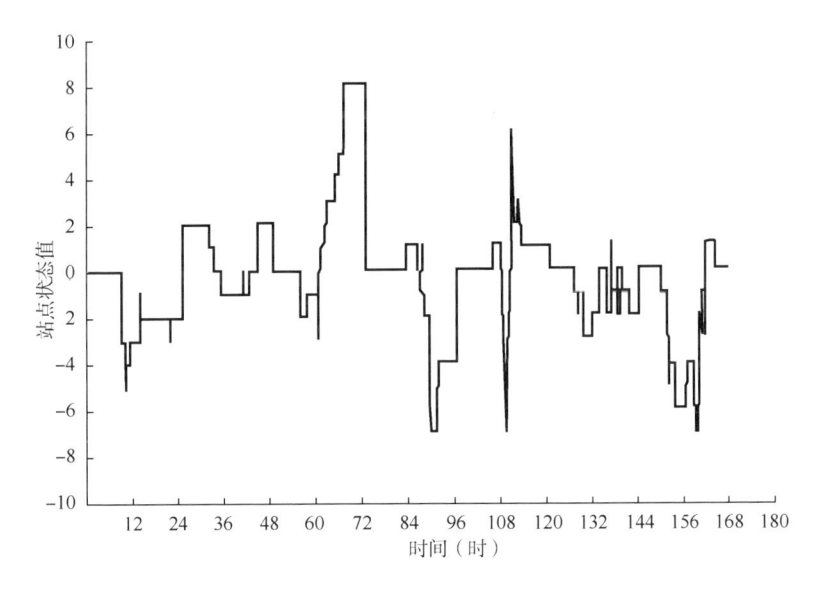

图 10-2 站点状态变化情况

根据该站点一周的状态变化可以看出，虽然波动，但站点的车辆总是处于一种动态平衡中。不难看出，该站点状态变化图的两条临界线

是 $y=8$ 和 $y=-7$ 这两条直线，在 68—76 小时，站点处于还车饱和状态，在 88—92 小时，站点处于租车饱和状态，也就是说该站点在 t 时刻的车辆数 $y_2(t)=8$ 时表示该时间段站点已经无桩可还，在 t 时刻的车辆数 $y_2(t)=-7$ 时表示该时间段站点已经无车可租。

对站点状态变化图继续进行研究，若站点在 $y_2(t)=-7$ 的临界状态下维持时间超过 10 分钟，并且在这 10 分钟内有用户到达该站点想租车却无车可租，则该用户在很大程度上会选择附近的站点继续租车或更改出行方式；同理在 $y_2(t)=8$ 的临界状态下，若有用户在 10 分钟之内想到该站点还车却无桩可还，该用户则会将共享单车还到临近站点。由于临界状态致使用户在附近站点租还车的需求称为隐性需求问题。

为了方便下一节中对真实需求的研究，将以下条件作为研究前提。第一，由于数据集中不包含站点初始车辆的信息，而研究过程中需要依靠站点车辆状态变化图判断存在隐性需求的时间段，故把各站点的初始车辆设置为 0。第二，当用户无车可租时，选择去附近的站点继续租车。第三，当用户无桩可还时，选择去附近的站点还车。

三 真实需求判定

由于站点在某一时间段的真实需求由显性需求和隐性需求两部分构成，对现有数据进行简单分析只能得到租车用户的显性需求，要判断隐性需求还需对数据做进一步探究。本节将继续以金地商城站点（站点 1）为例，提出了判断隐性需求的方法，进而将真实需求补充完整。

首先将站点中的租还车数据按照工作日和周末进行分类并将其提取出来，基于此建立站点的车辆状态变化图，分析无车可租和无桩可还的两种临界状态，在这两种临界状态下判断是否存在该站点的高频用户到附近站点租还车并统计高频用户的数量，统计出的用户数量即为该站点该时间段下的隐性需求，将显性需求和隐性需求的和作为该站点该时间段下的真实需求。

具体来说，以 7 天为时间间隔获取站点 1 的车辆状态变化图，本章从 2016 年 3 月 4 日星期五开始获取站点 1 的数据，根据 7 天的时间间隔依次获取 3 月 11 日、18 日、25 日的租还车数据，最后以 1 个小时为时间间隔绘制车辆状态变化图，具体绘制情况如图 10-3 所示。

对图 10-3 的状态变化图进一步分析，以 1 个小时为单位将一天的 24 小时进行划分，并对不同时间段下共享单车的租还情况进行统计，根据站点状态变化曲线分析站点车辆数量的变化以及存在两种临界状态的时间段。两种临界状态可以看作该时间段该站点无法满足接下来一段时间内的车辆租/还需求，即该站点在该时间段具有隐性需求。

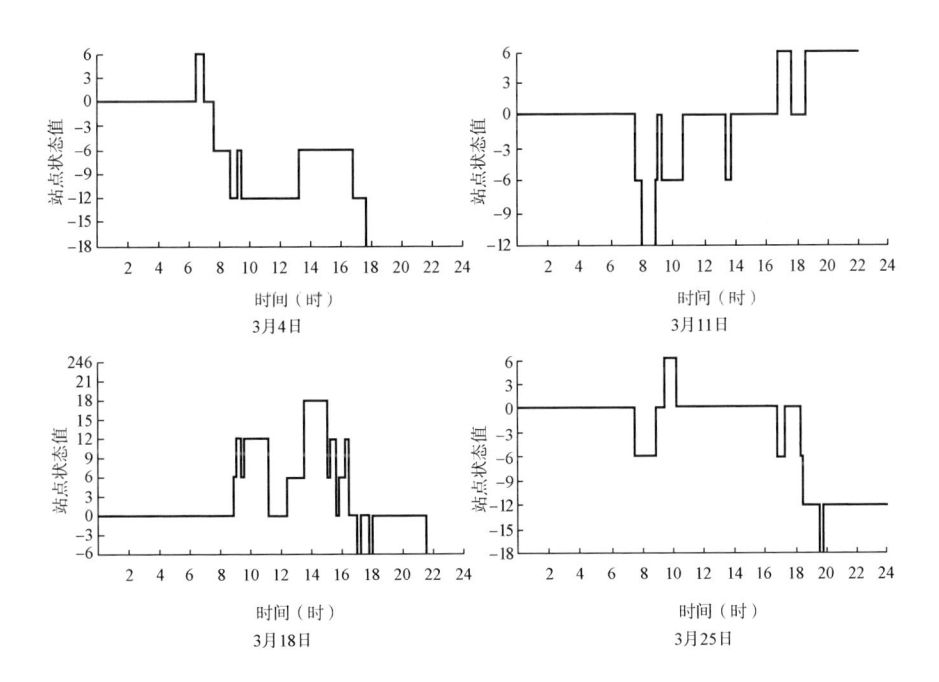

图 10-3　2016 年 3 月每周五金地商城站点的状态变化

由图 10-3 可以得到，站点 1 在 2016 年 3 月 4 日 17：30 之后、3 月 11 日 8：00—9：00、3 月 18 日 17：00—18：00、3 月 25 日 19：00—20：00 几个时间段都达到最大租车需求并且持续时间超过 10 分钟，因此站点 1 在这几个时间段都存在隐性租车需求。以 3 月 4 日 17：30 之后的时间段为例，找出该站点频繁于该时间段租车并且 3 月 4 日 17：30 之后在附近站点租车的用户，得到该时间段下的隐性租车需求，从而补充该时间段下站点 1 的真实租车需求。不难看出，站点 1 在 2016 年 3 月 4 日 7：30—8：00、3 月 11 日 17：00—18：00、3 月 18 日 14：00—15：00、3 月 25 日 19：30—20：00 存在隐性还车需求，用同样的数据挖掘及统计方法可以计算出存在隐性还车需求时间段的真实还车需求。

图 10-4 统计了 2016 年 3 月第一周金地商城站点真实需求与显性需求的差异，可以看出，真实需求和显性需求有着明显的不同，两曲线之间的部分为站点的隐性需求，存在隐性需求的时间段大多分布在早中晚三个高峰，也充分证实了"租车难，还车难"在高峰时刻发生的这一现状。更新后的真实需求数据为下文的需求预测做了准备。

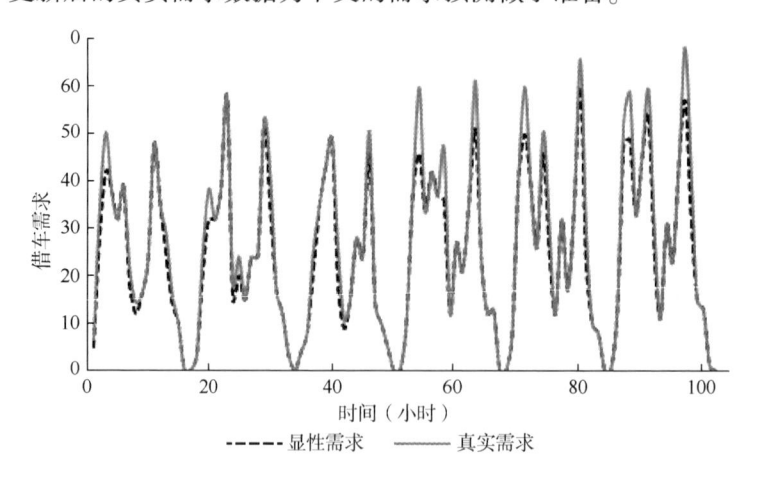

图 10-4 真实需求与显性需求差异

第二节 预测模型构建

一 数据预处理

针对上节对站点真实需求的分析,本章将选取内蒙古医院站点及名都中央广场站点两个代表性站点进行研究,选取2016年1月1日到8月31日这一期间184个工作日(不考虑法定节假日)的显性需求和真实需求作为数据样本。由于晚上23:00至次日6:00是工作人员的调度时间,因此本章只针对一天中的6:00—23:00进行研究。进行站点数据的预处理时需要将站点真实需求和显性需求中的时间和借还数量等属性保留。以内蒙古医院站点为例,整理后的站点需求数据见表10-1。

由于整理后的骑行数据极其分散不具有特征性,不能直接使用。因此需要调用mapminmax函数对数据进行预处理,按照一定的规则将原始数据映射到[-1,+1]上,这样可以通过传递函数优化对数据的敏感程度。

具体映射过程如下:

$$y = \frac{y_{\max} - y_{\min}(x - x_{\min})}{(x_{\max} - x_{\min})} + y_{\min} \qquad (10-1)$$

其中,x 和 y 分别表示原始数据和处理数据,$x_{\max}$ 和 $x_{\min}$ 表示原始数据的最大值、最小值,$y_{\max}$ 和 $y_{\min}$ 表示处理数据的最大值、最小值。

表10-1　　　　　　内蒙古医院站点的需求数据信息

时间	真实租车需求	显性租车需求
2016年1月1日 6:00—7:00	3	3
2016年1月1日 7:00—8:00	6	6

续表

时间	真实租车需求	显性租车需求
⋮	⋮	⋮
2016年8月1日22:00—23:00	0	0
2016年8月2日7:00—8:00	7	5
⋮	⋮	⋮
2016年8月31日22:00—23:00	0	0

二 模型的构建

人工神经网络（Artifical Neural Networks，ANN），又称神经网络，它借鉴了大脑中神经突触连接的结构，以生物学中的神经网络为基本思想搭建了并行分布式算法。神经网络中的节点相互连接，构成了一个复杂的网络，也正是基于节点的连接关系，才实现了对网络中的信息进行及时处理。[①] 单个神经元的结构较为简单，因此其功能也并不复杂，但当多个神经元相结合时，即可对复杂的行为进行描述，例如实现预测、模式识别、信号处理等，都可以通过神经元的结合来完成。

对共享单车的真实需求进行预测时，原始租还数据具有一维时间序列的特点，因此相邻的数据之间也存在时序上的先后依赖关系。由于长短期记忆神经网络（Long Short-Term Memory，LSTM）可以控制输入、状态变化和输出，因此每个时间步长的变化也影响着下一个时间步长的权值，而特征时间的输入也影响着细胞单元状态的权值。对传统的神经

---

① 鄢章华、刘蕾：《考虑服务水平与动态转移规律的共享单车投放策略研究》，《中国管理科学》2019年第9期。

网络来说，预测值往往是将输入状态进行加权组合，序列的变化不会引起权重参数的变化，此外，传统的神经网络也没有将输入事件序列特征和顺序考虑在内，LSTM 中三个门单元的控制及输入输出可以更灵活地计算非线性权重。因此根据收集的时间序列数据，最终选择 LSTM 网络模型对站点的真实需求进行预测，对于该模型的介绍将在下文详细展开。

LSTM 是基于循环神经网络（Recurrent Neural Network，RNN）做出的一种进步。RNN 对具有时间序列的数据拥有较好的表现，神经元是神经网络中最基本的单元，一般神经元都具有多输入单输出的特点。

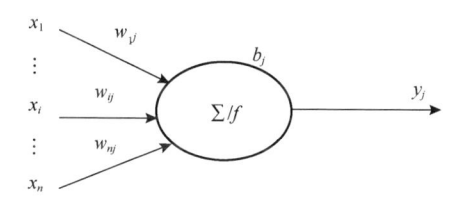

图 10 - 5　神经元结构

图 10 - 5 中，x_i 是输入信号，输入神经元 j 同时接收 n 个输入信号。w_{ij} 表示输入信号 x_i 与神经元 j 连接的权重值，b_j 表示神经元的内部状态，即偏置值，y_j 为神经元的输出值。

神经元输入和输出信号之间的关系可用公式（10 - 2）表示：

$$y_j = f\left(b_j + \sum_{i=1}^{n}(x_j \times w_{ij})\right) \qquad (10-2)$$

其中，$f(.)$ 表示神经网络中涉及的激活函数，激活函数主要有 sigmoid 函数、tanh 函数等几种类型。

由于 RNN 不能很好地解决长时间序列的依赖问题，因此 Gref Klaus 等学者进行研究并提出 LSTM 模型。这种模型可以很好地解决 RNN 中存在的梯度消失问题。研究发现，在面对长距离依赖时，LSTM 模型比

RNN 模型具有更好的表现。RNN 神经网络的架构如图 10-6 所示。

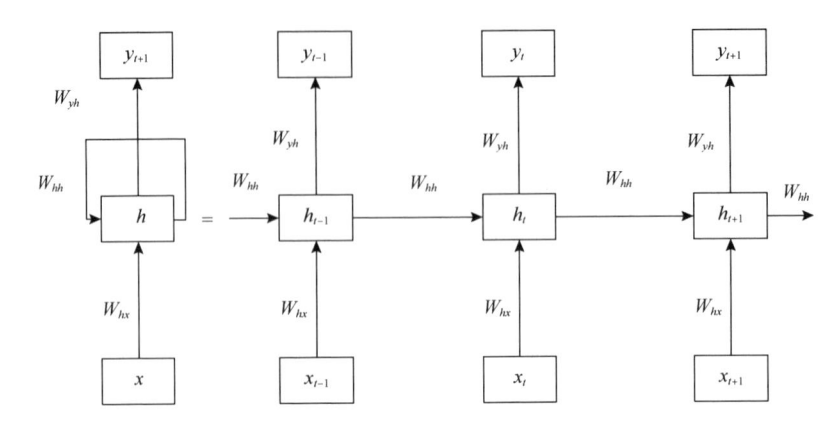

图 10-6 RNN 神经网络结构

$X=\{x_1, x_2, \cdots x_t, \cdots, x_T\}$ 作为输入数据，RNN 通过公式（10-3）、公式（10-4）计算隐藏状态 $h=\{h_1, h_2, \cdots h_t, \cdots, h_T\}$ 和输出 $y=\{y_1, y_2, \cdots y_t, \cdots, y_T\}$。其中，$T$ 为根据采样间隔计算的采样点数量。

$$h_t = f(w_{hx}x_t + w_{hh}h_{t-1} + b_h) \quad (10-3)$$

$$y_t = g(w_{yh}h_t + b_y) \quad (10-4)$$

其中，x_t 表示 t 时刻的输入，y_t 表示 t 时刻的输出，h_t 表示 t 时刻的神经网络的隐藏状态，W_{hx}、W_{hh}、W_{yh} 分别表示了神经网络输入层、隐藏层和输出层的各自权重，b_h、b_y 分别表示隐藏状态和输出的偏置，$f(.)$ 表示隐藏层的激活函数，$g(.)$ 表示输出层的激活函数。

由于 RNN 算法只能有短期的记忆，因此 LSTM 模型创建了输入门、遗忘门、输出门，从而对任意时刻的状态和输出进行调控，并且将短期记忆和长期记忆连接起来，解决了传统 RNN 由于网络层无限制地更新信息，使信息变得混乱且容易消失，从而导致梯度消失的问题。LSTM 神经网络的结构如图 10-7 所示。

第十章 基于深度学习的广义系统可用性预测方法

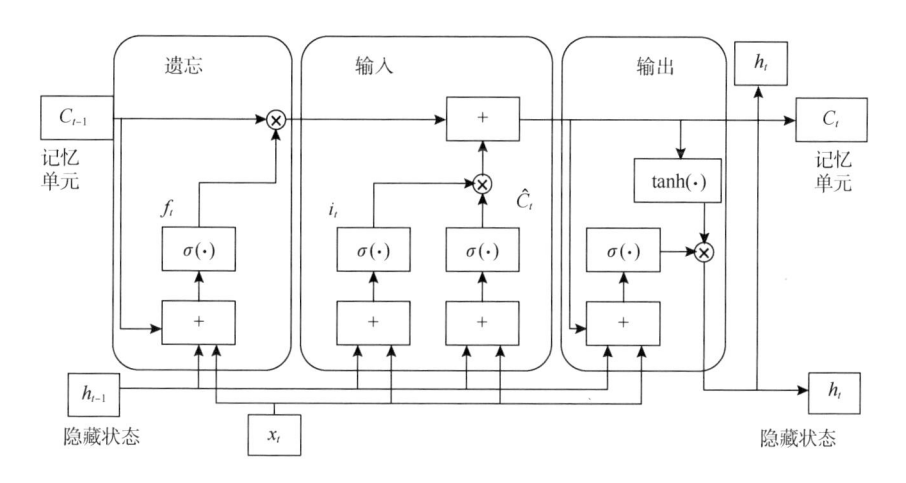

图 10-7 LSTM 神经网络结构

整个过程中信息的传递受到三个门的控制，遗忘门通过 h_{t-1} 和 x_t 的数值来判断将哪些信息删除。遗忘门可以表达为：

$$f_t = \sigma(W_f[h_{t-1}x_t]) + b_f \qquad (10-5)$$

其中，$\sigma(.)$ 表示 sigmoid 激活函数，W_f 为遗忘门权重，b_f 为遗忘门偏置。

输入门根据 h_{t-1} 和 x_t 向记忆单元中新增信息：

$$i_t = \sigma(W_i[h_{t-1}x_t]) + b_i \qquad (10-6)$$

$$\hat{C} = tanh(W_c[h_{t-1}x_t]) + b_c \qquad (10-7)$$

其中，i_t 表示需要记忆的信息；C_t 表示候选记忆单元，在模型中被用来更新记忆单元；W_i、W_c 表示输入门权重；b_i、b_c 表示输入门偏置。

数据经过遗忘门和输出门运算后，采用公式（10-8）进行记忆单元更新。

$$C_t = f_t \circ C_{t-1} + i_t \circ \hat{C}_t \qquad (10-8)$$

其中，$\circ$ 为哈达玛乘积。

隐藏状态 h_t 由输出门根据 h_{t-1}，x_t 和 C_t 决定。具体方式如：

$$o_t = \sigma(W_o[h_{t-1}x_t]) + b_o \qquad (10-9)$$

$$h_t = o_t \circ tanhC_t \qquad (10-10)$$

其中，W_o 为输出门权重，b_o 为输出门偏置。

LSTM 通过"遗忘门"判断将哪些信息进行输入，"输入门"对信息进行输入，再通过"输出门"将需要的信息输出，从而解决 LSTM 模型的长期依赖问题。同时，选择 sigmoid 激活函数作为最终选择工具，用 0—1 来做权重的二次分配，并且用 tanh 函数作为变化工具。当前的单元信息是通过输入门控制之后叠加来解决梯度消失问题。

对于 LSTM 算法，我们采取的是反向传播算法，具体步骤见表 10 - 2。

表 10 - 2　　　　　　　　　LSTM 的反向传播算法

步骤	内容
Step 1	前向传播计算 f_t、i_t、c_t、o_t 和 h_t
Step 2	反向计算每个神经元的误差项值：时间维度的反向传播；将误差项向上一层传播
Step 3	根据相应的误差项，更新每个权重的梯度

我们通过 MATLAB 软件实现了对 LSTM 模型的建立，其间由归一化处理、训练集和测试集的划分、参数设置、种群生成、创建变量、构建 LSTM 网络等多个步骤搭建完整的网络。模型的建立主要由数据预处理、参数初始化、权重的确定以及训练输出四部分构成。LSTM 建模流程如图 10 - 8 所示。

第一，数据预处理。由于 Sigmoidal 作为训练过程中的激活函数，因此本章所用的 LSTM 模型敏感度较高，对数据也有一定的要求。通过 MATLAB 中的 mapminmax 函数归一化数据，可以有效地提高模型精度，同时为后续建模奠定基础。

第二，参数初始化。通过重置输入数据的训练集形式，对优化器，

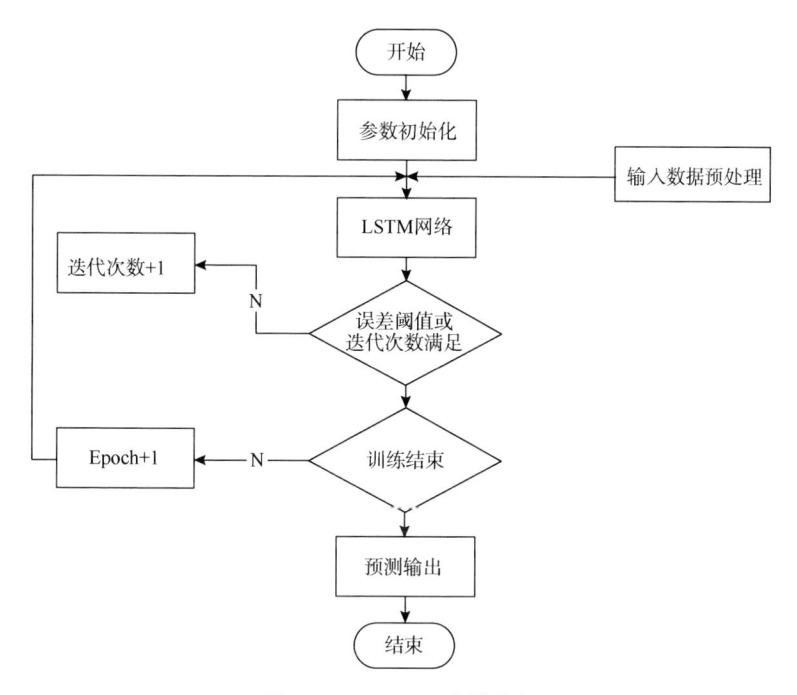

图 10-8　LSTM 建模流程

损失函数以及其他基本参数进行定义。

第三，权重的确定。在模型训练过程中，最本质的是指定数据集中各神经元的连接关系，而权重则可以作为神经元之间联系的数据化，对网络的训练是基于 SCG 算法实现的。

第四，训练输出。当训练完成后，要对数据和网络分别进行反归一化，之后便可输出结果。

第三节　实验参数设置

一　隐藏层及神经元个数的确定

对于隐藏层而言，其本质就是获取输入数据的特征变量，隐藏层中的层数会对模型产生不同的影响，过多会增加模型复杂度，同时也加长了运算时间。对此,大量学者经常选择把隐藏层设置为 1—5 层作为模型参数,层数的确定要实时地依据样本数量而变化。

模型的拟合效果在很大程度上与隐藏层中神经元的数量有关,较少的神经元数量会导致较差的拟合结果,而过多的神经元也会对模型产生一定的影响,比如说会使模型的泛化能力降低,或会使结果过拟合等。所以说神经网络模型构建的基础是选择合适的神经元参数。对此,也有学者针对参数的选定总结了公式 $m = \sqrt{n*1}$,其中 m 表示神经元的数量,n 和 1 分别表示输出和输入层中神经元的数量。

本章所建立的预测模型对输入输出和迭代次数的设定更多地参考了大量学者的经验,本实验中将 LSTM 的输入和输出维度均设置为 1,隐藏层为 4,隐藏层中神经元的个数设置为 8 进行预测。

二 激活函数的选择

神经网络模型的建立过程中可以对多种激活函数进行对比选择,其中 tanh 函数和 Sigmoidal 函数深受喜爱。在该模型中,由于 Sigmoidal 函数可以通过导数的方法改变信号的数值范围,因此将其作为模型的激活函数。

三 学习速率的确定

阈值和权值会因为学习效率的变化而发生一定的变化,从而对模型的效率和精度会产生间接的影响。因此有学者专门对学习效率进行了研究。学习速率的确定原则为,过高的学习速率会引起模型震荡,而学习速率过低也会使模型的训练时间增加。基于此,大量学者将学习速率设置在 0.01—0.8。而大多数模型为了稳定和准确,尽可能地把学习效率降低。基于以上的分析和大量学者的经验,本模型的学习效率设置为 0.1。

此外,为了避免模型过拟合的情况,本实验将 70% 的数据作为训练样本,其余 30% 作为测试样本进行站点真实需求的预测。

第四节 预测结果与评价

一 模型评价标准

为了判断预测效果,选择对实验结果进行量化,本章选取了预测中经常使用的三类指标:平均绝对误差(MAE)、均方根误差(RMSE)以及拟合度 R^2 评估预测的效果,计算方式如下:

$$y_{\text{MAE}} = \frac{1}{n} \sum_{i=1}^{n} | X_{\text{act}}(i) - X_{\text{pre}}(i) | \quad (10-11)$$

$$y_{\text{RMSE}} = \sqrt{\frac{\sum_{i=1}^{n} [X_{\text{act}}(i) - X_{\text{pre}}(i)]^2}{n}} \quad (10-12)$$

$$R^2 = 1 - \sqrt{\frac{\sum_{i=1}^{n}(X_{act} - X_{pre})^2}{\sum_{i=1}^{n} X_{act}^2}} \quad (10-13)$$

其中,预测总次数用 n 来表示,X_{act} 和 X_{pre} 分别表示 i 时刻站点需求的真实值和预测值。

与标准差的计算原理相似,RMSE 首先将真实值与预测值差值的平方与预测个数作比再对其开平方根,MAE 可以将真实值和预测值之间的误差标记出来,因此,MAE 和 RMSE 越小则表示模型精度越好。此外,拟合度 R^2 也作为模型评估的重要指标,其值越接近 1 表示模型预测精度越好。

二 模型结果

完成了以上的建模后,对随机选取的内蒙古医院站点和名都中央广场站点两个代表性站点进行研究,得到 LSTM 模型对真实需求和显性需求的租车预测效果，如图10-9所示，可以看出站点在高峰时间段内显性需求和真实需求存在一定的差异，因此站点存在隐性需求。此外在预测的时间段内，预测的真实需求曲线与实际真实需求曲线大体吻合，显性需求的预测值和真实值的偏差也比较小。图10-9中虽然也存在部分预测需求与真实需求的偏差，但是整体需求预测的曲线走势与真实需求曲线拟合程度比较高。此外，可以看出该模型对于局部值的预测也有良好的精度，这与LSTM模型对于非线性的处理能力和具有序列数据特点的记忆能力是分不开的。基于RNN基础上的这些升华，让LSTM对于处理具有时间序列的数据有很大的优势。

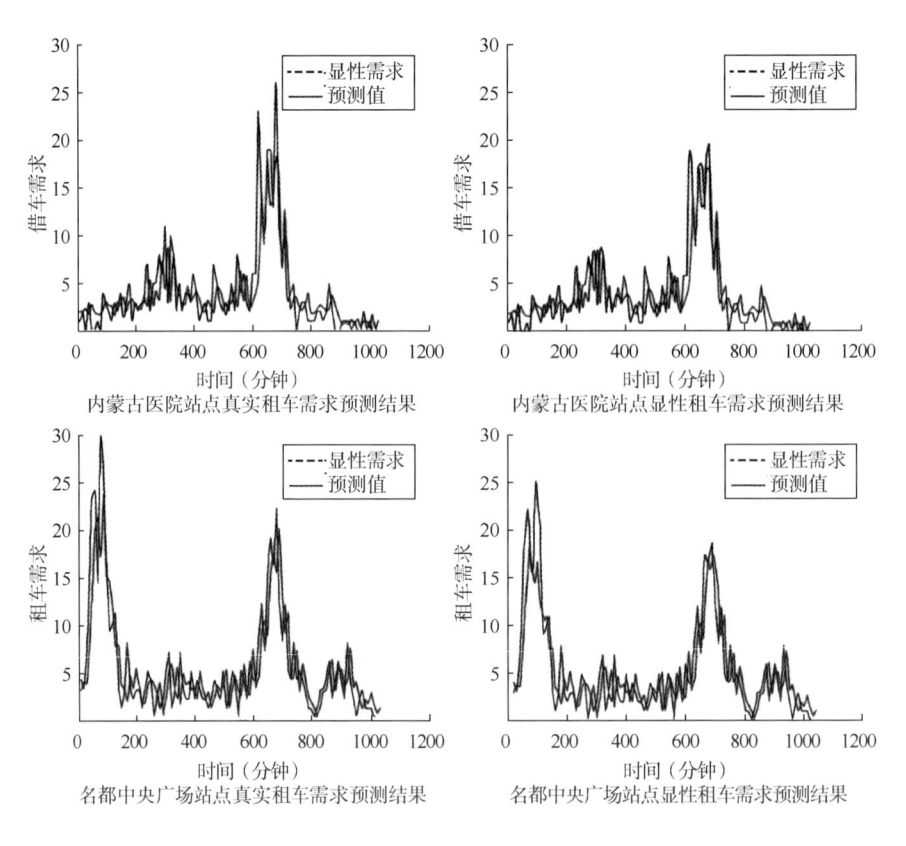

图 10-9 LSTM 预测结果

为了进一步证明 LSTM 模型的可行性，在相同的实验条件和数据集下，本章对 BPNN 也进行了测试，表 10-3 和表 10-4 给出了在真实需求和显性需求的实验数据下 LSTM 模型和 BPNN 模型的预测效果对比。不难看出，在与 BPNN 的对比下，本章所使用的 LSTM 预测模型呈现出更好的预测优势。因此，所使用的预测方法对于站点真实需求的预测是行之有效的。

表 10-3　　　　　　　内蒙古医院站点需求预测误差比较

模型	LSTM		BPNN	
需求类型	真实需求	显性需求	真实需求	显性需求
拟合度 R^2	0.6683	0.7315	0.4380	0.5218
平均绝对误差（MAE）	2.0349	1.7194	2.3741	2.0812
均方根误差（RMSE）	3.1052	2.8306	3.3776	2.9163

表 10-4　　　　　　名都中央广场站点需求预测误差比较

模型	LSTM		BPNN	
需求类型	真实需求	显性需求	真实需求	显性需求
拟合度 R^2	0.6846	0.6137	0.4902	0.4306
平均绝对误差（MAE）	2.1289	2.3064	2.5173	2.7129
均方根误差（RMSE）	3.0817	3.1592	3.3532	3.4921

第五节　本章小结

本章首先对站点的真实需求进行了问题分析，通过站点的状态变化图和需求判定模型判断站点临界状态并统计出站点的隐性需求，随后更新了站点真实需求，然后建立了针对站点真实需求的预测模型，由归一化处理、划分数据集、参数设置、种群生成、创建变量、构建 LSTM 网络等多个步骤搭建完整的网络，随机选取呼和浩特市存在隐性需求的两个共享单车站点对其进行研究，通过对绝对误差、均方根误差、精确度以及拟合度的计算衡量模型的预测精度，最后与其他模型进行对比。结果表明，本章所选的预测方法有很好的精度，而且在与其他模型的对比中，本章使用的神经网络模型得到的误差较小，有较好的预测效果。因此，使用本章所建立的 LSTM 模型对站点的真实值进行预测是合理有效的。

第十一章　基于谱聚类和随机森林的用户出行需求预测方法

共享单车管理信息系统记录着用户出行信息，这使基于数据驱动的需求预测研究十分活跃。现有关于共享单车用户需求预测的文献，大多数基于三个不同视角，分别是系统级需求预测、区域级需求预测和站点级需求预测。[1] 基于共享单车的供给模式，开展系统级需求预测能够辅助政府管理部门开展共享单车资源协调及配置优化。鄢章华、刘蕾将研究范围界定在单车投放环节，利用马尔可夫链与状态转移矩阵分析单车流转过程，从需求被满足概率的角度描述共享单车系统的服务水平并据此分析各投放点的单车需求量。[2] Mao 等建立站点的整体可视化信息，采用梯度提升回归树算法实时预测站点的单车流入和流出情况。[3]

---

[1] H. Yang, K. Xie, K. Ozbay, et al., "Use of Deep Learning to Predict Daily Usage of Bike Sharing Systems", *Transportation Research Record*, Vol. 2672, No. 36, 2018, pp. 92 – 102; W. Zi, W. Xiong, et al., "TAGCN: Station-Level Demand Prediction for Bike-Sharing System via a Temporal Attention Graph Convolution Network", *Information Sciences*, Vol. 561, 2021, pp. 274 – 285; 乔少杰等：《基于数据场聚类的共享单车需求预测模型》，《软件学报》2022 年第 4 期；乔健等：《考虑可变环境因素的公共自行车短期需求预测模型》，《计算机应用研究》2022 年第 8 期。

[2] 鄢章华、刘蕾：《考虑服务水平与动态转移规律的共享单车投放策略研究》，《中国管理科学》2019 年第 9 期。

[3] D. Mao, Z. Hao, Y. Wang, et al., "A Novel Dynamic Dispatching Method for Bicycle-Sharing System", *ISPRS International Journal of Geo-Information*, Vol. 8, No. 3.

有研究利用深度学习方法对用户出行的目的地进行了预测，结合长短时记忆神经网络，提出了动态需求预测模型。① 乔健等从统计模型和机器学习算法两个角度详细归纳了现有开展需求预测的常用模型和方法。② 其中，统计模型的建模有较好的可理解性，③ 机器学习算法则具有更高的预测精确性。④ 此外，在开展需求预测模型及方法构建时，现有研究通常考虑可变因素和不可变因素对需求预测的影响。⑤ 其中，共享单车站点的性质等作为不可变因素，在相关研究中逐渐被重视。一些研究在构建模型时考虑了站点的属性，如步行距离、⑥ 兴趣点（Point of Interest，POI）、⑦ 站点土地利用性质⑧等。

---

① J. Jiang, F. Lin, J. Fan, et al., "A Destination Prediction Network Based on Spatiotemporal Data for Bike-Sharing", *Complexity*, Vol. 2019, 2019, p. 7643905; C. Xu, J. Ji and P. Liu, "The Station-Free Sharing Bike Demand Forecasting with a Deep Learning Approach and Large-Scale Datasets", *Transportation Research Part C：Emerging Technologies*, Vol. 95, 2018, pp. 47–60.

② 乔健等：《考虑可变环境因素的公共自行车短期需求预测模型》，《计算机应用研究》2022年第8期。

③ X. Wang, Z. Cheng, M. Trépanier, et al., "Modeling Bike-Sharing Demand Using a Regression Model with Spatially Varying Coefficients", *Journal of Transport Geography*, Vol. 93, 2021, p. 103059.

④ 乔健等：《考虑可变环境因素的公共自行车短期需求预测模型》，《计算机应用研究》2022年第8期；林雨平等：《基于Logistic回归的公共自行车出行特征分析——以福州市为例》，《交通运输研究》2017年第3期；Y. Yang, A. Heppenstall, A. Turner, et al., "Using Graph Structural Information about Flows to Enhance Short-Term Demand Prediction in Bike-Sharing Systems", *Computers, Environment and Urban Systems*, Vol. 83, 2020, p. 101521.

⑤ 乔健等：《考虑可变环境因素的公共自行车短期需求预测模型》，《计算机应用研究》2022年第8期；林雨平等：《基于Logistic回归的公共自行车出行特征分析——以福州市为例》，《交通运输研究》2017年第3期；Y. Yang, A. Heppenstall, A. Turner, et al., "Using Graph Structural Information About Flows to Enhance Short-Term Demand Prediction in Bike-Sharing Systems", *Computers, Environment and Urban Systems*, Vol. 83, 2020, p. 101521.

⑥ Y. Yang, A. Heppenstall, A. Turner, et al., "Using Graph Structural Information About Flows to Enhance Short-Term Demand Prediction in Bike-Sharing Systems", *Computers, Environment and Urban Systems*, Vol. 83, 2020, p. 101521.

⑦ 姜晓等：《基于多尺度时空聚类的共享单车潮汐特征挖掘与需求预测研究》，《地球信息科学学报》2022年第6期。

⑧ 朱才华等：《考虑土地利用的城市公共自行车需求预测》，《华南理工大学学报》（自然科学版）2022年第3期。

第十一章 基于谱聚类和随机森林的用户出行需求预测方法

针对不同站点间出行规律的差异,[1] 本章采用谱聚类的方式进行聚类分析,识别恰当的聚类结果来提升需求预测精度,并且将共享单车站点作为可变因素,通过其差异化分析过程,建立需求预测模型。此外,在构建预测模型时,参考现有研究,[2] 还充分考虑了工作日和休息日的区别,以及天气条件对预测精度的影响。具体来讲,通过对数据进行处理及可视化分析,探究了时间因素、天气因素等对用户需求的影响。最终将模型应用于呼和浩特市共享单车的需求预测,并通过多组实验结果验证方法的有效性,以期为共享单车运营管理部门提供管理决策依据。

第一节 基于随机森林的用户出行需求预测方法

一 数据背景及预处理

本章节的研究数据来源于呼和浩特市城环自行车公司的租车数据集以及呼和浩特市气象站的天气数据。该共享单车系统投入运营站点为 294 个,这些数据涵盖了从 2016 年 5 月 1 日到 8 月 31 日的共享单车骑行记录数据和具体气象数据,包括车辆信息、租还车网点、租还时间记录、租赁网点记录、天气数据等,共计 318 万条骑行记录。获

---

[1] Y. Zhou, M. Zhang, G. Kou, et al., "Travel Preference of Bicycle-Sharing Users: A Multi-Granularity Sequential Pattern Mining Approach", *International Journal of Computers Communications & Control*, Vol. 17, No. 1, 2022, p. 4673.

[2] H. Yang, K. Xie, K. Ozbay, Y. Ma, et al., "Use of Deep Learning to Predict Daily Usage of Bike Sharing Systems", *Transportation Research Record*, Vol. 2672, No. 36, 2018, pp. 92 – 102; 朱玮等:《公共自行车系统影响下居民出行的变化与机制研究——以上海闵行区为例》,《城市规划学刊》2012 年第 5 期; 王陆一等:《中小城市公共自行车出行模式与驱动机制研究》,《地球信息科学学报》2019 年第 1 期; X. Li, Y. Xu, X. Zhang, et al., "Improving Short-Term Bike Sharing Demand Forecast through an Irregular Convolutional Neural Network", *Transportation Research Part C: Emerging Technologies*, Vol. 147, 2023, p. 103984。

取的共享单车系统租车数据量庞大，存在一定的噪声数据。准确有效的数据是后期构建模型的保障，为了更加方便并且准确地对数据集进行分析，我们需要对数据进行筛选，删除重复的信息并修正错误的信息。最终，经过数据预处理后，整理得到的共享单车运营及天气数据见表11-1。

表11-1　　　　　　　共享单车运行及天气数据示例

日期	星期	最低温度(℃)	最高温度(℃)	…	风力等级	湿度(%)	空气指数	出行次数
2016/5/1	星期日	6	20	…	Gentle	28	106	16246
2016/5/2	星期一	2	12	…	Fresh	35	89	15584
2016/5/3	星期二	7	19	…	Gentle	25	59	31126
⋮	⋮	⋮	⋮	⋮	⋮	⋮	⋮	⋮
2016/5/30	星期一	15	30	…	Gentle	31	99	36913
2016/5/31	星期二	13	28	…	Gentle	32	108	36322
⋮	⋮	⋮	⋮	⋮	⋮	⋮	⋮	⋮

二　共享单车站点聚类

共享单车站点存在因潮汐现象带来的出行规律，我们在前期研究中总结了不同站点间出行规律的差异。[1] 图11-1给出了站点需求量的热点图。图中亮色部分代表了在日历时间内站点需求量的变化情况。从图中色条变化情况，我们可以看出，一些站点的用户需求随时间发生变

---

[1] Y. Zhou, M. Zhang, G. Kou, et al., "Travel Preference of Bicycle-Sharing Users: A Multi-Granularity Sequential Pattern Mining Approach", *International Journal of Computers Communications & Control*, Vol. 17, No. 1, 2022, p. 4673.

化。因此，在进行需求预测时应考虑其随时间变化的特点。本章应用谱聚类对其时间特性进行聚类分析。

1 2 7 8 14 15 21 22 23 28 29 3 4 5 6 9 10 11 12 13 16 17 18 19 20 24 25 26 27 30 31

图 11-1 站点用户需求热点图及聚类结果示意

令第 i 个站点第 D_j 天的用户需求为 UsD_{ij}，从而得到数组 $\{D_j, UsD_{ij}\}$。基于该数组，我们应用谱聚类进行聚类分析，① 该算法流程见表 11-2。

---

① Y. Zhou, M. Zhang, G. Kou, et al., "Travel Preference of Bicycle-Sharing Users: A Multi-Granularity Sequential Pattern Mining Approach", *International Journal of Computers Communications & Control*, Vol. 17, No. 1, 2022, p. 4673.

表 11-2　　　　　　　　谱聚类算法流程

输入	输入 $\{D_j, UsD_{ij}\}$ 和聚类数 k
输出	聚类簇 $A_1, A_2, \cdots, A_k$
步骤 1	计算相似度矩阵 W
步骤 2	计算度矩阵 D
步骤 3	计算 Laplacian 矩阵：$L = D - W$
步骤 4	计算矩阵 L 前 k 个特征值的特征向量，并组成矩阵 U
步骤 5	用 K-means 对 U 进行聚类
步骤 6	输出簇 $A_1, A_2, \cdots, A_k$

聚类分析输入的聚类数 K，通常可以应用肘值图等方法确定最优聚类数。在本章研究中，我们将聚类数的最优选择过程设计在需求预测算法中，拟通过最优需求预测精度确定聚类数。

三　预测方法设计

为提升用户出行需求预测的准确程度，需要对影响用户出行的因素进行分析并对数据进行可视化处理。由于用户出行受时间、天气、地理位置因素影响显著，因此本章将聚焦这些因素进行数据可视化处理并分析用户对共享单车需求量的变化规律，其中时间因素包括不同周、工作日与非工作日、不同时间段；天气因素分为温度、（相对）湿度、风速与不同天气类型；租赁网点因素指不同类别网点对用户的需求量会产生不同影响。

由于共享单车系统的运行时间有一定的要求。例如，呼和浩特市共享单车系统的运行时间是 6：00 至 22：00。参考陈红等[①]的做法，在模

[①] 陈红等：《公共自行车使用时空特性挖掘及租还需求预测》，《交通运输系统工程与信息》2021 年第 2 期。

型设计时考虑对每1个小时进行时间段划分,共分为16个时间段,并统计汇总每个时间段的共享单车需求量。在汇总时,统计城市级平均用户需求量,获得的量化数据见表11-3。

表11-3　　　　　　　　　　各时段用户需求量

日期	6时	7时	8时	9时	…
2016/5/5	952	3324	2831	1588	…
2016/5/6	899	3208	2743	1696	…
2016/5/7	588	1728	2166	2127	…
2016/5/8	529	1332	1676	1909	…
2016/5/9	1047	3599	3197	1968	…
…	…	…	…	…	…

此外,在模型设计时还应考虑工作日与非工作日对用户需求的影响。工作日对应数值化形式为1,否则为0。根据表11-1的数据,对天气数据中的天气类型也做了数据量化处理。在量化处理时,参照历史天气情况中的类型,并通过降雨量核实天气类型是否准确,最终给出的具体量化结果见表11-4。

表11-4　　　　　　　　　　天气类型数值形式

天气类型	数值形式
晴	0
晴转多云	1
多云	2
多云转晴	3
多云阵雨	4
暴雨	5

基于此，本章选择时间因素中的星期、工作日或非工作日、16个时段，天气因素中的温度、湿度、天气类型、风速，以及四类租赁网点等共27个指标为特征变量（见表11-5）。

表11-5　　　　　　　　　预测模型特征集

输入变量	数值形式
X1（星期）	1—7（数值型）
X2（工作日）	0—1（布尔型）
X3（6:00—7:00）	数值型
X4（7:00—8:00）	数值型
X5（8:00—9:00）	数值型
⋮	⋮
X18（21:00—22:00）	数值型
X19（最高温）	数值型
X20（最低温）	数值型
X21（平均气温）	数值型
X22（湿度100%）	数值型
X22[风速（m/s）]	数值型
X23（天气类型）	0—5（数值型）
X24（一类网点）	数值型
X25（二类网点）	数值型
X26（三类网点）	数值型
⋯	⋯

基于以上分析，本章从时间纵度、天气因素和站点类别三个方面构建预测指标。共享单车需求量具有很强的随机性、时变性。由于随机森林是引入随机属性选择的决策树 Bagging 集成，即多个相互独立的决策树构建结合后它们的平均值将作为此模型的最终输出结果。接下来，将对决策树和随机森林算法进行介绍。

决策树是机器学习和数据挖掘过程中一种基本的分类和回归算法，利用样本数据自动进行策略抉择，依据其判决规则来预测未知样本的类别和值，基于决策树的模型具有较强可读性，分类速度快且容易理解。最常见的决策树算法主要有 ID 3、C 4.5、C 5.0 和 CART 算法。[①] 决策树以自顶向下的方式进行构建，由节点和有向边组成，其节点有根节点、中间节点、叶节点三种类型。其中根节点表示所有数据样本，中间节点包含判断条件、数据集中条件的数据集合，叶节点表示一个类即最终结果。

决策树学习的本质为从训练集中归纳一组分类判断规则，得到与数据集矛盾较小的最优决策树，从而优化处理新样本的能力，并且可以增强分类模型的泛化能力。这个过程通常经历选择属性、生成决策树与剪枝一系列步骤。决策树的属性度量标准主要包括信息增益、增益比率和基尼系数。

信息增益描述的是信息的无序程度，信息越无序，熵越大：

$$H(X) = -\sum_{i=1}^{n} p_i \log p_i \qquad (11-1)$$

其中，X 属于离散型随机变量，代表取某（有限个）值的事件；p_i 是所有随机变量中取到某值的发生的可能性。

[①] P. Bergmeir, C. Nitsche, J. Nonnast, et al., "Classifying Component Failures of a Hybrid Electric Vehicle Fleet Based on Load Spectrum Data Balanced Random Forest Approaches Employing Uni-and Multivariate Decision Trees", *Neural Computing & Applications*, Vol. 27, No. 8, 2016, pp. 2289 – 2304.

条件熵是指一个随机变量已知,另一随机变量取到某值发生的可能性:

$$H(Y\mid X) = \sum_{i=1}^{n} p_i H(Y\mid X = x_i) \qquad (11-2)$$

其中,$p_i = P(X = x_i)$,即随机变量 X 中取到某值 x_i 的可能性;$H(Y\mid X = x_i)$ 指随机变量 X 取值为 x_i 时 Y 的熵。

信息增益通俗地讲即熵值的变化,信息增益越大,则系统熵值下降越快,可表示为:

$$G(Y, X) = H(Y) - H(Y\mid X) \qquad (11-3)$$

通过熵来定义增益比率:

$$G_R(Y, X) = \frac{H(Y) - H(Y\mid X)}{H(X)} \qquad (11-4)$$

其中,随着 $H(X)$ 的值越大,信息增益比率会越来越小。基尼系数是:

$$Gini(p) = \sum_{k=1}^{K} p_k(1 - p_k) = 1 - \sum_{k=1}^{K} p_k^2 \qquad (11-5)$$

其中,K 表示类的数目,p_k 表示样本点属于第 k 类的概率。

决策树生成算法是依据信息增益、增益比率和基尼系数等标准,选取最优指标,递归地生成决策树,直到不能终止,但这一过程往往存在过拟合问题。决策树模型构建简单、具有较强的可读性、计算量小,但是单个决策树极易受噪声扰动的影响,导致错误的决策结果,并且决策树中过拟合的概率很高;当有很多类标签时,计算可能变得复杂,算法稳定性不高。因此,在决策树的基础上提出了集成学习的思想,以提高算法的稳定性和准确率。

集成学习(Ensemble Learning)的本质是首先按照某种规则产生各不相同的多个学习机器,然后按照一定规则组合多个学习机器,从而获得一个优良的强学习机器。根据个体学习器的生成方式,集成学习方法包括提升法(Boosting)和装袋法(Bagging)。对于 Boosting 集成策略,个体学习器相互有较强的依赖，须串行生成，属于序列化方法；对于 Bagging 集成策略，个体学习器间是没有强依赖关系的，是同时生成的并行化方法。

Bagging 算法是由 Leo Breiman 提出的一种有放回的自助抽样方法。[①] 该方法的实质是通过随机抽取的方式从原始样本集合中抽 n 个样本，得到训练集合，并且所有的个体学习机器是没有强依赖关系的。因此，该算法一方面可以降低机器学习算法的方差，避免过度拟合；另一方面具有同时生成或并行化的特点。

随机森林算法本质属于集成学习算法。具体而言，随机森林是引入随机属性选择的决策树 Bagging 集成，即多个相互独立的决策树构建结合后它们的平均值将作为此模型的最终输出结果。因此，随机是其核心特征，这使得它在保留决策树优点的同时，又能做到提升模型准确程度、改进模型分类水平、具有良好的泛化能力。分类和回归这两类问题可以用它解决。随机森林回归有以下一般过程。

第一，使用 Bagging，通过 Bootstrap 的思想对原始样本数据进行随机抽样（有放回）。

第二，由随机方法构成的若干个决策树组合成随机森林。这个过程包括有放回随机抽样得到训练集以及随机抽取参与构建该决策树的变量，参与变量数目通常远小于可用变量数目。

第三，单个决策树在产生训练集和确定参与变量后，因为无须考虑过度拟合的问题，使用 CART 算法计算，所以不进行剪枝。

第四，基于新数据，随机森林模型的结果按照少数服从多数的原则进行投票，这取决于各个决策树的结果，对于回归问题来说结果是累计结果的均值。因此，随机性是它的核心特征，这使得它在保留

[①] B. Taşcı, A. Omar and S. Ayvaz, "Remaining Useful Lifetime Prediction for Predictive Maintenance in Manufacturing", *Computers & Industrial Engineering*, 2023, p. 109566.

了决策树优点的同时，又能做到提升模型准确程度、改进模型分类水平、具有良好的泛化能力。采用随机森林算法，构建的预测模型如图 11-2 所示。

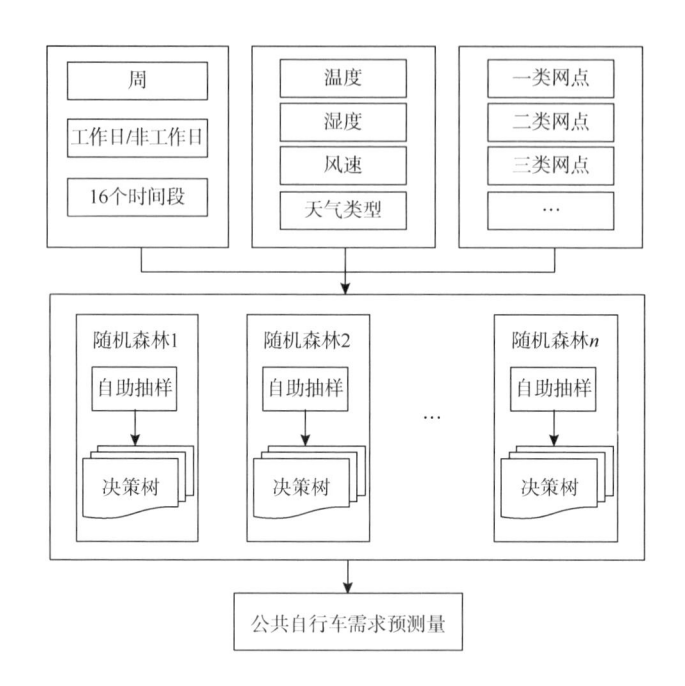

图 11-2 随机森林预测模型

四 参数调整与结果评价

为了提高预测结果的精度，本章对随机森林的参数调整和指标选取部分进行了深入研究。随着决策树数量的增加，模型的精确程度也会越来越高，但同时模型会变得更加复杂，计算时间也相应增长，容易出现过拟合的问题。为此，首先，我们在实验过程中，限定了决策树个数。其次，对于特征选取数目，在森林中每个决策树会从随机选择的特征里找到某个最佳特征，使模型在该特征的某个值上分裂之后得到的效率最大。通过增加特征个数可以提高模型的准确度，因为特征选取数量越少，算法的方差减少，但是同时模型的随机性会降低，偏差会变大。因此，实验中设定特征选取数目从3—9每隔2取值一次。最后，需要确定的是决策树深度的最大值。一般来说，预测性能会随着决策树深度变大而提升。在参数调整过程中，我们得到最佳的决策树个数后，设定决策树深度从3—14每隔2进行取值。

由于该实验是对共享单车需求量进行预测，本质属于回归问题，因此选用均方根误差RMSE和可决系数R^2进行评估。均方根误差是一种度量预测偏离实际差距的指标，表示样本数据的离散程度；对于可决系数R^2，它的最大值为1；模型拟合程度会随着R^2值变小而变差。

$$\text{RMSE} = \sqrt{\frac{\sum_{i}^{n}(p_i - q_i)^2}{n}} \tag{11-6}$$

$$R^2 = 1 - \frac{\sum_{i}^{n}(p_i - q_i)^2}{\sum_{i}^{n}(p_i - \bar{q_i})^2} \tag{11-7}$$

其中，p_i表示预测值，q_i表示真实值的均值，n指样本的数量。

第二节 实验及结果分析

一 站点聚类

基于实验数据进行特征分析时，我们发现不同站点在时间维度上的用户需求有较大差异。因此，实验中采用谱聚类方法对294个站点在时间维度上进行了聚类分析。以聚四类为例，得到的聚类热点图，如图11-1所示，统计得到的各类网点共享单车的需求数量见表11-6。

表11-6　　　　　　　　　各类网点需求数据

日期	一类网点	二类网点	三类网点	四类网点
2016/5/5	8799	5259	4370	9460
2016/5/6	9656	5733	4749	10280
2016/5/7	7643	4612	3778	8440
2016/5/8	7143	4360	3639	8079
2016/5/9	10960	6560	5470	11853
…	…	…	…	…

为显示站点需求的差异特性，以表11-6中的一类网点和四类网点为例，得到的该类站点中的需求变化趋势如图11-3和图11-4所示。

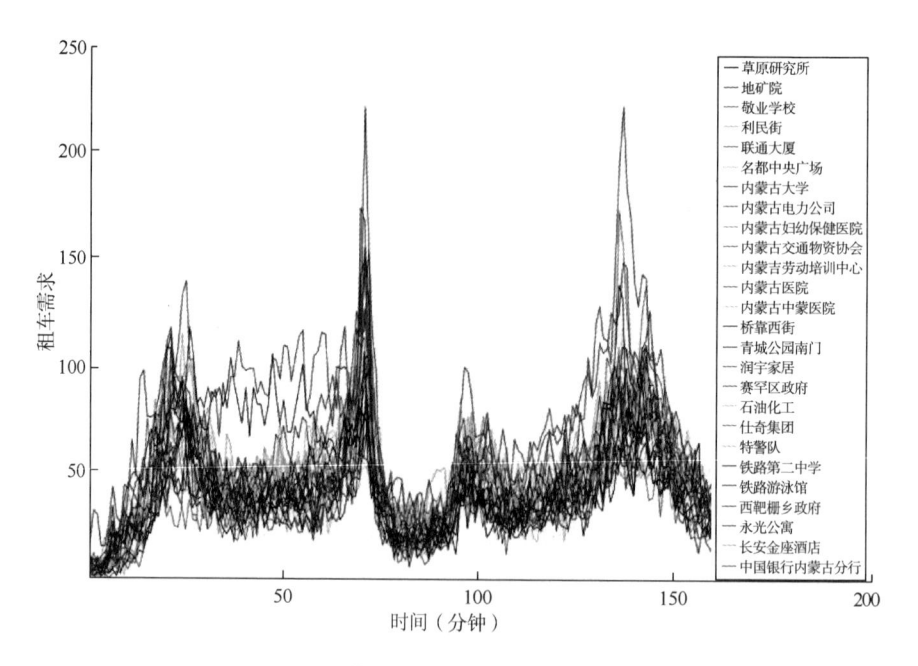

图11-3　四类网点各时段内的需求量变化趋势

第十一章 基于谱聚类和随机森林的用户出行需求预测方法

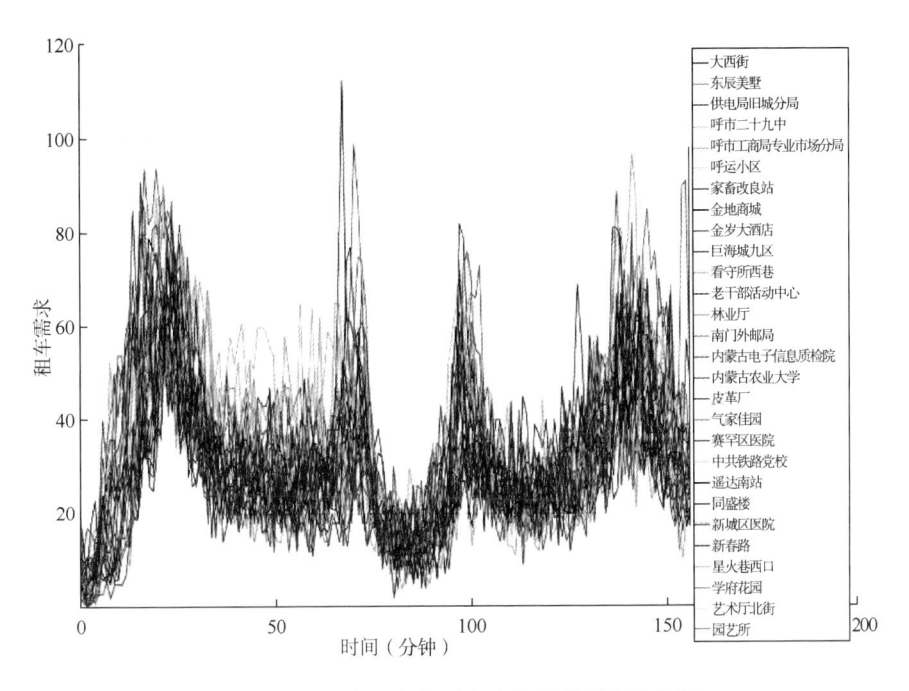

图 11-4 一类网点各时段内的需求量变化趋势

由此可见，不同类别网点下用户需求量随时间的变动较大。人口密集的商业区、办公区、居住区等区域的需求量较大，且呈现明显的高低峰变化。因此，在建立预测模型时应充分考虑不同网点的用户需求差异。此外，聚类数的不同可能会导致需求预测精度的差异，因此在本章实验中我们分别以聚类数 $k=2$，3，4，5 进行需求预测。

二 特征分析

在时间维度，图 11-5 显示了一周内用户骑行量的时间变化规律。由图 11-5 可知，2016 年 6 月公众需求量相比于其他三个月更高，这可能与呼和浩特市当地的温度、光照紫外线程度相关。6 月相比于 5 月温度适宜，相比于 7 月、8 月光照、紫外线程度稍弱，因此单车骑行量更高。此外，用户对共享单车的需求在一周内的变化非常显著，并且与是否为工作日关系密切，4个月中周一至周五用户对单车骑行的需求量明显多于周六日的骑行量。由此可见，不同月份下共享单车需求量在周上的变化规律较为一致，工作日与非工作日的需求量存在明显差别。

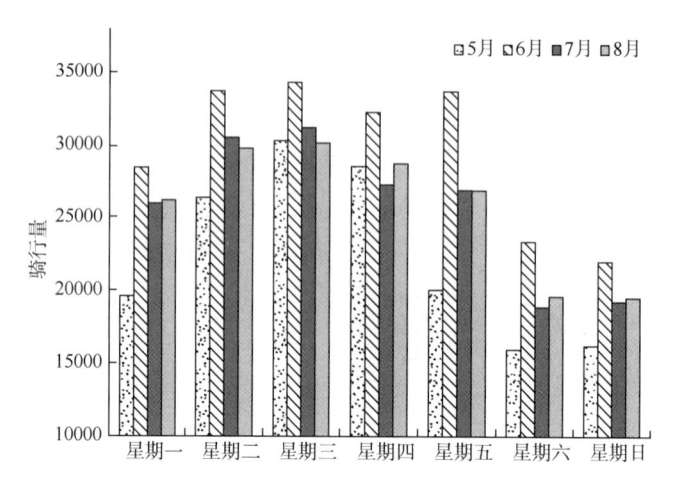

图 11-5　出行需求在一周内的变化情况

共享单车在一天内的骑行量依然呈现高低峰变化。我们以小时为单位，得到各个时间段共享单车平均骑行量，如图 11-6 所示，该图表示在工作日与非工作日的平均需求量的时段变化规律。

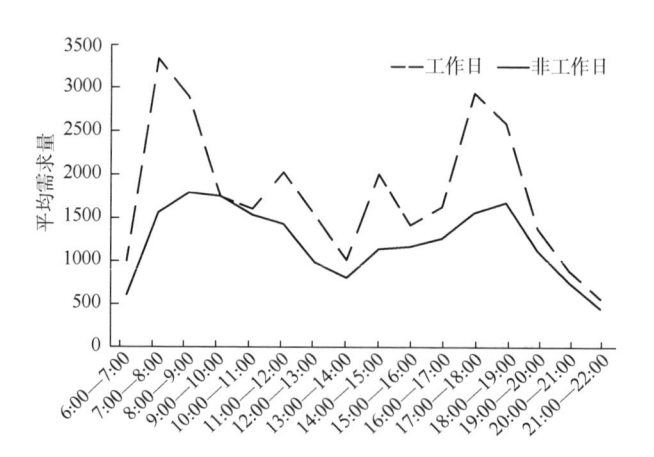

图 11-6　出行需求在不同时段的变化规律

共享单车系统的平均需求量在工作日有明显的"双峰"特征,即在早高峰和晚高峰时刻出行的人数明显增多,对共享单车的需求增加。由图11-6可知,7:00—8:00为早高峰时刻,平均需求量约为3500;17:00—19:00为晚高峰时刻,平均需求量约为3000。正是因为共享单车方便快捷,可以有效解决短途出行"最后一公里"问题,才越来越成为公众早晚高峰出行方式的重要选择之一。此外,"潮汐"现象也进一步加剧了"租时无车,还时无桩"的困境,给运营调度带来困难。在非工作日,用户需求变化较为平缓,与工作日存在明显差别,需求量整体低于工作日。因此,模型构建时将考虑工作日与非工作日对需求量的影响。

在天气方面,用户对共享单车的需求在很大程度上受天气因素影响。首先,分析得到图11-7的温度与用户骑行量的相关关系。由图11-7可知,在14℃—19℃的范围内用户的骑行量较高,适宜温度范围内,随着温度升高,骑行量不断增加,而超出适宜范围,温度过高或过低都会使骑行数量下降。所以温度会对用户出行以及共享单车需求产生重要影响。

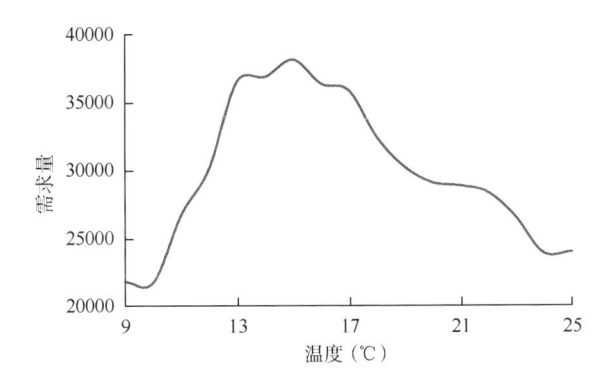

图11-7 需求量与温度之间的关系

图11-8展示了用户需求随湿度的变化情况,湿度也是影响用户需求的一个重要因素。当湿度小于10%时,用户需求量较低;当湿度处于

40%—70%时,用户需求量处于较高水平;当湿度高于70%后,用户需求量呈下降趋势。

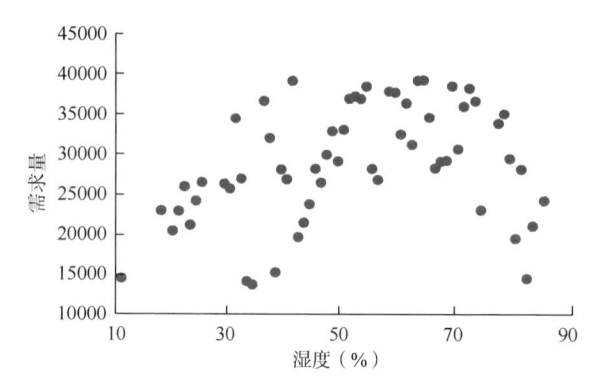

图 11-8 出行量与湿度相关关系

三 共享单车需求预测

对4个月的数据进行随机抽样,选取70%的数据记录作为训练数据集,30%的记录作为测试数据集。由于决策树个数、随机选取的特征数目、决策树深度对模型预测性能有重要影响,在建模过程中通过不断调整参数以获取最佳预测精度。为了验证所提方法的有效性,对照实验分别选取了站点无聚类情形,聚类数分别为2、3、4和5时的预测结果进行对比。5种情形下的模型预测结果见表11-7。

表 11-7　　　　　　　　预测结果比较

模型类别	预测精度(%)	RMSE	R^2
无聚类	85.72	1366.31	0.44
$k=2$	90.88	507.00	0.62
$k=3$	92.53	430.28	0.68
$k=4$	95.20	423.46	0.69
$k=5$	94.91	447.19	0.67

根据表 11-7，当聚类数为 4 时，我们得到最佳的预测精度。一方面说明，考虑站点需求差异能获得更优的预测结果；另一方面，聚类数也会影响预测的结果。本实验中，聚类数为 4 时获得了最优结果。其中，最佳参数组合，即最优决策树个数为 50，最佳的特征数目为 7，最优的决策树最深深度为 7。为了验证模型的预测准确性，我们将模型预测结果与真实需求量进行对比，结果如图 11-9 所示。

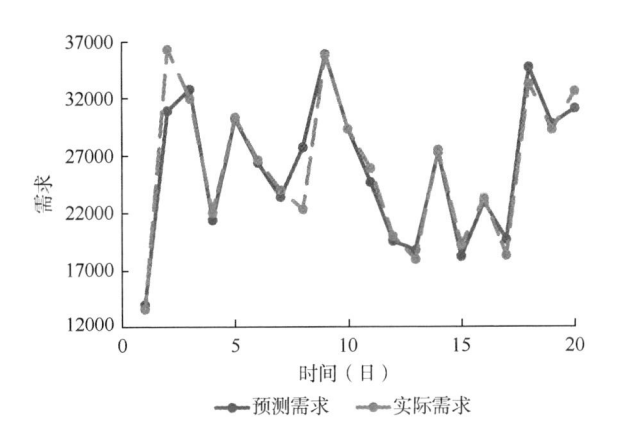

图 11-9 基于随机森林的预测需求对比

由图 11-9 可知，在预测的时间段内，共享单车的需求预测曲线与实际需求数据大体相符，图中虽然也存在部分预测需求与真实需求的偏差，但是整体需求预测曲线与实际数据的曲线拟合程度比较高。通过评估模型，模型的均方根误差起初为 835.18，经过最优参数选取，均方根误差已经下降为 423.46。经过交叉验证，该预测模型的平均准确率为 95.2%，说明模型具有较好的预测效果。

第三节 本章小结

本章基于呼和浩特市共享单车出行数据，进行数据处理及可视化分析，探究了时间因素、天气因素、租赁网点类别对用户需求的影响。由于租赁网点的特征具有时空差异，本章应用谱聚类方法量化了租赁网点的差异，从而构建了考虑包括时间因素、天气因素、租赁网点类别因素在内的 27 个特征属性，并给出了基于随机森林的预测模型。经过模型调优，获得了最佳参数组合，即最优决策树个数为 50，最佳的特征数目为 7，最优的决策树最深深度为 7。经过交叉验证，该预测模型将平均准确率从 85.72% 提高到 95.2%。与现有文献[1]相比，提高了预测精度，能为共享单车的优化调度提供更有效的参考依据。

当然，本章的研究还存在一些不足。首先，实验数据有待进一步补充。数据仅涵盖 5—8 月的数据，因此不能分析年度、季节等时间因素对共享单车需求量的影响。其次，实验的输出结果是每天的需求量预测。由于用户需求具有明显的高低峰特征，如果数据有效，进行各时段的需求量预测会更有意义。最后，基于预测结果开发调度优化模型，辅助共享单车管理决策值得进一步探讨。

---

[1] 刘恒孜等：《共享单车需求预测及调度优化》，《科学技术与工程》2021 年第 35 期。

第十二章 模型结果应用

第一节 系统可用性优化

为了防止共享单车的长期可用性减少,应该进行适当的预防性维护活动。根据长期可用性变化趋势,将共享单车聚类于相似的类别中。因此,应根据各类型的可用性变化趋势建立预防性维护模型。

假设对取消租赁事件的惩罚为 C_0。随着共享单车可用性水平的下降,取消租赁事件将会更加频繁地发生。其中,CR_j 为共享单车取消租赁事件的平均累计次数。所以,共享单车的累计惩罚 CP 是:

$$CP = C_0 \times CR_j \qquad (12-1)$$

其中,CR_j 通过可用性均值函数计算出,该函数可以在可用性的 FP-CA 中得到。可以在适当的时间进行预防性维护,以减少共享单车的劣化或可用性下降。假设共享单车的预防性维护成本为 C_p,预防性维护周期为 T。共享单车的成本率 C_r 为:

$$C_r = \frac{C_p + CP}{T} = \frac{C_p + C_0 \times CR_T}{T} \qquad (12-2)$$

其中,随着 T 增加 C_p/T 将减少,而 $(C_0 \times CR_T)/T$ 将会增加。因此,通过最小化公式(12-2)中的成本率 C_r,可以得到最优预防性维修时间间隔 T^*。

共享单车作为 BSS 最重要的设备,有必要根据其运行状态对单车进行设计和定期维护。定期维护可以通过故障排除来提高共享单车的可用性,从而提高 BSS 的运行能力。假设目标 BSS 中的预防性维修优化是一个无约束优化问题。换句话说,在这个优化问题中不存在可用性改进的约束。唯一的优化目标是最小化维护成本率。因此,采用批量梯度下降算法求解基于取消租赁样本的最优预防性维修时间间隔 T^*。为简化优化模型,设罚金 $C_0 = 1$ 元,则在不同的预防性维护费用 C_p 元下,确定最优预防性维护时间间隔 T^*。第一类和第三类共享单车的结果如图 12-1 和图 12-2 所示。

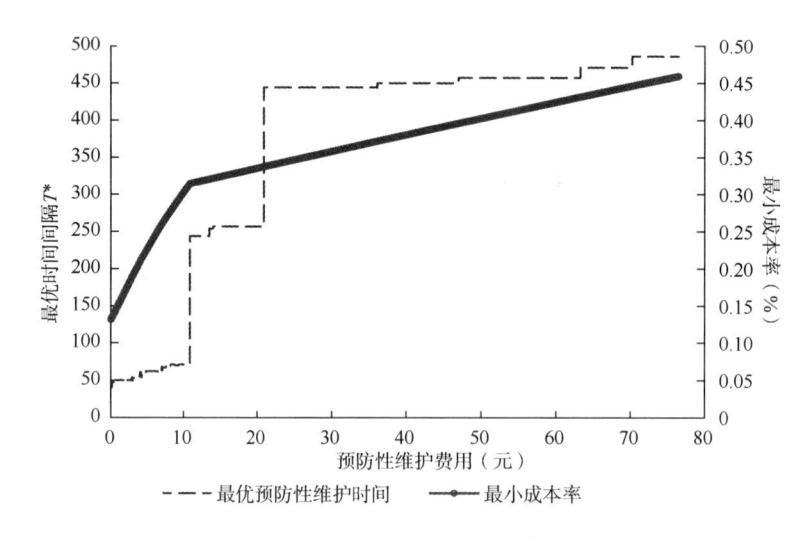

图 12-1 第一类共享单车最优预防性维护时间间隔

如图 12-1 和图 12-2 所示,虚线为最优预防性维护时间间隔,实线为不同预防性维护成本下的最小成本率。可以看出,对于第一类和第三类共享单车,可以得出三种明显的基于时间的预防性维护策略(见表 12-1)。但对于这两类共享单车而言,优化结果难以明确。在我们看来,这种类型的共享单车可用性趋势可能是由可用性指数本身引入的,也可能是通过共享单车的初始可用性水平引入的。由于资料有限,这里就不做深入分析。

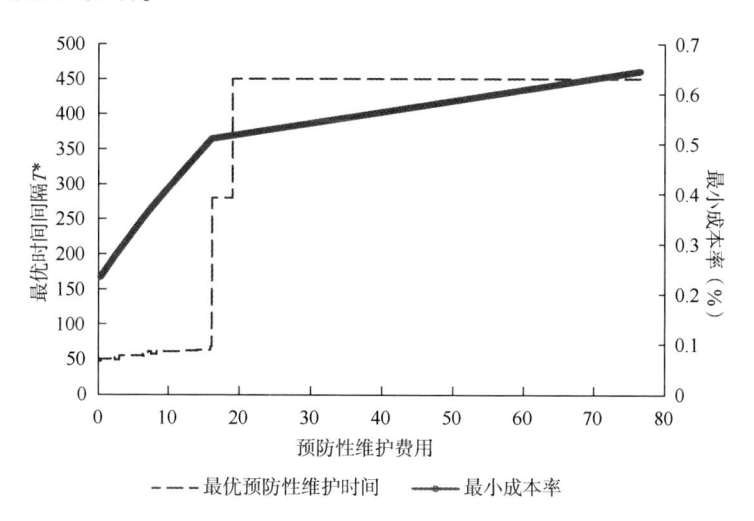

图 12-2 第二类共享单车最佳预防性维护时间

表 12-1　　　　　　　　　基于时间的预防性维护策略

类型	C_p 的范围	预防性维护时间间隔 T^*	成本率 C_r 范围
第一类	$C_p \leqslant 10.8632$	$40 \leqslant T^* \leqslant 72$	$0.2294 \leqslant C_r \leqslant 0.3144$
	$10.8632 < C_p \leqslant 20.9374$	$244 \leqslant T^* \leqslant 257$	$0.3144 < C_r \leqslant 0.3374$
	$C_p > 20.9374$	$444 \leqslant T^* \leqslant 486$	$0.3374 < C_r \leqslant 0.4590$
第二类	$C_p \leqslant 6.0015$	$49 \leqslant T^* \leqslant 53$	$0.4089 \leqslant C_r \leqslant 0.5252$
	$C_p > 6.0015$	$1082 \leqslant T^* \leqslant 1112$	$0.5252 < C_r \leqslant 0.5895$
第三类	$C_p \leqslant 16.1399$	$47 \leqslant T^* \leqslant 68$	$0.2294 \leqslant C_r \leqslant 0.5102$
	$16.1399 < C_p \leqslant 19.0303$	$T^* = 280$	$0.5102 < C_r \leqslant 0.5167$
	$C_p > 19.0303$	$T^* = 450$	$0.5167 < C_r \leqslant 0.6444$

可以看出，基于时间的预防性维护策略与预防性维护成本 C_p 的关系为预防性维护成本越高，预防性维护时间间隔越长。从灵敏度分析

的角度来看,优化结果具有很强的鲁棒性。以第一类共享单车为例,当 $10.8632 < C_p \leqslant 20.9374$ 时,最优预防性维护时间间隔为 $244 \leqslant T^* \leqslant 257$。预防性维护的时间间隔范围为 13 天,这意味着第一类的 1359 辆共享单车有足够的预防性维护调度时间。因此,优化结果为目标 BSS 提供了非常灵活的预防性维护策略。

第二节 预防维修管理决策

利用相对可用性等级排名结果,可以对故障共享单车进行快速检测和定位。当一辆共享单车开始被用户取消租赁时,共享单车健康状况不佳的隐藏信息已经被释放了。随着用户取消租赁事件的增加,这意味着共享单车确实处于糟糕的健康状态,开始影响用户的选择甚至满意度。如果对无法使用的共享单车置之不理,将会有更多的用户取消租赁活动的情况。因此,及时介入检查和维修活动是必要的。造成用户退租单车的现象原因有很多,因而无法确定是否是由于共享单车的健康状况不佳引起的,特别是当用户取消租赁事件发生的频率较低时。如果出现过多的用户取消租赁事件,并且对共享单车放任不管,可能会耽误对共享单车的检查和维护。延误故障共享单车的检查和维护,将导致更多的损失和运营风险。在本节中,将进行机制设计,进行早期故障预警和维护管理。

假设对一辆可用性较差的共享单车,用户取消租赁事件的数量随时间 t 的增加而增加。设任意一辆共享单车取消租赁事件的数量为 UCR,UCR 可由共享单车的现场取消租赁数据确定。通过表 6 - 10 的用户出行数据可知,如果不检查健康状况较差的共享单车,用户退租单车的频次会随着天数的增加而增加,如图 12 - 3 中虚线所示。

然后我们拟合 UCR 为:

$$UCR = 1.1887 \times t^{1.3698} + 5.7052 \qquad (12-3)$$

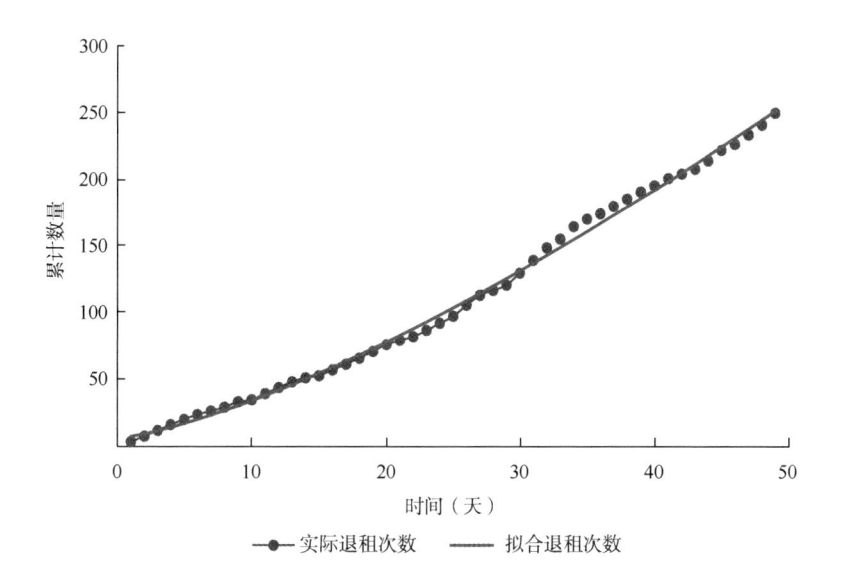

图 12-3 共享单车取消租赁次数趋势拟合结果

拟合结果如图 12-3 中的实线所示。随着用户取消租赁事件的发生，将导致更多的损失、不满和运营风险。假设任何共享单车取消租赁事件的罚款成本是常数 C_p。所以，共享单车的累计罚款额 CP 为：

$$CP = C_p \times UCR \tag{12-4}$$

为了获得共享单车故障信息的有价值反馈，只有用户的反馈被认为是实用的，才能获得现金返还，设奖励为 R_f。因此，鼓励用户反馈共享单车故障信息的最佳时间 t^* 可以通过最小化成本率来确定：

$$C_r = \frac{R_f + CP}{t} = \frac{R_f + C_p \times UCR}{t} \tag{12-5}$$

举一个数值例子作为说明。令惩罚代价 $C_p = 10$，$R_f = 5$。我们对公式（12-5）取最小值计算，可以得到最佳时间 $t^* = 7$。当然，越早收到有价值的反馈，决策就越好。随着取消租赁数量的增加，如果超过最佳时间（$t^* = 7$）仍未获得有价值的反馈，应安排工作人员对共享单车进行现场检查。

设计的检测系统用于鼓励用户参与共享单车故障的在线反馈。根据共享单车的相对可用性水平的排名,前 n 名最差的共享单车,应该得到更多的关注。受维修人员、车间等维护资源的限制,每天的维护工作量是有限的。因此,排名前 n 位的共享单车可以有不同的处理模式。在线检测人员需要识别出完全不能使用的共享单车,并尽快将现场检测维修方案分配给工作人员。同时,应采取早期故障预警和维修时间选择策略。

在确定最优时间的过程中,可以产生一个取消租赁数阈值。在给定的数值例子中,$UCR^* = 23$ 可以通过最小化公式(12 – 3)得到。也就是说,当累计取消租赁次数超过23次时,应鼓励用户立即反馈共享单车故障信息。除网上发现的完全无法使用的共享单车外,如果取消的租赁数量超过预警阈值23辆,或在前 n 名最差单车上停留超过7天,这类共享单车应安排检查员进行现场检查。根据这一策略,排名前100的最糟糕的单车中有20%应该提前收到警告。在这个案例研究中,我们关注可用性排名结果,以及如何应用这些结果来支持管理人员改进检查和维护管理。

第三节 基于真实需求预测的调度优化

由于用户在不同时间段下的骑行需求不同,导致共享单车无车可租、无桩可还的现象频频发生,使共享单车在出行方式中的分担率直线下降。因此,本节将以第十章中真实需求的预测结果为依据,以成本最小为目标函数建立调度模型,从而对共享单车系统的再平衡进行深入研究,在提高用户满意度的同时尽可能地减少共享单车系统的运营成本。

一 共享单车调度问题研究

与以往的 VRP（车辆路径）问题相比，由于共享单车具有高灵活性，因此对其调度系统的效率也有更高的要求。在一定的约束条件下，对共享单车系统进行合理的调度可以增加共享单车的利用率，进而提高用户满意度。

在对共享单车系统的调度进行研究时，需要将共享单车、站点、调度中心、目标函数等作为构成要素纳入考虑范围。假设所有共享单车都具有相同质量和运输条件，同时，调度车也具有相同的行驶速度和容量，不考虑其内在因素对调度产生的影响。以下是本节所建立的调度模型中涉及的调度内容。

（1）共享单车调度时间段

从以往对用户骑行偏好的研究发现，租车用户在早中晚高峰达到最大租车需求，因此会出现无车可租、无桩可还的现象。基于此，共享单车系统的管理人员应该在高峰时刻增加调度频率，从而满足用户的租车需求，提升用户的满意度。此外，在平峰时刻也要判断是否需要降低调度频率以减少共享单车系统的运营成本。基于以上考虑，本节将对早中晚的高峰时间段进行区域调度研究，判断高峰时间段下的调度路线。

（2）共享单车调度区域

由于城市中的共享单车站点分布不集中，对所有的站点进行整体调度不仅会增加难度也会增加成本，基于此本节选择区域进行调度研究。随机选取 15 个距离较近的站点作为一个调度区域进行研究。

（3）共享单车调度需求量

将第十章预测模型中实际值和预测值的差值作为调度需求量，从而判断各站点需要调入或调出的车辆数。

（4）共享单车调度路径

由于站点间的行驶距离以及不同站点间需求量的差异性，调度车在调度过程中有多种可以选择的路径，因此，本节在约束条件下，以共享单车系统的运营成本最小为目标函数，确定最优的调度路径。

二 调度模型建立

作为一个复杂系统问题，共享单车系统的调度模型会受到很多参数以及条件的影响，为了使调度模型得到更优的调度路径，首先对模型进行了以下假设。

第一，调度区域：由站点和调度中心组成。首先在调度过程当中，由于各个站点距离较近且需求量较小，因此假定一辆调度车即可完成一个区域的调度工作。其次，不考虑外界及其他因素对调度车产生的影响，调度车的容量及行驶里程也会事先设定。假定站点之间的调度最多跨越2个站点，比如调度路线为1—2—3；站点1需求量为10，站点2需求量为-5，站点3需求量为-2（负数代表调入，正数代表调出），此时站点1可向站点2、站点3分别调入各自需要的数量。

第二，调度中心及站点：调度区域中有多个站点，由于站点间的需求不同，需在调度区域中建立一个调度中心，调度车由此出发完成调度，最后回到调度中心。

第三，共享单车：假设共享单车具有相同的质量、型号且总量固定。此外，共享单车只有在桩和被骑行两种状态。

第四，时间间隔：调度过程以1个小时为周期，对一个周期内的租还需求进行统计和预测，假设站点的调度需求周期内不发生任何变化，每个站点也都有可以接受的时间窗口。

对建模过程中所需要的变量和参数，本节进行了说明，具体见表12-2和表12-3。

表 12-2 参数符号及含义

参数	含义
t	$t=1,2,3\cdots$ 表示需要调度的时间段
v	$v=1,2,3\cdots$ 表示调度车辆
B_i^0	调度区域初始共享单车数量
U_t^i	站点 i 在 t 时间段内的借还车数量
A_t^i	站点 i 在 t 时间段内对车辆的需求
Q	调度车所能承载的最大共享单车数量
C_v	调度车的固定成本
E_v	调度车的行驶成本
ω	惩罚成本
t	调度过程中,每辆共享单车的调度时间
d_{ij}	两个站点之间的距离
t_{ijv}	调度车在两个站点间的行驶时间

表 12-3 决策变量符号及含义

变量	含义
y_{ijv}^t	某时间段内调度车对 i,j 站点的任务完成情况,完成为 1,反之为 0
x_{ijv}^t	某时间段内站点 i 向站点 j 的调入量
$z1_{ij}^t$	站点 i 对站点 j 的调入量($\geqslant 0$)
$z2_{ij}^t$	站点 i 对站点 j 的调出量($\geqslant 0$)
ts_{iv}	调度车的服务时间
TU_{ijv}^t	调度车的超时时长

根据上文对参数和变量的定义，构建以成本最小为目标的调度模型，具体如下：

$$\min Z = C_v \sum_{t \in T} \sum_{i=1}^{N} \sum_{j=1}^{N} \sum_{v=1}^{V} y_{ijv}^t + E_v \sum_{t \in T} \sum_{i=1}^{N} \sum_{j=1}^{N} \sum_{v=1}^{V} d_{ij} y_{ijv}^t$$

$$+ w \sum_{t \in T} \sum_{i=1}^{N} \sum_{j=1}^{N} \sum_{v=1}^{V} T U_{ijv}^t \quad (12-6)$$

其中，满足以下约束条件：

$$B_i^t = B_i^{t-1} + \sum_j z1_{ij}^{t-1} - \sum_j z2_{ij}^{t-1} - u_t^i, \forall i \in 1, t \in 2, \cdots T$$

$$(12-7)$$

$$B_i^{t+1} \geqslant A_i^t \ \forall i \in I, \ t \in T \quad (12-8)$$

$$x_{ijv}^t \leqslant Q, \ i, j \in I, \ t \in T, \ v \in V \quad (12-9)$$

$$TU_{ijv}^t \geqslant (t_{ijv} + ts_{iv} + ts_{jv} - 1) \ \forall v \in V \quad (12-10)$$

$$ts_{iv} \geqslant \sum_j z1_{ij}^t * \overline{t}, \forall i \in I, v \in V, t \in T \quad (12-11)$$

$$ts_{iv} \geqslant \sum_j z2_{ij}^t * \overline{t}, \forall i \in I, v \in V, t \in T \quad (12-12)$$

$$z1_{ij}^t = z2_{ij}^t \ \forall i, j \in I, \ t \in T \quad (12-13)$$

$$y_{i,j,v}^t \geqslant y_{i,j,v+1}^t \ \forall i, j \in I, \ t \in T, \ v \in V \quad (12-14)$$

$$\sum_{i=1}^{N} \sum_{j=1}^{N} d_{ij} x_{ijv}^t \leqslant D_v \ \forall t \in T, v \in T \quad (12-15)$$

$$y_{ijv}^t \in \{0, 1\}, \ \forall i \in I, \ v \in V, \ t \in T \quad (12-16)$$

$$x_{ijv}^t, z_{ij}^t, B_i^t, ts_{iv}, TU_{ijv}^t \geqslant 0 \ \forall i, j \in I, \ t \in T, \ v \in V \quad (12-17)$$

以调度总成本最小为目标函数，其中总成本包括调度车的固定成本、行驶成本以及惩罚成本。约束条件公式（12-7）表示调度区域当前车辆总数等于上一阶段末调度后的车辆数，公式（12-8）表示区域内共享单车的总量要超过用户的总需求，公式（12-9）对调度车的容量进行了限定，公式（12-10）至公式（12-12）对调度时间进行设定，公式（12-13）表示调入站点 j 的共享单车数量等于调出站点 i 的车辆数，公式（12-14）对调度车的数量进行判断，公式（12-15）规定调度车的行驶距离不能超过其最大行驶距离，公式（12-16）、公式（12-17）表示对变量的约束。

NP-Hard 问题中主要就是车辆调度及路径优化的研究，其意思是问题的求解难度会受到数据量以及问题规模的影响，当数据量过多时会增加求解难度。而且对于该类问题，目前不存在最优解。因此，在研究过程中，为了得到最优解，学者都会选择较好的算法，现在大多都通过启发式算法和精确算法求解该类问题。

对于小规模、数据量小的调度问题一般都选择精确算法求解。反之对拥有大量数据的问题一般用启发式算法求解。像遗传算法、粒子群算法以及模拟退火等都属于常见的启发式算法。

共享单车的调度问题作为非线性复杂优化问题，用遗传算法求解具有较强的鲁棒性。因此，本节对共享单车的调度通过遗传算法求解，从而使得结果更加准确。

以生物系统中适者生存的规律为依据，遗传算法在模拟的过程中不断得到最优解。该算法的主要特点是不需求导就可以操作结构对象，也无须对函数进行限定，对全局而言也具有很强的寻优能力，并且在搜索最优解的过程中，该算法可以自动指导优化搜索空间，自适应地对搜索方向进行调整从而求得最佳解。遗传算法具体流程如图 12-4 所示。

根据本章所研究的车辆调度问题，对遗传算法的设计思路如下。

第一，编码：算法的编码过程采用了自然数编码法，即 012345，各编码元素分别表示站点。举例来说，若现有 n 个站点，共 m 辆共享单车为其服务，m，$n=1$，2，$\cdots$，其中配送中心用 0 表示。当配送中心增加到 $m-1$ 个时即可形成 m 条路径进行配送。假若 $n=7$，$m=2$，对七个站

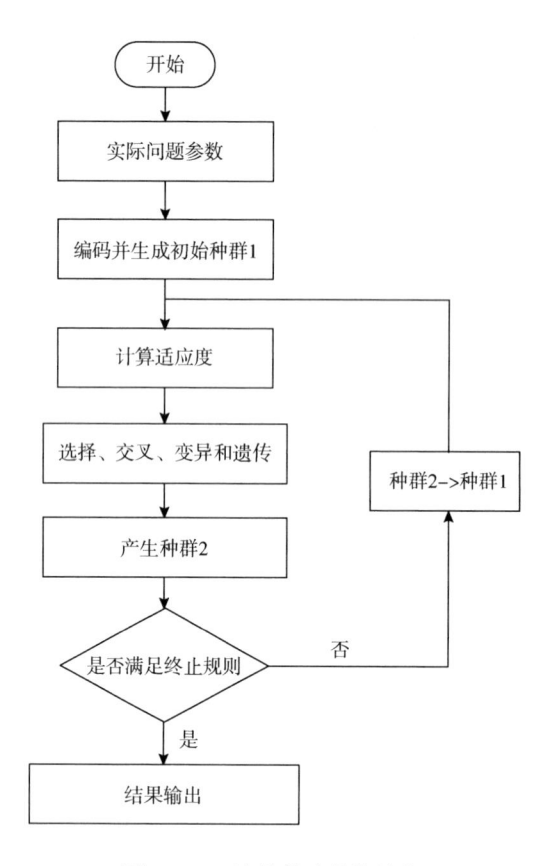

```
                    ┌─────────┐
                    │  开始   │
                    └────┬────┘
                         ↓
                ┌─────────────────┐
                │  实际问题参数   │
                └────────┬────────┘
                         ↓
                ┌─────────────────┐
                │编码并生成初始种群1│
                └────────┬────────┘
                         ↓
                ┌─────────────────┐
                │   计算适应度    │←──────┐
                └────────┬────────┘       │
                         ↓                │
                ┌─────────────────┐       │
                │选择、交叉、变异和遗传│   │
                └────────┬────────┘   ┌───┴──────┐
                         ↓            │种群2->种群1│
                ┌─────────────────┐   └───┬──────┘
                │   产生种群2     │       ↑
                └────────┬────────┘       │
                         ↓                │
                      ◇否────────────────┘
                   是否满足终止规则
                      ◇
                      │是
                      ↓
                ┌─────────────────┐
                │   结果输出      │
                └─────────────────┘
```

图 12 – 4　遗传算法具体流程

点随机生成初始数值 3671542，将虚拟中心随机插入得 360715042，即得到三种配送路线，即 0—3—6—0，0—7—1—5—0，0—4—2—0，因此形成的染色体为 3671542。

第二，适应度函数：适应度函数通过搜索个体的特征影响算法的收敛速度以及最优解，个体越优产生的函数值就越大。适应度函数的计算如下：

$$F(x_i) = \frac{f(x_i)}{\sum_{i=1}^{n} f(x_i)} \qquad (12-18)$$

其中，x_i 表示不同个体，$i=1, 2, \cdots, n$。

第三，选择、交叉、变异和遗传：遗传算法可以通过选择算子寻找要遗传到下一代群体中的个体，通过轮盘赌的方式将适应度函数值较高的个体选择出来。对于配对好的基因序列，可以通过交叉算子对一部分基因序列进行交换从而生成新的基因序列，本节使用两点交叉实现该过程，还通过逆转变异法提高找到最优解的概率。

第四，终止规则：当迭代次数达到算法设定的 k 值后，算法自动停止运算，并将过程中的最优解输出。

三 数值算例

为了验证所建立的调度模型以及遗传算法，本节选取第十章中呼和浩特市共享单车系统的真实需求和显性需求作为数据来源，通过 Python 软件实现编程，并对结果进行详细分析。

根据前文对租车用户骑行偏好的研究可知，共享单车在早中晚高峰时期下的租还频次最高，其余时间段用户对共享单车的需求相对较少。基于此可以认为在非高峰时期，通过其本身的运营，共享单车系统可以自己达到平衡状态。但在早中晚的高峰时刻，由于站点租还频率较高难以自主平衡，因此在高峰期需要人工调度进行再平衡。

由于不同通勤类别中用户需求存在明显的差异从而导致高峰期租还不均衡，因此本节随机选择该类别下的 15 个站点作为一个调度区域进行模型的求解。以经纬度分别作为横纵坐标建立站点的分布状况，具体如图 12-5 所示。

以 2016 年 8 月 31 日为例，根据第十章中 LSTM 模型求得各个站点的真实需求和显性需求及预测结果计算出高峰时期下的调度需求量，判断各站点的需求情况，具体见表 12-4。

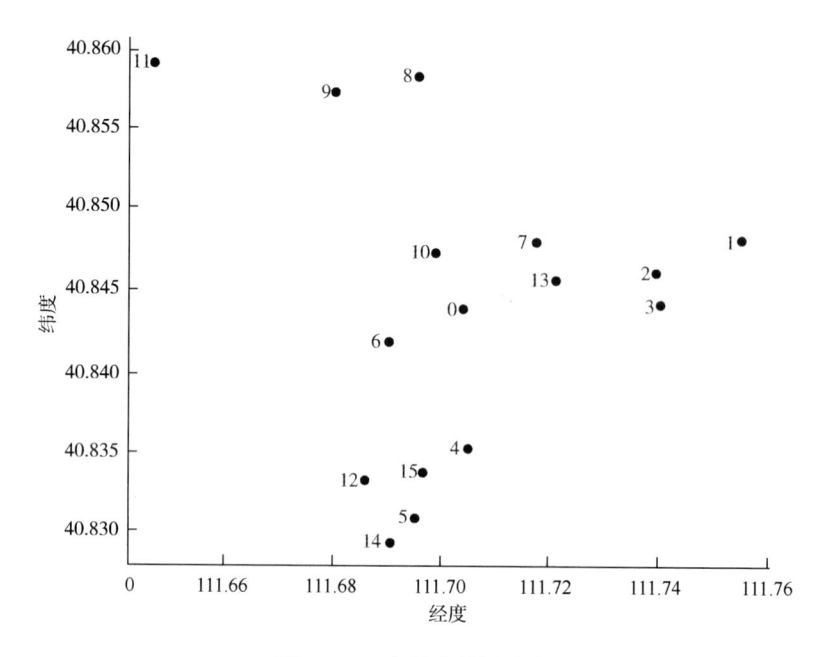

图 12-5　各站点位置分布

表 12-4　　　　　　　　　　　各站点的需求情况

序号	站点名称	坐标 X	坐标 Y	真实需求量	显性需求量	调入说明
1	市政府	111.755426	40.848119	-10	-4	调出
2	内蒙古教育厅	111.739961	40.846132	12	5	调入
3	内蒙古政协	111.740818	40.844128	13	8	调入
4	交通设计院	111.704874	40.835108	-4	-1	调出
5	鼓楼广场	111.695257	40.83081	-3	-4	调出
6	内蒙古医院	111690564	40.841826	5	3	调入
7	呼铁佳园	111.717505	40.847953	-6	-4	调出
8	名都中央广场	111.695671	40.858265	10	7	调入
9	呼和佳地	111.680633	40.857369	12	9	调入

续表

序号	站点名称	坐标 X	坐标 Y	真实需求量	显性需求量	调入说明
10	海天花园	111.69933	40.847253	-2	-2	调出
11	金地商城	111.647486	40.859091	3	1	调入
12	内蒙古广播电视局	111.68633	40.833154	1	1	调入
13	艺术厅北街	111.721371	40.845575	3	0	调入
14	芳汀花园	111.690902	40.829282	11	7	调入
15	电子信息质检院	111.697413	40.833613	-2	-1	调出

模型求解过程中，将调度区域的中心作为调度中心。调度车从调度中心出发，完成对各个站点的调度后再回到调度中心，经过对遗传算法中参数的调整，最终得到的目标函数和遗传算法的参数取值情况，见表 12-5 至表 12-6。

表 12-5　　　　　　　　　目标函数参数取值

参数符号	取值	说明
Q	100	调度车对共享单车的最大承载数量
C_v	100	调度车的固定成本
E_v	4	每公里调度车的行驶成本
ω	80	调度车在周期内未完成任务的惩罚
$\bar{t}$	60	1 个小时内能调度的最大共享单车数量
D^v	80	调度过程中调度车的最远行驶距离

表 12-6　　　　　　　　　遗传算法参数取值

参数	数值	参数	数值
种群大小	100	变异概率	0.05
交叉概率	0.90	最大迭代次数	600

依据上文中的参数设置,对上文中提到的调度区域进行模型求解,优化过程如图 12-6 所示,可以看出当迭代次数达到 100 次时,目标已经趋于稳定。

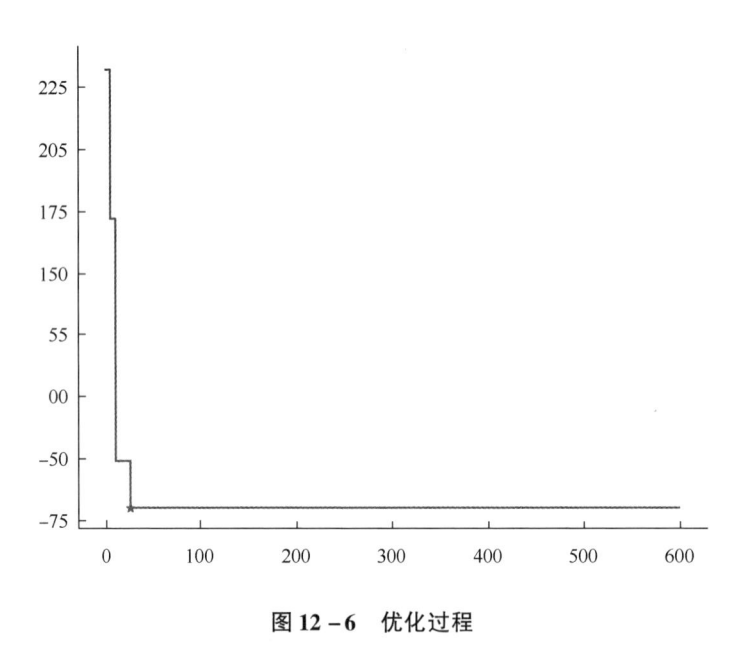

图 12-6 优化过程

最终得到真实需求下共享单车的调度方案为,0 →1 →11 →10 →8 →9 →7 →12 →3 →13 →5 →15 →2 →6 →4 →14 →0;得到显性需求下共享单车的调度方案为,0 →3 →5 →14 →12 →10 →2 →9 →1 →6 →8 →7 →15 →11 →4 →13 →0。具体行驶路径如图 12-7 所示。其中,以 15 个站点的经纬度作为坐标轴绘制站点分布情况,取整个调度区域的中心 0(111.70350,40.84360)作为调度中心。调度车在各站点间的行驶方向用有向箭头标出,在多种约束条件的限制下,经过大量计算得到调度车在真实需求和显性需求下的最佳调度路线。可以看出真实需求和显性需求下都只需要 1 辆调度车就可以完成所有的调度。

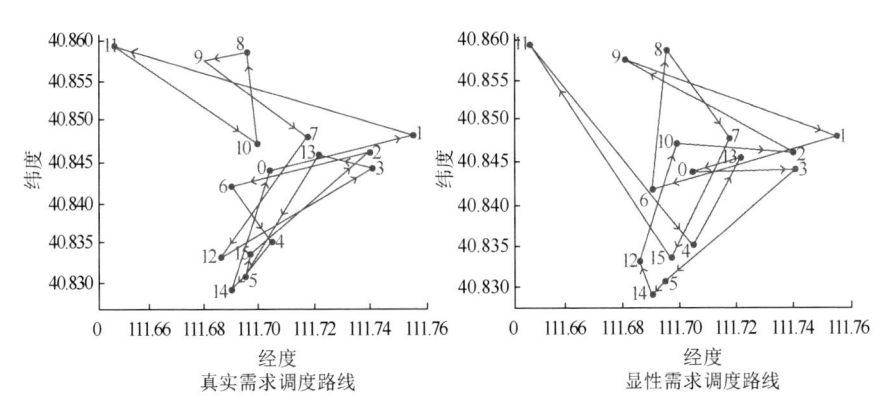

图 12-7 调度车配送路线

此外，表12-7给出了真实需求和显性需求在每个过程中依次的调度量和在运量。在各调度阶段的调度量中，负值表示在当前阶段调度车要从站点调出车辆，正值则表示调入。可以看出真实需求和显性需求的调度量存在差异，原因在于真实需求下的调度方式考虑了隐性需求。对于在运量而言，由于各站点的需求不同，显性需求下的在运量一直减少，最大在运量则为初始调度车的载运量，而真实需求下的在运量呈现出了先增加后减少的趋势。

表 12-7 各阶段调度数量

调度阶段		1	2	3	4	5	6	7	8	9	10	11	12	13	14	15	16
显性需求	调度量	0	8	-4	7	1	-2	5	9	-4	3	7	-4	-1	1	-1	0
	在运量	30	22	26	19	18	20	15	6	10	7	0	4	5	4	5	5
真实需求	调度量	0	-10	3	-2	10	12	-6	1	13	3	-3	-2	12	5	-4	11
	在运量	43	53	50	52	42	30	36	35	22	19	22	24	12	7	11	0

表12-8也给出了调度过程中的初始装载量和调度总量。对于显性需求而言，调度车的初始装载量为30辆，整个调度过程中调度总量为57辆车。而在考虑隐性需求后，真实需求在调度过程中的初始装载量为

43 辆，调度总量为 82 辆。由于调度车对共享单车的最大承载量为 100 辆，因此两种需求下都只需要 1 辆调度车就可以完成所有调度，两种需求下的成本差距微乎其微。可以看出在相近的运输成本下，真实需求下的调度方式能在一定程度上缓解用户借车难的问题，从而减少高频用户的流失。

表 12 - 8　　　　　　　　　　具体调度情况

调度阶段	初始装载量	调度过程中的调度总量
显性需求	30	57
真实需求	43	82

本节对前文的预测结果进行了应用研究。首先建立了高峰时间段下的共享单车调度模型。由于非线性复杂问题中遗传算法的稳定性，本节选择该算法进行求解。最后以呼和浩特市共享单车系统的真实需求和显性需求为依据对模型求解，得到成本最小的调度路径，同时也验证了遗传算法的有效性。

第四节　检修路线优化

对于故障的共享单车，应及时安排回收维修任务，防止故障单车继续停在站点中，影响用户出行安全以及增加维修成本。因此，为了解决故障共享单车检查维修的路径问题，本节运用了遗传算法进行求解。由于站点间的行驶距离以及在不同站点中故障单车的数量不同，检修卡车在规划检修路线时方案不唯一。若选择合理可行的优化方法来制定维修路线，可以使车辆得到充分利用并降低运输成本。本节以最小化检修卡车的行驶路径为目标函数，确定最佳的回收路径。

设站点 i 的经纬度为 (x_i, y_i)，站点 j 的经纬度为 (x_j, y_j)，则站

点 i 和站点 j 的实际距离公式为：

$$d_{ij} = R \times \arccos[\sin y_i \sin y_j + \cos y_i \cos y_j \cos(x_i - y_i)] \quad (12-19)$$

其中，$R=6371$ 千米，是地球半径，对于站点之间的实际距离，我们采用单车站点的经纬度来计算。

对于故障共享单车的检查维修路径问题，可以看成 TSP 问题，我们选定一个站点为起始站点，检修卡车从起始站点出发，依次经过其他站点检修故障单车，并且每个站点只经过一次，最后又回到起始站点，使检修卡车经过的总路程最短的路径即为最优检修路径，公式如下：

$$\min Z = \sum_{i=1}^{n} \sum_{j=1}^{n} d_{ij} x_{ij} \quad (12-20)$$

约束条件：

$$\sum_{j=1}^{n} x_{ij} = 1, (i = 1, 2, \cdots, n) \quad (12-21)$$

$$\sum_{i=1}^{n} x_{ij} = 1, (j = 1, 2, \cdots, n) \quad (12-22)$$

$$\sum_{i,j \in S} x_{ij} \leq R - 1, 2 \leq |R| \leq n - 2, R \subset \{1, 2, \cdots, n\} \quad (12-23)$$

$$x_{ij} \in \{0, 1\}, (i, j = 1, 2, \cdots, n) \quad (12-24)$$

其中，公式（12-20）为目标函数，d_{ij} 表示站点 i 和站点 j 之间的距离；公式（12-21）和公式（12-22）表示检修卡车经过每个站点有且只有一次；公式（12-23）表示检修卡车不能重复经过任何一个站点；公式（12-24）是决策变量约束，1 表示已经过的站点，0 表示未经过的站点。

根据上述得到的故障共享单车，对所建立的检修路径模型进行验证。根据故障单车最终被退还的站点，可以知道每个站点的经纬度坐标，用以求解站点之间的实际距离。我们对健康状况最差的 40 辆共享单车进行检修，涉及 36 个站点，具体经纬度位置信息见表 12-9，可视化如图 12-8 所示，其中经纬度分别表示横纵坐标建立站点的分布状况。

表 12-9　　　　　　　　　　站点的经纬度坐标

站点代码	站点名称	经度	纬度	计数
4071	金地商城	111.6932	40.8100	2
4018	天泽建筑	111.7086	40.8188	1
3005	通达南站	111.6691	40.7988	1
4098	内蒙古食品药品监督管理局	111.7096	40.7850	1
4127	锦泰巷	111.7169	40.8326	1
1061	公主府公园	111.6631	40.8402	1
1045	铁路游泳馆	111.6781	40.8350	1
1040	供应仓库	111.7631	40.8092	1
1109	新城宾馆西门	111.6861	40.8244	1
…	…	…	…	…

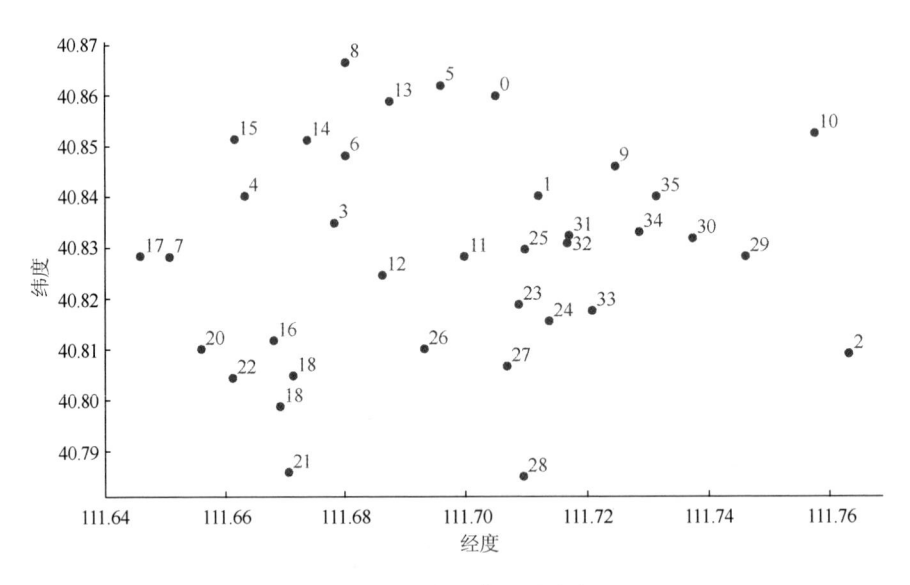

图 12-8　各站点位置分布

从图 12-8 中可以清楚看到需要检修卡车访问的各站点的位置，我们可以将某一站点作为检修卡车的起始站点，检修卡车从起始站点出发，完成对各个站点中故障单车的检修后再回到起始站点。经遗传算法对参数进行调整后得出了各个参数的值（见表 12-10）。

表 12-10　　　　　　　　　遗传算法参数值

参数	值	参数	值
种群规模	300	变异概率	0.1
交叉概率	0.9	最大迭代次数	1000

根据表 12-10 的参数设置，对需要检修的各站点进行模型求解，优化过程如图 12-9 所示。观测到在迭代次数为 200 次的情况下目标已稳定。

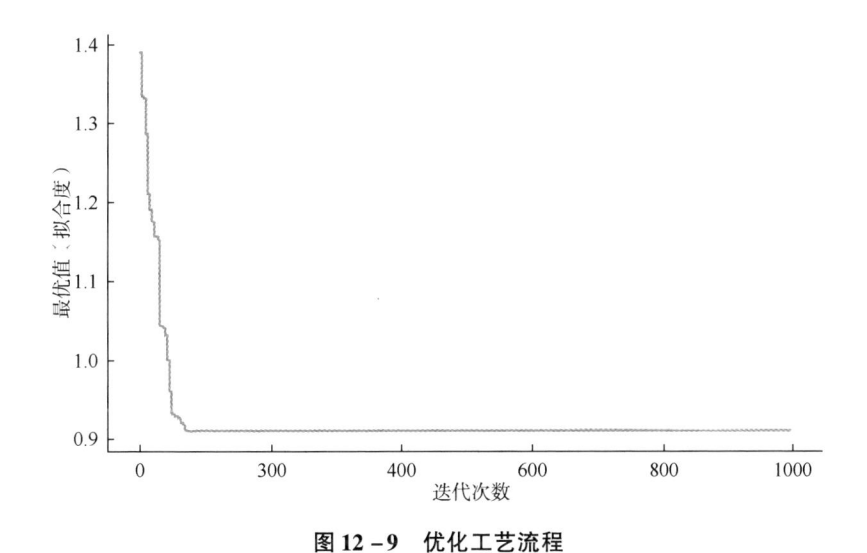

图 12-9　优化工艺流程

最终得到对于故障单车的各个站点的最短检修路径为，1→16→15→6→17→7→22→18→21→19→5→13→11→3→34→32→35→9→

10→30→2→29→12→25→0→8→14→4→20→26→28→27→24→23→33→31→1。具体检修路径图如图 12-10 所示。其中，我们假设站点 1 为起始站点，对其他站点中共享单车的检修次序用有向箭头标出。在检修路径最短的情况下，经过大量计算可以得出检修卡车的最佳检修路线。

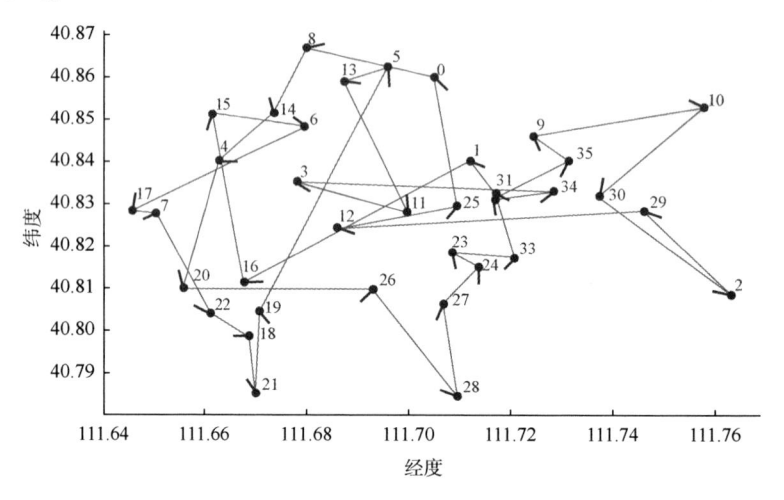

图 12-10 故障车辆检修路径

第五节 本章小结

首先，我们在本章的研究中，根据不同的可用性变化趋势提出一种简单的预防性维护优化模型，有助于减缓共享单车的劣化趋势。优化结果为目标共享单车系统提供了非常灵活的基于时间的预防性维护策略。其次，我们根据预防性维护策略提出管理建议。由于用户在不同时间段下的骑行需求不同，导致共享单车无车可租、无桩可还的现象频频发生，使共享单车在出行方式中的分担率直线下降。因此，根据真实需求的预测结果，以成本最小作为目标函数建立调度模型，从而对共享单车系统的再平衡进行深入研究，在提高用户满意度的同时尽可能地减少共享单车系统的运营成本。最后，我们认为，针对故障的共享单车，应及时安排回收维修任务，防止故障的单车继续停在站点中，影响用户出行安全以及增加维修成本。由于站点间的行驶距离以及在不同站点中故障单车的数量不同，检修卡车在规划检修路线时方案不唯一。若选择合理可行的优化方法来制定维修路线，可以使车辆得到充分利用并降低运输成本。本章以最小化检修卡车的行驶路径为目标函数，使用遗传算法确定了最佳的回收路径，并基于真实数据验证了提出方法的有效性。

第十三章 总结

本书通过对呼和浩特市共享单车系统的用户出行数据分析，总结提出了两个关键科学问题，一是广义的共享单车可用性分析及预测问题，二是无失效数据情形下的共享单车可用性分析及不可用单车识别问题。

针对广义共享单车可用性分析及预测问题，本书给出了三种研究思路，分别是基于离散事件仿真的共享单车系统可用性建模及迁移预测方法研究、基于深度学习的共享单车系统可用性预测方法研究、基于谱聚类和随机森林的用户出行需求预测研究。研究结果发现，呼和浩特市共享单车系统存在严重的隐性需求未被满足的问题，为了快速得出各个站点的隐性需求，分别通过深度学习方法和迁移学习思想给出了预测结果。

针对无失效数据情形下的共享单车可用性水平分析及不可用共享单车识别问题，本书在前人研究的基础上，创新性地应用用户退租数据——用户在较短时间内发生的退换车行为数据进行共享单车可用性水平分析及相对可用性水平排序。针对收集的数据特点，本书给出了基于函数型主成分分析的共享单车机群可用性劣化趋势分析。研究结果发现，共享单车的平均健康率由最初的 90.7% 下降到 86.1%，整体健康水平下降约 5 个百分点，并应用函数型聚类找出了不同类别共享单车的劣化速度及差异。对于单个共享单车的可用性水平，本书给出了基于贝叶斯模型的共享单车不可用水平分析方法，从而准确地估算单个共享单车的可用性水平。该评估方法对无退租现象发现的共享单车不适用，因此，本书还给出了基于出行链、基于强化学习和 PageRank 算法的共享单车相对可用性排序方法。

依据以上分析结果，如何进行运维管理是本书的第三个研究内容。这部分研究内容主要聚焦基于共享单车系统可用性的预防维修优化、基于真实需求预测的调度优化和基于不可用共享单车的检修路径优化等内容。这部分的研究结果对于共享单车企业开展共享单车的精细化运维管理具有现实指导意义。

本书研究的出发点依然认为共享单车是绿色交通、绿色出行的重要组成部分。在我们最近完成的一项研究内容中，进一步论证了共享单车所能带来的环境效益，并量化了共享单车系统中的隐性需求被释放所能带来的环境效益。[①] 基于共享单车的绿色经济形式，我们呼吁政府、企业、消费者协同合作。为促进消费者使用共享单车，政府和企业要打造便捷安全的骑行环境，为单车出行提供基础保障。政府应当加强共享单车与公共交通的连接，完善基础设施，使用电子围栏等技术规范车辆停放，便利用户出行。企业应当利用先进技术提高调度效率，优化维护策略，保证单车的可用性和安全性。为调动消费者的减排积极性，政府和企业可以通过碳积分等方式鼓励用户使用共享单车，企业依据行驶里程为计算碳积分提供数据支持，政府为用户提供环保奖励，用户可凭碳积分获得环保成就、兑换奖品或享受优惠待遇等。提高共享单车环境效益还可以从减少单车碳排放入手，政府可以通过回收补贴鼓励企业对报废车辆进行回收利用，企业也可以通过骑行优惠鼓励用户参与单车调度，

---

① 周瑜、刘珅言：《考虑真实需求的共享单车碳排放效益分析》，《干旱区资源与环境》2024 年第 6 期。

减少调度环节碳排放。

  总之，我们依据所收集的数据集尽可能地呈现了本书所要研究的主题内容，希望研究结果为共享单车的可持续发展提供思路和管理借鉴。当然，受所收集数据集限制，我们还有一些研究思路尚未完全实现，例如，共享单车网络的关键站点识别、共享单车出行占比以及对碳减排的贡献分析、考虑经济效益的共享单车最优维护策略开发等依然需要投入更多精力开展研究。

参考文献

一 中文期刊

白雪等:《考虑维修车辆的公共自行车系统再平衡问题》,《系统工程理论与实践》2018年第9期。

蔡复青等:《基于使用与维修数据的飞机使用可靠性研究》,《系统工程与电子技术》2018年第10期。

常文兵等:《基于文本分析的故障序列模式挖掘算法》,《计算机应用研究》2019年第9期。

陈红等:《公共自行车使用时空特性挖掘及租还需求预测》,《交通运输系统工程与信息》2021年第2期。

戴超凡等:《最大依赖集在不一致数据检测中的应用》,《计算机工程与应用》2019年第15期。

董克、吕文元:《基于历史故障数据的二手设备维护策略优化》,《系统管理学报》2018年第3期。

高桃璇等:《基于函数型数据的中国经济区划分》,《数理统计与管理》2018年第4期。

高伟、冯海林:《竞争风险下右删失数据的剩余寿命分位数回归预测》,《统计与决策》2018年第21期。

高文科等:《存在故障相关及不完备检测的主辅并联系统可靠性建模与

维修策略》，《自动化学报》2015 年第 12 期。

郝虹斐等：《非完美维修情境下的预防性维修多目标决策模型》，《上海交通大学学报》2018 年第 5 期。

黄文平等：《基于变失效阈值的竞争失效可靠性模型》，《系统工程与电子技术》2017 年第 4 期。

姜晓等：《基于多尺度时空聚类的共享单车潮汐特征挖掘与需求预测研究》，《地球信息科学学报》2022 年第 6 期。

揭丽琳、刘卫东：《基于使用可靠性区域粒度的产品保修期优化决策》，《计算机集成制造系统》2020 年第 1 期。

金灿灿等：《基于 SDG 和灰色聚类的系统故障风险评估方法》，《系统工程理论与实践》2015 年第 4 期。

林雨平等：《基于 Logistic 回归的公共自行车出行特征分析——以福州市为例》，《交通运输研究》2017 年第 3 期。

蔺顺锋等：《基于函数型数据分析视角的我国副省级城市年平均工资差异研究》，《现代管理科学》2015 年第 3 期。

刘恒孜等：《共享单车需求预测及调度优化》，《科学技术与工程》2021 年第 35 期。

马晓洋等：《基于物联网技术的科技基础设施智能管理的可靠性研究》，《控制与决策》2019 年第 5 期。

乔少杰等：《基于数据场聚类的共享单车需求预测模型》，《软件学报》2022 年第 4 期。

乔健等：《考虑可变环境因素的公共自行车短期需求预测模型》，《计算机应用研究》2022 年第 8 期。

时中朝等：《基于朴素贝叶斯分类器的公共自行车系统故障诊断方法》，《中国机械工程》2019 年第 8 期。

孙丰杰等：《面向智能电网大数据关联规则挖掘的频繁模式网络模型》，

《电力自动化设备》2018年第5期。

孙一榕、郑国华：《故障共享单车回收站选址库存问题模型及算法》，《工业工程与管理》2022年第6期。

王陆一等：《中小城市公共自行车出行模式与驱动机制研究》，《地球信息科学学报》2019年第1期。

徐国勋等：《考虑损坏自行车回收的共享单车调度问题》，《系统工程》2019年第2期。

徐阳等：《不确定需求下故障共享单车回收周期性车辆路径问题研究》，《系统科学与数学》2022年第2期。

徐宗昌等：《复杂可修装备维修策略优化研究综述》，《计算机测量与控制》2018年第12期。

许美贤、郑琰：《城市故障共享单车回收路径优化——以摩拜单车为例》，《科学技术与工程》2021年第13期。

鄢章华、刘蕾：《考虑服务水平与动态转移规律的共享单车投放策略研究》，《中国管理科学》2019年第9期。

姚运志等：《考虑失效相关的多部件系统最优预防维修策略》，《计算机集成制造系统》2013年第12期。

张春、周静：《动车组故障关联规则挖掘优化算法研究与应用》，《计算机与现代化》2017年第9期。

张婷婷等：《基于动态分类器集成选择的不完整数据客户分类方法实证研究》，《管理评论》2012年第6期。

张巍等：《基于损坏车辆分布预测与损益阈值分析下的共享单车回收研究》，《工业工程》2020年第3期。

张勇亮等：《一种基于粒度相关向量机的故障预测方法》，《计算机与现代化》2016年第9期。

赵阳、徐田华：《基于文本挖掘的高铁信号系统车载设备故障诊断》，

《铁道学报》2015 年第 8 期。

周瑜、刘珅言：《考虑真实需求的共享单车碳排放效益分析》，《干旱区资源与环境》2024 年第 6 期。

朱才华等：《考虑土地利用的城市公共自行车需求预测》，《华南理工大学学报》（自然科学版）2022 年第 3 期。

朱玮等：《公共自行车系统影响下居民出行的变化与机制研究——以上海闵行区为例》，《城市规划学刊》2012 年第 5 期。

二　中文学位论文及会议论文

陈俊池：《基于函数型数据聚类分析的股票投资组合策略研究》，硕士学位论文，华侨大学，2020 年。

陈宜治：《函数型数据分析若干方法及应用》，博士学位论文，浙江工商大学，2012 年。

蒋仁言、费晨磊：《四个不同的可靠性概念及有关的模型》，2011 年全国机械行业可靠性技术学术交流会暨第四届可靠性工程分会第三次全体委员大会，山西大同，2011 年。

刘宝宇：《函数型数据分析方法在 GDP 研究中的应用》，硕士学位论文，哈尔滨工业大学，2020 年。

王菁蓉：《函数型主成分分析及函数型线性回归模型的研究及应用》，硕士学位论文，重庆工商大学，2020 年。

三　英文著作

A. Kabra, E. Belavina and K. Girotra, "Bike-Share Systems: Accessibility and Availability", (*in English*), *Management Science*, Vol. 66, No. 9, 2020.

A. Alzghoul and M. Löfstrand, "Increasing Availability of Industrial Systems through Data Stream Mining", *Computers & Industrial Engineering*, Vol. 60, No. 2, 2011.

A. A. Abdelaal, S. e. Abed, M. Al-Shayeji, et al., "Customized Frequent Patterns Mining Algorithms for Enhanced Top-Rank-K Frequent Pattern Mining", *Expert Systems with Applications*, Vol. 169, 2021.

A. A. Kadri, I. Kacem and K. Labadi, "A Branch-and-Bound Algorithm for Solving the Static Rebalancing Problem in Bicycle-Sharing Systems", *Computers & Industrial Engineering*, Vol. 95, 2016.

A. Bahga and V. K. Madisetti., "Analyzing Massive Machine Maintenance Data in a Computing Cloud", *IEEE Transactions on Parallel and Distributed Systems*, Vol. 23, No. 10, 2012.

A. Birolini, *Reliability Engineering: Theory and Practice*, Springer-Verlag, 2014.

A. C. Bernatchez, L. Gauvin, D. Fuller, et al., "Knowing about a Public Bicycle Share Program in Montreal, Canada: Are Diffusion of Innovation and Proximity Enough for Equitable Awareness?", *Journal of Transport & Health*, Vol. 2, No. 3, 2015.

A. Faghih-Imani, N. Eluru, A. M. El-Geneidy, et al., "How Land-Use and Urban Form Impact Bicycle Flows: Evidence from the Bicycle-Sharing System (BIXI) in Montreal", *Journal of Transport Geography*, Vol. 41, 2014.

A. Kaltenbrunner, R. Meza, J. Grivolla, et al., "Urban Cycles and Mobility Patterns: Exploring and Predicting Trends in a Bicycle-Based Public Transport System", *Pervasive and Mobile Computing*, Vol. 6, No. 4, 2010.

A. LoMauro, A. Colli, L. Colombo, et al., "Breathing Patterns Recognition: A Functional Data Analysis Approach", *Compute Methods Programs*

Biomed, Vol. 217, 2022.

A. Mosallam, K. Medjaher and N. Zerhouni, "Data-Driven Prognostic Method Based on Bayesian Approaches for Direct Remaining Useful Life Prediction", *Journal of Intelligent Manufacturing*, Vol. 27, No. 5, 2014.

A. Negahban, "Simulation-Based Estimation of the Real Demand in Bike-Sharing Systems in the Presence of Censoring", *European Journal of Operational Research*, Vol. 277, No. 1, 2019.

A. Pérez-Suárez, J. F. Martínez-Trinidad, J. A. Carrasco-Ochoa, et al., "An Algorithm Based on Density and Compactness for Dynamic Overlapping Clustering", *Pattern Recognition*, Vol. 46, No. 11, 2013.

A. Rodriguez and A. Laio, "Clustering by Fast Search and Find of Density Peaks", *Science*, Vol. 344, No. 6191, 2014.

A. Theissler, "Detecting Known and Unknown Faults in Automotive Systems Using Ensemble-Based Anomaly Detection", *Knowledge-Based Systems*, Vol. 123, 2017.

A. Widodo, et al., "Fault Diagnosis of Low Speed Bearing Based on Relevance Vector Machine and Support Vector Machine", *Expert Systems with Applications*, Vol. 36, No. 3, 2009.

B. Kutela and E. Kidando, "Towards a Better Understanding of Effectiveness of Bike-Share Programs: Exploring Factors Affecting Bikes Idle Duration", *American Academic Scientific Research Journal for Engineering, Technology, and Sciences*, Vol. 29, No. 1, 2017.

B. M. Vishkaei, M. Fathi, M. Khakifirooz, et al., "Bi-objective Optimization for Customers' Satisfaction Improvement in a Public Bicycle Sharing System", *Computers & Industrial Engineering*, Vol. 161, 2021.

B. Taşcı, A. Omar and S. Ayvaz, "Remaining Useful Lifetime Prediction for

Predictive Maintenance in Manufacturing", *Computers & Industrial Engineering*, 2023.

B. Zhang, K. Zheng, Q. Huang, et al., "Aircraft Engine Prognostics Based on Informative Sensor Selection and Adaptive Degradation Modeling with Functional Principal Component Analysis", *Sensors*, Vol. 20, No. 3, 2020.

C. Chen, Y. Liu, X. Sun, C. D. Cairano-Gilfedder, et al., "An Integrated Deep Learning-Based Approach for Automobile Maintenance Prediction with GIS Data", *Reliability Engineering & System Safety*, Vol. 216, 2021.

C. C. R. Campbell A. A., Ryerson M. S., et al., "Factors Influencing the Choice of Shared Bicycles and Shared Electric Bikes in Beijing", *Transportation Research Part C: Emerging Technologies*, Vol. 67, 2016.

D. R. Cox and I. Coll, "The Statistical Analysis of Dependencies in Point Processes", *Stochastic Point Processe*, 1972.

C. Fan, F. Xiao, Z. Li, et al., "Unsupervised Data Analytics in Mining Big Building Operational Data for Energy Efficiency Enhancement: A Review", *Energy and Buildings*, Vol. 159, 2018.

C. Feng, J. Hillston and D. Reijsbergen, "Moment-Based Availability Prediction for Bike-Sharing Systems", *Performance Evaluation*, Vol. 117, 2017.

C. Fricker and N. Gast, "Incentives and Redistribution in Homogeneous Bike-Sharing Systems with Stations of Finite Capacity", *EURO Journal on Transportation and Logistics*, Vol. 5, No. 3, 2012.

C. Liu, X. Gao and X. Wang, "Data Adaptive Functional Outlier Detection: Analysis of the Paris Bike Sharing System Data", *Information Sciences*, Vol. 602, 2022.

C. McCollin and S. Coleman, "Historical Published Maintenance Data: What Can It Tell Us About Reliability Modelling?", *Quality and Reliability Engineering International*, Vol. 30, No. 3, 2014.

C. Médard de Chardon, G. Caruso and I. Thomas, "Bike-Share Rebalancing Strategies, Patterns, and Purpose", *Journal of Transport Geography*, Vol. 55, 2016.

C. Xu, J. Ji and P. Liu, "The Station-Free Sharing Bike Demand Forecasting with a Deep Learning Approach and Large-Scale Datasets", *Transportation Research Part C: Emerging Technologies*, Vol. 95, 2018.

D. Zhang, C. Yu, J. Desai, et al., "A Time-space Network Flow Approach to Dynamic Repositioning in Bicycle Sharing Systems", *Transportation Research Part B: Methodological*, Vol. 103, 2017.

D. An, N. H. Kim and J. H. Choi, "Practical Options for Selecting Data-Driven or Physics-Based Prognostics Algorithms with Reviews", *Reliability Engineering & System Safety*, Vol. 133, 2015.

D. A. Tobon-Mejia, K. Medjaher, N. Zerhouni, et al., "A Data-Driven Failure Prognostics Method Based on Mixture of Gaussians Hidden Markov Models", *IEEE Transactions on Reliability*, Vol. 61, No. 2, 2012.

D. Beretta, S. Grillo, D. Pigoli, et al., "Functional Principal Component Analysis as a Versatile Technique to Understand and Predict the Electric Consumption Patterns", *Sustainable Energy, Grids and Networks*, Vol. 21, 2020.

D. Buck, R. Buehler, P. Happ, et al., "Are Bikeshare Users Different from Regular Cyclists?: A First Look at Short-Term Users, Annual Members, and Area Cyclists in the Washington, D. C., Region", *Transportation Research Record*, Vol. 2387, No. 1, 2013.

D. Chemla, F. Meunier and R. Wolfler Calvo, "Bike Sharing Systems: Solving the Static Rebalancing Problem", *Discrete Optimization*, Vol. 10, No. 2, 2013.

D. C. T. P. Thu N. T. H, Linh-Trung N., "Multi-Source Data Analysis for Bike Sharing Systems", 2017 International Conference on Advanced Technologies for Communications (ATC). *IEEE*, 2017.

D. Ergu, G. Kou, Y. Peng, et al., "A Simple Method to Improve the Consistency Ratio of the Pair-Wise Comparison Matrix in ANP", *European Journal of Operational Research*, Vol. 213, No. 1, 2011.

D. Freund, S. G. Henderson and D. B. Shmoys, "Minimizing Multimodular Functions and Allocating Capacity in Bike-Sharing Systems", *Operations Research*, Vol. 70, No. 5, 2022.

D. Fuller, L. Gauvin, Y. Kestens, et al., "The Potential Modal Shift and Health Benefits of Implementing a Public Bicycle Share Program in Montreal, Canada", *International Journal of Behavioral Nutrition and Physical Activity*, Vol. 10, 2013.

D. Galar, A. Gustafson, B. Tormos, et al., "Maintenance Decision Making Based on Different Types of Data Fusion", *Eksploatacja I Niezawodnosc-Maintenance and Reliability*, Vol. 14, No. 2, 2012.

D. G. Rajpathak, "An Ontology Based Text Mining System for Knowledge Discovery from the Diagnosis Data in the Automotive Domain", *Computers in Industry*, Vol. 64, No. 5, 2013.

D. Mao, Z. Hao, Y. Wang, et al., "A Novel Dynamic Dispatching Method for Bicycle-Sharing System", *ISPRS International Journal of Geo-Information*, Vol. 8, No. 3.

D. Rajpathak and S. De, "A Data and Ontology-Driven Text Mining-Based

Construction of Reliability Model to Analyze and Predict Component Failures", *Knowledge and Information Systems*, Vol. 46, No. 1, 2016.

E. Crisostomi, M. Faizrahnemoon, A. Schlote, et al., "A Markov-Chain Based Model for a Bike-Sharing System", in 2015 International Conference on Connected Vehicles and Expo (ICCVE), 2015.

E. Fishman and P. Schepers, "Global Bike Share: What the Data Tells Us about Road Safety", *Journal of Safety Research*, Vol. 56, 2016.

E. Fishman, S. Washington and N. Haworth, "Barriers and Facilitators to Public Bicycle Scheme Use: A Qualitative Approach", *Transportation Research Part F-Traffic Psychology and Behaviour*, Vol. 15, No. 6, 2012.

E. Fishman, S. Washington and N. Haworth, "Bike Share's Impact on Car Use: Evidence from the United States, Great Britain, and Australia", *Transportation Research Part D: Transport and Environment*, Vol. 31, 2014.

E. Lapira, D. Brisset, H. Davari Ardakani, et al., "Wind Turbine Performance Assessment Using Multi-Regime Modeling Approach", *Renewable Energy*, Vol. 45, 2012.

E. O'Mahony and D. Shmoys, "Data Analysis and Optimization for (Citi) Bike Sharing", Proceedings of the AAAI Conference on Artificial Intelligence, Vol. 29, 2015.

F. A. Olivencia Polo, J. Ferrero Bermejo, J. F. Gomez Fernandez, et al., "Failure Mode Prediction and Energy Forecasting of PV Plants to Assist Dynamic Maintenance Tasks by ANN Based Models", *Renewable Energy*, Vol. 81, 2015.

F. A. O. Polo, et al., "Failure Mode Prediction and Energy Forecasting of PV Plants to Assist Dynamic Maintenance Tasks by ANN-Based Models", *Renewable Energy*, Vol. 81, 2015.

F. D. Jian N., Wiberg H. M., et al., "Simulation Optimization for a Largescal Bike-Sharing System", 2016 Winter Simulation Conference (WSC), 2016.

F. Javier Martinez-de-Pison, A. Sanz, E. Martinez-de-Pison, et al., "Mining Association Rules from Time Series to Explain Failures in a Hot-Dip Galvanizing Steel Line", *Computers & Industrial Engineering*, Vol. 63, No. 1, 2012.

F. Jin, E. Yao and K. An, "Analysis of the Potential Demand for Battery Electric Vehicle Sharing: Mode Share and Spatiotemporal Distribution", *Journal of Transport Geography*, Vol. 82, 2020.

F. Lin, J. Jiang, J. Fan and S. Wang, "A Stacking Model for Variation Prediction of Public Bicycle Traffic Flow", *Intelligent Data Analysis*, Vol. 22, 2018.

F. Mallor, J. A. Moler and H. Urmeneta, "Simulation of Household Electricity Consumption by Using Functional Data Analysis", *Journal of Simulation*, Vol. 12, No. 4, 2018.

F. Marmier, C. Varnier and N. Zerhouni, "Proactive, Dynamic and Multi-Criteria Scheduling of Maintenance Activities", *International Journal of Production Research*, Vol. 47, No. 8, 2009.

F. Primerano, M. Taylor, L. Pitaksringkarn, et al., "Defining and Understanding Trip Chaining Behaviour", *Transportation*, Vol. 35, No. 1, 2008.

F. Reynaud, A. Faghih-Imani and N. Eluru, "Modelling Bicycle Availability in Bicycle Sharing Systems: A Case Study from Montreal", *Sustainable Cities and Society*, Vol. 43, 2018.

F. Schneider, et al., "Trip Chain Complexity: A Comparison among Latent Classes of Daily Mobility Patterns", *Transportation*, Vol. 48, No. 2, 2020.

G. Aneiros, J. Vilar and P. Raña, "Short-Term Forecast of Daily Curves of Electricity Demand and Price", *International Journal of Electrical Power & Energy Systems*, Vol. 80, 2016.

G. Kou, H. Xiao, M. Cao, et al., "Optimal Computing Budget Allocation for the Vector Evaluated Genetic Algorithm in Multi-Objective Simulation Optimization", *Automatica*, Vol. 129, 2021.

G. Kou, O. Olgu Akdeniz, H. Dincer, et al., "Fintech Investments in European Banks: A Hybrid IT2 Fuzzy Multidimensional Decision-Making Approach", *Financ Innov*, Vol. 7, No. 1, 2021.

G. Kou, S. Yüksel and H. Dinçer, "Inventive Problem-Solving Map of Innovative Carbon Emission Strategies for Solar Energy-Based Transportation Investment Projects", *Applied Energy*, Vol. 311, 2022.

G. Levitin, L. Xing and H.-Z. Huang, "Cost Effective Scheduling of Imperfect Inspections in Systems with Hidden Failures and Rescue Possibility", *Applied Mathematical Modelling*, Vol. 68, 2019.

G. Levitin, L. Xing and Y. Dai, "Minimum Cost Replacement and Maintenance Scheduling in Dual-Dissimilar-Unit Standby Systems", *Reliability Engineering & System Safety*, Vol. 218, 2022.

G. L. Fuller D., Kestens Y., "The Potential Modal Shift and Health Benefits of Implementing a Public Bicycle Share Program in Montreal, Canada", *International Journal of Behavioral Nutrition and Physical Activity*, Vol. 10, 2013.

H. Choi, D. Kim, J. Kim, et al., "Explainable Anomaly Detection Framework for Predictive Maintenance in Manufacturing Systems", *Applied Soft Computing*, Vol. 125, 2022.

H. K. Han, H. S. Kim and S. Y. Sohn, "Sequential Association Rules for

Forecasting Failure Patterns of Aircrafts in Korean Airforce", *Expert Systems with Applications*, Vol. 36, No. 2, 2009.

H. Lin, S. Wu, L. Hou U. , et al. , "Finding the Hottest Item in Data Streams", *Information Sciences*, Vol. 430 – 431, 2018.

H. Lu, M. Zhang, S. Su, et al. , "Broken Bike Recycling Planning for Sharing Bikes System", *IEEE Access*, Vol. 7, 2019.

H. Luo, "Comparative Life Cycle Assessment of Station-Based and Dock-Less Bike Sharing Systems", *Resources, Conservation, and Recycling*, Vol. 146, No. 3, 2019.

H. Luo, F. Zhao, W. Chen, et al. , "Optimizing Bike Sharing Systems from the Life Cycle Greenhouse Gas Emissions Perspective", *Transportation Research Part C: Emerging Technologies*, Vol. 117, 2020.

H. R. Guo, H. Liao, W. Zhao, et al. , "A New Stochastic Model for Systems Under General Repairs", *IEEE Transactions on Reliability*, Vol. 56, No. 1, 2007.

H. Si, J. -G. Shi, G. Wu, et al. , "Mapping the Bike Sharing Research Published from 2010 to 2018: A Scientometric Review", *Journal of Cleaner Production*, Vol. 213, 2019.

H. Si, Y. Su, G. Wu, et al. , "Understanding Bike-Sharing Users' Willingness to Participate in Repairing Damaged Bicycles: Evidence from China", *Transportation Research Part A: Policy and Practice*, Vol. 141, 2020.

H. Xiao, C. Lin, G. Kou, et al. , "Reliability Modeling and Configuration Optimization of a Photovoltaic Based Electric Power Generation System", *Reliability Engineering & System Safety*, Vol. 220, 2022.

H. Xiao, K. Yi, H. Liu, et al. , "Reliability Modeling and Optimization of a Two-Dimensional Sliding Window System", *Reliability Engineering & Sys-

tem Safety, Vol. 215, 2021.

H. Xiao, Y. Yan, G. Kou, et al., "Optimal Inspection Policy for a Single-Unit System Considering Two Failure Modes and Production Wait Time", *IEEE Transactions on Reliability*, Vol. 72, No. 1, 2023.

H. Xiao, Y. Zhang, Y. Xiang, et al., "Optimal Design of a Linear Sliding Window System With Consideration of Performance Sharing", *Reliability Engineering & System Safety*, Vol. 198, 2020.

H. Yang, K. Xie, K. Ozbay, et al., "Use of Deep Learning to Predict Daily Usage of Bike Sharing Systems", *Transportation Research Record*, Vol. 2672, No. 36, 2018.

I. M. Wagner-Muns, I. G. Guardiola, V. A. Samaranayke, et al., "A Functional Data Analysis Approach to Traffic Volume Forecasting", *IEEE Transactions on Intelligent Transportation Systems*, Vol. 19, No. 3, 2018.

I. M. Dell M., Novellani S., et al., "A Destroy and Repair Algorithm for the Bike Sharing Rebalancing Problem", *Computers & Operations Research*, Vol. 71, 2016.

J. Jiang, F. Lin, J. Fan, et al., "A Destination Prediction Network Based on Spatiotemporal Data for Bike-Sharing", *Complexity*, Vol. 2019, 2019.

J. A. Silva, E. R. Faria, R. C. Barros, et al., "Data Stream Clustering", *ACM Computing Surveys*, Vol. 46, No. 1, 2013.

J. Bachand-Marleau, B. H. Y. Lee and A. M. El-Geneidy, "Better Understanding of Factors Influencing Likelihood of Using Shared Bicycle Systems and Frequency of Use", *Transportation Research Record*, Vol. 2314, No. 1, 2012.

J. Buddhakulsomsiri and A. Zakarian, "Sequential Pattern Mining Algorithm for Automotive Warranty Data", *Computers & Industrial Engineering*,

Vol. 57, No. 1, 2009.

J. Buddhakulsomsiri, Y. Siradeghyan, A. Zakarian, et al., "Association Rule-Generation Algorithm for Mining Automotive Warranty Data", *International Journal of Production Research*, Vol. 44, No. 14, 2006.

J. F. Lawless and K. Thiagarajah, "A Point-Process Model Incorporating Renewals and Time Trends, with Application to Repairable Systems", *Technometrics*, Vol. 38, No. 2, 1996.

J. Guo, Y.-F. Li, B. Zheng, et al., "Bayesian Degradation Assessment of CNC Machine Tools Considering Unit Non-Homogeneity", *Journal of Mechanical Science Technology*, Vol. 32, No. 6, 2018.

J. Jacques and C. Preda, "Model-Based Clustering for Multivariate Functional Data", *Computational Statistics & Data Analysis*, Vol. 71, 2014.

J. Jeon and S. Y. Sohn, "Product Failure Pattern Analysis from Warranty Data Using Association Rule and Weibull Regression Analysis: A Case Study", *Reliability Engineering & System Safety*, Vol. 133, 2015.

J. J. Dong, L. Wang, J. Gill, et al., "Functional Principal Component Analysis of Glomerular Filtration Rate Curves after Kidney Transplant", *Statistical Methods in Medical Research*, Vol. 27, No. 12, 2018.

J. J. Lin Fei, Fan Jin and Wang Shihua, "A Stacking Model for Variation Prediction of Public Bicycle Traffic Flow", *Intelligent Data Analysis*, Vol. 114, 2018.

J. Lee, D. Kwon, N. Kim, et al., "PHM-Based Wiring System Damage Estimation for Near Zero Downtime in Manufacturing Facilities", *Reliability Engineering & System Safety*, Vol. 184, 2019.

J. Moubray, *Reliability-Centered Maintenance*, South Norwalk: Industrial Press Inc., 2001.

J. O. Ramsay and C. J. Dalzell, "Some Tools for Functional Data Analysis", *Journal of the Royal Statistical Society: Series B (Methodological)*, Vol. 53, No. 3, 1991.

J. Pfrommer, J. Warrington, G. Schildbach, et al., "Dynamic Vehicle Redistribution and Online Price Incentives in Shared Mobility Systems", *IEEE Transactions on Intelligent Transportation Systems*, Vol. 15, No. 4, 2014.

J. Schuijbroek, R. C. Hampshire and W. J. van Hoeve, "Inventory Rebalancing and Vehicle Routing in Bike Sharing Systems", *European Journal of Operational Research*, Vol. 257, No. 3, 2017.

J. Wood, A. Slingsby and J. Dykes, "Visualizing the Dynamics of London's Bicycle-Hire Scheme", *Cartographica*, Vol. 46, No. 4, 2011.

J. Zhao, J. Wang and W. Deng., "Exploring Bikesharing Travel Time and Trip Chain by Gender and Day of the Week", *Transportation Research Part C: Emerging Technologies*, Vol. 58, 2015.

J. Zhou, X. Yao, M. Liu, et al., "State-of-Art Review on New Emerging Intelligent Manufacturing Paradigms", *Computer Integrated Manufacturing Systems*, Vol. 23, No. 3, 2017.

J. Zhou, Y. Guo, J. Sun, et al., "Review of Bike-Sharing System Studies Using Bibliometrics Method", *Journal of Traffic and Transportation Engineering*, 2022.

K. Arif-Uz-Zaman, M. E. Cholette, L. Ma, et al., "Extracting Failure Time Data from Industrial Maintenance Records Using Text Mining", *Advanced Engineering Informatics*, Vol. 33, 2017.

K. Labadi, T. Benarbia, S. Hamaci, et al., "Petri Nets Models for Analysis and Control of Public Bicycle-Sharing Systems", *Petri Nets-Manufacturing and Computer Science*, 2012.

K. Medjaher, D. A. Tobon-Mejia and N. Zerhouni, "Remaining Useful Life Estimation of Critical Components with Application to Bearings", *IEEE Transactions on Reliability*, Vol. 61, No. 2, 2012.

L. Caggiani, R. Camporeale, M. Ottomanelli, et al., "A Modeling Framework for the Dynamic Management of Free-Floating Bike-Sharing Systems", *Transportation Research Part C: Emerging Technologies*, Vol. 87, 2018.

L. Caggiani and M. Ottomanelli, "A Dynamic Simulation Based Model for Optimal Fleet Repositioning in Bike-Sharing Systems", *Procedia-Social and Behavioral Sciences*, Vol. 87, 2013.

L. Caggiani, A. Colovic and M. Ottomanelli, "An Equality-Based Model for Bike-Sharing Stations Location in Bicycle-Public Transport Multimodal Mobility", *Transportation Research Part A: Policy and Practice*, Vol. 140, 2020.

L. Caggiani, R. Camporeale, B. Dimitrijevic, et al., "An Approach to Modeling Bike-Sharing Systems Based on Spatial Equity Concept", *Transportation Research Procedia*, Vol. 45, 2020.

L. Caputi, A. Pidnebesna and J. Hlinka, "Promises and Pitfalls of Topological Data Analysis for Brain Connectivity Analysis", *Neuroimage*, Vol. 238, 2021.

L. Chen, L. J. Zou and L. Tu, "A Clustering Algorithm for Multiple Data Streams Based on Spectral Component Similarity", *Information Sciences*, Vol. 183, No. 1, 2012.

L. H. Guo, W. Zhao, "Practical Methods for Modeling Repairable Systems with Time Trends and Repair Effects", Reliability and Maintainability Symposium, California: IEEE, 2006.

L. Romain Giot, Univ Bordeaux, France Cnrs, et al., "Predicting Bike-share System Usage up to One Day Ahead", 2014 IEEE Symposium on Computational Intelligence in Vehicles and Transportation Systems (CIVTS), 2014.

L. Shi, Y. Zhang, W. Rui, et al., "Study on the Bike-Sharing Inventory Rebalancing and Vehicle Routing for Bike-Sharing System", *Transportation Research Procedia*, Vol. 39, 2019.

L. X. Yang B., Xie M., et al., "A Generic Data-Driven Software Reliability Model with Model Mining Technique", *Reliability Engineering & System Safety*, Vol. 95, No. 6, 2010.

L. Y. F. Peng W, Yang Y. J., et al., "Leveraging Degradation Testing and Condition Monitoring for Field Reliability Analysis with Time-Varying Operating Missions", *IEEE Transactions on Reliability*, Vol. 64, No. 4, 2015.

L. Zhang, Z. Xiao, S. Ren, et al., "Measuring the Vulnerability of Bike-Sharing System", *Transportation Research Part A: Policy and Practice*, Vol. 163, 2022.

L. Z. Rezvanizaniani S. M., Chen Y., et al., "Review and Recent Advances in Battery Health Monitoring and Prognostics Technologies for Electric Vehicle (EV) Safety and Mobility", *Journal of Power Sources*, Vol. 256, 2014.

M. Alkahtani, A. Choudhary, A. De, et al., "A Decision Support System Based on Ontology and Data Mining to Improve Design Using Warranty Data", *Computers & Industrial Engineering*, Vol. 128, 2019.

M. A. López-Campos, A. Crespo Márquez and J. F. Gómez Fernández, "Modelling Using UML and BPMN the Integration of Open Reliability, Maintenance and Condition Monitoring Management Systems: An Application in an Electric Transformer System", *Computers in Industry*, Vol. 64, No. 5, 2013.

M. Bordagaray, A. Fonzone, L. dell'Olio, et al., "Considerations About the Analysis of ITS Data of Bicycle Sharing Systems", *Procedia-Social and Behavioral Sciences*, Vol. 162, 2014.

M. Bordagaray, L. dell'Olio, A. Fonzone, et al., "Capturing the Conditions that Introduce Systematic Variation in Bike-Sharing Travel Behavior Using Data Mining Techniques", *Transportation Research Part C: Emerging Technologies*, Vol. 71, 2016.

M. Compare, F. Antonello, L. Pinciroli, et al., "A General Model for Life-Cycle Cost Analysis of Condition-Based Maintenance Enabled by PHM Capabilities", *Reliability Engineering & System Safety*, Vol. 224, 2022.

M. C. Contardo C., Rousseau L. M., *Balancing a Dynamic Public Bikesharing System*, Montreal: Cirrelt, 2012.

M. Du, L. Cheng, X. Li, et al., "Static Rebalancing Optimization with Considering the Collection of Malfunctioning Bikes in Free-Floating Bike Sharing System", *Transportation Research Part E: Logistics and Transportation Review*, Vol. 141, 2020.

M. Erdoğan and İ. Kaya, "A Systematic Approach to Evaluate Risks and Failures of Public Transport Systems with a Real Case Study for Bus Rapid System in Istanbul", *Sustainable Cities and Society*, Vol. 53, 2020.

M.-F. Tsai, P. Chen and Y. J. Hong, "Enhancing the Utilization of Public Bike Sharing Systems Using Return Anxiety Information", *Future Generation Computer Systems*, Vol. 92, 2019.

M. H. Almannaa, M. Elhenawy and H. A. Rakha, "Dynamic Linear Models to Predict Bike Availability in a Bike Sharing System", *International Journal of Sustainable Transportation*, Vol. 14, No. 3, 2020.

M. Kaspi, T. Raviv and M. Tzur, "Detection of Unusable Bicycles in Bike-Sharing Systems", *Omega*, Vol. 65, 2016.

M. Kaspi, T. Raviv and M. Tzur, "Bike-Sharing Systems: User Dissatisfaction in the Presence of Unusable Bicycles", *IISE Transactions*, Vol. 49, No. 2, 2017.

M. Kaspi, T. Raviv and M. W. Ulmer, "Directions for Future Research on Urban Mobility and City Logistics", *Networks*, 2022.

M. Kijima and U. Sumita, "A Useful Generalization of Renewal Theory: Counting Processes Governed by Non-Negative Markovian Increments", *Journal of Applied Probability*, Vol. 23, No. 1, 1986.

M. Mirabi, S. M. T. Fatemi Ghomi and F. Jolai, "Efficient Stochastic Hybrid Heuristics for the Multi-Depot Vehicle Routing Problem", *Robotics and Computer-Integrated Manufacturing*, Vol. 26, No. 6, 2010.

M. Rawat and B. K. Lad, "Novel Approach for Machine Tool Maintenance Modelling and Optimization Using Fleet System Architecture", *Computers & Industrial Engineering*, Vol. 126, 2018.

M. Sharir, "A Strong-Connectivity Algorithm and Its Applications in Data Flow Analysis", Vol. 7, No. 1, 1981.

M. Traore, A. Chammas and E. Duviella, "Supervision and Prognosis Architecture Based on Dynamical Classification Method for the Predictive Maintenance of Dynamical Evolving Systems", *Reliability Engineering & System Safety*, Vol. 136, 2015.

M. Usama, O. Zahoor, Y. Shen, et al., "Dockless Bike-Sharing System: Solving the Problem of Faulty Bikes with Simultaneous Rebalancing Operation", *Journal of Transport and Land Use*, Vol. 13, No. 1, 2020.

N. Lathia, S. Ahmed and L. Capra, "Measuring the Impact of Opening the London Shared Bicycle Scheme to Casual Users", *Transportation Research Part C: Emerging Technologies*, Vol. 22, 2012.

N. Madenas, A. Tiwari, C. J. Turner, et al., "Improving Root Cause Analysis through the Integration of PLM Systems with Cross Supply Chain Maintenance Data", *International Journal of Advanced Manufacturing Technology*, Vol. 84, No. 5–8, 2016.

N. Mahmood, Z. Wang and S. T. Hassan, "Renewable Energy, Economic Growth, Human Capital, and CO2 Emission: An Empirical Analysis", *Environmental Science and Pollution Research*, Vol. 26, No. 20, 2019.

P. Bergmeir, C. Nitsche, J. Nonnast, et al., "Classifying Component Failures of a Hybrid Electric Vehicle Fleet Based on Load Spectrum Data Balanced Random Forest Approaches Employing Uni-and Multivariate Decision Trees", *Neural Computing & Applications*, Vol. 27, No. 8, 2016.

P. Feng and J. Qian, "Analyzing and Forecasting the Chinese Term Structure of Interest Rates Using Functional Principal Component Analysis", *China Finance Review International*, Vol. 8, No. 3, 2018.

P. H. Tang Y., Fei Y., "Research on Users' Frequency of Ride in Shanghai Minhang Bike-Sharing System", *Transportation Research Procedia*, Vol. 25, 2017.

R. Alvarez-Valdes, et al., "Optimizing the Level of Service Quality of a Bike-Sharing System", *Omega*, Vol. 62, 2016.

R. Briš, P. Byczanski, R. Goňo, et al., "Discrete Maintenance Optimization of Complex Multi-Component Systems", *Reliability Engineering & System Safety*, Vol. 168, 2017.

R. Delassus, R. Giot, R. Cherrier, et al., "Broken Bikes Detection Using

CitiBike Bikeshare System Open Data", in *IEEE Symposium Series on Computational Intelligence*, 2016.

R. Jiang and A. K. S. Jardine, "Health State Evaluation of an Item: A General Framework and Graphical Representation", *Reliability Engineering & System Safety*, Vol. 93, No. 1, 2008.

R. Jiang, "A Novel Two-Fold Sectional Approximation of Renewal Function and Its Applications", *Reliability Engineering & System Safety*, Vol. 193, 2020.

R. Jiang, "A Tradeoff BX Life and Its Applications", *Reliability Engineering & System Safety*, Vol. 113, 2013.

R. J. O., "When the Data are Functions", *Psychometrika*, 1982.

R. Liu, B. Yang, X. Zhang, et al., "Time-Frequency Atoms-Driven Support Vector Machine Method for Bearings Incipient Fault Diagnosis", *Mechanical Systems and Signal Processing*, Vol. 75, 2016.

R. Mix, R. Hurtubia and S. Raveau, "Optimal Location of Bike-Sharing Stations: A Built Environment and Accessibility Approach", *Transportation Research Part A: Policy and Practice*, Vol. 160, 2022.

R. Peng, X. He, C. Zhong, et al., "Preventive Maintenance for Heterogeneous Parallel Systems with Two Failure Modes", *Reliability Engineering & System Safety*, Vol. 220, 2022.

R. Prytz, S. Nowaczyk, T. Rognvaldsson, et al., "Predicting the Need for Vehicle Compressor Repairs Using Maintenance Records and Logged Vehicle Data", *Engineering Applications of Artificial Intelligence*, Vol. 41, 2015.

R. T. Kaspi M, Tzur M., "Bike Sharing Systems: User Dissatisfaction in the Presence of Unusable Bicycles", *IISE Transactions*, Vol. 49, 2017.

R. Villarejo, C. -A. Johansson, U. Leturiondo, et al., "Bottom to Top Approach for Railway KPI Generation", *Management Systems in Production Engineering*, Vol. 25, No. 3, 2017.

S. Ullah and C. F. Finch, "Applications of Functional Data Analysis: A Systematic Review", *BMC Medical Research Methodology*, Vol. 13, No. 1, 2013.

S. A. Shaheen, A. P. Cohen and E. W. Martin, "Public Bikesharing in North America: Early Operator Understanding and Emerging Trends", *Transportation Research Record*, Vol. 2387, No. 1, 2013.

S. Chang, R. Song, S. He, et al., "Innovative Bike-Sharing in China: Solving Faulty Bike-Sharing Recycling Problem", *Journal of Advanced Transportation*, Vol. 2018, 2018.

S. D. O'Mahony E., "Data Analysis and Optimization for (Citi) Bike Sharing", Proceedings of the AAAI Conference on Artificial Intelligence, Vol. 29, 2015.

S. -J. Joo, "Scheduling Preventive Maintenance for Modular Designed Components: A Dynamic Approach", *European Journal of Operational Research*, Vol. 192, No. 2, 2009.

S. Krygsman, T. Arentze and H. Timmermans, "Capturing Tour Mode and Activity Choice Interdependencies: A Co-Evolutionary Logit Modelling Approach", *Transportation Research Part A: Policy and Practice*, Vol. 41, No. 10, 2007.

S. Park, N. Balakrishnan and G. Zheng, "Fisher Information in Hybrid Censored Data", *Statistics & Probability Letters*, Vol. 78, No. 16, 2008.

S. Qiao, et al., "A Dynamic Convolutional Neural Network Based Shared-Bike Demand Forecasting Model", *ACM Transactions on Intelligent Systems and Technology*, Vol. 12, No. 6, 2021.

S. Salvatore, J. Roislien, J. A. Baz-Lomba, et al., "Assessing Prescription Drug Abuse Using Functional Principal Component Analysis (FPCA) of Wastewater Data", *Pharmacoepidemiology and Drug Safety*, Vol. 26, No. 3, 2017.

S. Schmöller and K. Bogenberger, "Analyzing External Factors on the Spatial and Temporal Demand of Car Sharing Systems", *Procedia-Social and Behavioral Sciences*, Vol. 111, 2014.

S. Sohrabi, R. Paleti, L. Balan, et al., "Real-Time Prediction of Public Bike Sharing System Demand Using Generalized Extreme Value Count Model", *Transportation Research Part A: Policy and Practice*, Vol. 133, 2020.

S. W. Y., Ho S. C., "Solving a Static Repositioning Problem in Bike-sharing Systems Using Iterated Tabu Search", *Transportation Research Part E: Logistics and Transportation Review*, Vol. 69, 2014.

S. W. Y. Shui C. S., "Dynamic Green Bike Repositioning Problem—A Hybrid Rolling Horizon Artificial Bee Colony Algorithm Approach", *Transportation Research Part D: Transport and Environment*, Vol. 60, 2018.

S. Zhang, G. Xiang and Z. Huang, "Bike-Sharing Static Rebalancing by Considering the Collection of Bicycles in Need of Repair", *Journal of Advanced Transportation*, Vol. 2018, 2018.

T. Chen, S. Zheng, H. Luo, et al., "Reliability Analysis of Multiple Causes of Failure in Presence of Independent Competing Risks", *Quality and Reliability Engineering International*, Vol. 32, No. 2, 2016.

T. M. Raviv T., Forma I. A., "Stochastic Optimization Models for a Bike-Sharing Problem with Transshipment", *European Journal of Operational*

Research, Vol. 276, No. 1, 2019.

T. Raviv, M. Tzur and I. A. Forma, "Static Repositioning in a Bike-Sharing System: Models and Solution Approaches", *EURO Journal on Transportation and Logistics*, Vol. 2, No. 3, 2013.

T. Rögnvaldsson, S. Nowaczyk, S. Byttner, et al., "Self-Monitoring for Maintenance of Vehicle Fleets", *Data Mining and Knowledge Discovery*, Vol. 32, No. 2, 2017.

T. Yang, Y. Li, S. Zhou, et al., "Dynamic Feedback Analysis of Influencing Factors and Challenges of Dockless Bike-Sharing Sustainability in China", *Sustainability*, Vol. 11, No. 17, 2019.

U. C. Moharana and S. P. Sarmah, "Determination of Optimal Order-Up to Level Quantities for Dependent Spare Parts Using Data Mining", *Computers & Industrial Engineering*, Vol. 95, 2016.

V. R. Khare and R. Chougule, "Decision Support for Improved Service Effectiveness Using Domain Aware Text Mining", *Knowledge-Based Systems*, Vol. 33, 2012.

W. J. L. Chang P. C., Xu Y., et al., "Bike Sharing Demand Prediction Using Artificial Immune System and Artificial Neural Network", *Soft Computing*, Vol. 23, No. 2, 2017.

W. Zi, W. Xiong, H. Chen, et al., "TAGCN: Station-Level Demand Prediction for Bike-Sharing System via a Temporal Attention Graph Convolution Network", *Information Sciences*, Vol. 561, 2021.

X. Chao, G. Kou, T. Li, "Jie Ke versus AlphaGo: A Ranking Approach Using Decision Making Method for Large-Scale Data with Incomplete Information", *European Journal of Operational Research*, Vol. 265, No. 1, 2018.

X. Jia and B. Guo, "Reliability Analysis for Complex System with Multi-Source Data Integration and Multi-Level Data Transmission", *Reliability Engineering & System Safety*, Vol. 217, 2022.

X. Li, Y. Xu, X. Zhang, et al., "Improving Short-Term Bike Sharing Demand Forecast through an Irregular Convolutional Neural Network", *Transportation Research Part C: Emerging Technologies*, Vol. 147, 2023.

X. Li, Y. Zhang, L. Sun, et al., "Free-Floating Bike Sharing in Jiangsu: Users' Behaviors and Influencing Factors", *Energies*, Vol. 11, No. 7, 2018.

X. Liang, G. Si, L. Jiao, et al., "Recycling Scheduling of Urban Damaged Shared Bicycles Based on Improved Genetic Algorithm", *International Journal of Logistics Research and Applications*, Vol. 22, No. 6, 2018.

X. Liang, T. Chen, M. Ye, et al., "A Hybrid Fuzzy BWM-VIKOR MCDM to Evaluate the Service Level of Bike-Sharing Companies: A Case Study from Chengdu, China", *Journal of Cleaner Production*, Vol. 298, 2021.

X. Wang, L. Kou, V. Sugumaran, et al., "Emotion Correlation Mining Through Deep Learning Models on Natural Language Text", *IEEE Transactions on Cybernetics*, Vol. 51, No. 9, 2021.

X. Wang, Y. Chang, V. Sugumaran, et al., "Implicit Emotion Relationship Mining Based on Optimal and Majority Synthesis from Multimodal Data Prediction", *IEEE MultiMedia*, Vol. 28, No. 2, 2021.

X. Wang, Z. Cheng, M. Trépanier, et al., "Modeling Bike-Sharing Demand Using a Regression Model with Spatially Varying Coefficients", *Journal of Transport Geography*, Vol. 93, 2021.

X. Xu, Z. Ye, J. Li, et al., "Understanding the Usage Patterns of Bicycle-Sharing Systems to Predict Users' Demand: A Case Study in Wenzhou,

China", *Computational Intelligence and Neuroscience*, Vol. 2018, 2018.

X. Xu, Z. Ye, J. Li, et al., "Understanding the Usage Patterns of Bicycle-Sharing Systems to Predict Users' Demand: A Case Study in Wenzhou, China", *Comput Intell Neurosci*, Vol. 2018, 2018.

Y. Du, F. Deng and F. Liao, "Model Framework for Discovering the Spatio-Temporal Usage Patterns of Public Free-Floating Bike-Sharing System", *Transportation Research Part C: Emerging Technologies*, Vol. 103, 2019.

Y. Chen, D. Wang, K. Chen, et al., "Optimal Pricing and Availability Strategy of a Bike-Sharing Firm with Time-Sensitive Customers", *Journal of Cleaner Production*, Vol. 228, 2019.

Y. Duan, W. Q. Meeker, D. L. Stanley, et al., "Statistical Methods for Degradation Data with Dynamic Covariates Information and an Application to Outdoor Weathering Data", *Technometrics*, Vol. 57, No. 2, 2015.

Y. He, C. Zhu, Z. He, et al., "Big Data Oriented Root Cause Identification Approach Based on Axiomatic Domain Mapping and Weighted Association Rule Mining for Product Infant Failure", *Computers & Industrial Engineering*, Vol. 109, 2017.

Y. Hong and W. Q. Meeker, "Field-Failure Predictions Based on Failure-Time Data with Dynamic Covariate Information", *Technometrics*, Vol. 55, No. 2, 2013.

Y. Hong, "Reliability Meets Big Data: Opportunities and Challenges", *Quality Engineering*, Vol. 26, No. 1, 2014.

Y. Hong, M. Zhang and W. Q. Meeker, "Big Data and Reliability Applications: The Complexity Dimension", *Journal of Quality Technology*, Vol. 50, No. 2, 2018.

Y. Jin, C. Ruiz and H. Liao, "A Simulation Framework for Optimizing Bike

Rebalancing and Maintenance in Large-Scale Bike-Sharing Systems", *Simulation Modelling Practice and Theory*, Vol. 115, 2022.

Y. Liu, Y. Chen and T. Jiang, "Dynamic Selective Maintenance Optimization for Multi-state Systems Over a Finite Horizon: A Deep Reinforcement Learning Approach", *European Journal of Operational Research*, Vol. 283, No. 1, 2020.

Y. Liu, Y. Chen and T. Jiang, "On Sequence Planning for Selective Maintenance of Multi-State Systems under Stochastic Maintenance Durations", *European Journal of Operational Research*, Vol. 268, No. 1, 2018.

Y. Luo, "Topological Sorting-Based Two-Stage Nested Ant Colony Algorithm for Job-Shop Scheduling Problem", *Journal of Mechanical Engineering*, Vol. 51, No. 8, 2015.

Y. M. Wu Y., Dong S., et al., "Remaining Useful Life Estimation of Engineered Systems Using Vanilla LSTM Neural Networks", *Neurocomputing*, Vol. 275, 2018.

Y. Shen, X. Zhang and J. Zhao, "Understanding the Usage of Dockless Bike Sharing in Singapore", *International Journal of Sustainable Transportation*, Vol. 12, No. 9, 2018.

Y. Song, D. Liu, C. Yang, et al., "Data-Driven Hybrid Remaining Useful Life Estimation Approach for Spacecraft Lithium-Ion Battery", *Microelectronics Reliability*, Vol. 75, 2017.

Y. Teng, H. Zhang, X. Li, et al., "Optimization Model and Algorithm for Dockless Bike-Sharing Systems Considering Unusable Bikes in China", *IEEE Access*, Vol. 8, 2020.

Y. Wang and W. Y. Szeto, "An Enhanced Artificial Bee Colony Algorithm for the Green Bike Repositioning Problem with Broken Bikes", *Transportation*

Research Part C: Emerging Technologies, Vol. 125, 2021.

Y. Wang and W. Y. Szeto, "Static Green Repositioning in Bike Sharing Systems with Broken Bikes", *Transportation Research Part D: Transport and Environment*, Vol. 65, 2018.

Y. Wang, R. Behroozmand, L. P. Johnson, et al., "Topological Signal Processing and Inference of Event-Related Potential Response", *Journal Neurosci Methods*, Vol. 363, 2021.

Y. Yang, A. Heppenstall, A. Turner, et al., "Using Graph Structural Information about Flows to Enhance Short-Term Demand Prediction in Bike-Sharing Systems", *Computers, Environment and Urban Systems*, Vol. 83, 2020.

Y. Yun, H. Chung and C. Moon, "Hybrid Genetic Algorithm Approach for Precedence-Constrained Sequencing Problem", *Computers & Industrial Engineering*, Vol. 65, No. 1, 2013.

Y. Zeng, T. Huang, Y.-F. Li, et al., "Reliability Modeling for Power Converter in Satellite Considering Periodic Phased Mission", *Reliability Engineering & System Safety*, 2022.

Y. Zhang, H. Wen, F. Qiu, et al., "iBike: Intelligent Public Bicycle Services Assisted by Data Analytics", *Future Generation Computer Systems*, Vol. 95, 2019.

Y. Zhang, M. J. G. Brussel, T. Thomas, et al., "Mining Bike-Sharing Travel Behavior Data: An Investigation into Trip Chains and Transition Activities", *Computers, Environment and Urban Systems*, Vol. 69, 2018.

Y. Zhou, B. Li and T. R. Lin, "Maintenance Optimisation of Multicomponent Systems Using Hierarchical Coordinated Reinforcement Learning", *Reliability Engineering & System Safety*, Vol. 217, 2022.

Y. Zhou, G. Kou and D. Ergu, "Analysing Operating Data to Measure the Maintenance Performance", *Quality Reliability Engineering International*, Vol. 31, No. 2, 2015.

Y. Zhou, G. Kou and D. Ergu, "Three-Grade Preventive Maintenance Decision Making", *Proceedings of the Romanian Academy-Series A: Mathematics, Physics*, Vol. 13, No. 2, 2012.

Y. Zhou, G. Kou, H. Xiao, et al., "Sequential Imperfect Preventive Maintenance Model with Failure Intensity Reduction with an Application to Urban Buses", *Reliability Engineering & System Safety*, Vol. 198, 2020.

Y. Zhou, G. Kou, Z.-Z. Guo, et al., "Availability Analysis of Shared Bikes Using Abnormal Trip Data", *Reliability Engineering & System Safety*, Vol. 229, 2023.

Y. Zhou, L. Wang, R. Zhong, et al., "A Markov Chain Based Demand Prediction Model for Stations in Bike Sharing Systems", *Mathematical Problems in Engineering*, Vol. 2018, 2018.

Y. Zhou, M. Zhang, G. Kou, et al., "Travel Preference of Bicycle-Sharing Users: A Multi-Granularity Sequential Pattern Mining Approach", *International Journal of Computers Communications & Control*, Vol. 17, No. 1, 2022.

Y. Zhou, R. Zheng and G. Kou, "Detection Approach for Unusable Shared Bikes Enabled by Reinforcement Learning and PageRank Algorithm", *Journal of Safety Science and Resilience*, Vol. 4, No. 2, 2023.

Z. Haider, A. Nikolaev, J. E. Kang, et al., "Inventory Rebalancing Through Pricing in Public Bike Sharing Systems", *European Journal of Operational Research*, Vol. 270, No. 1, 2018.

Z. Kou, X. Wang, S. F. Chiu, et al., "Quantifying Greenhouse Gas Emissions Reduction from Bike Share Systems: A Model Considering Real-World Trips and Transportation Mode Choice Patterns", *Resources, Conservation and Recycling*, Vol. 153, 2020.

Z. Ahmed, Z. Wang and S. Ali, "Investigating the Non-Linear Relationship Between Urbanization and CO_2 Emissions: An Empirical Analysis", *Air Quality Atmosphere and Health*, Vol. 12, No. 8, 2019.

Z. Haonan, M. Samavati and A. J. Hill, "Heuristics for Integrated Blending Optimisation in a Mining Supply Chain", *Omega*, Vol. 102, 2021.

后　记

本书以共享单车为例，综合运用共享单车用户出行大数据，就共享单车系统的单车可用性，包括单车本身的可用性水平、不可用共享单车识别、广义上的站点可用共享单车水平等进行了广泛讨论和深入的研究。研究结果能够为共享单车精益管理提供模型、方法和技术参考。此外，本书亦是由实践问题提炼的科学问题，进而开展有针对性的探索。其思路、方法、技术路线等依然可以应用于类似的机群系统或者无失效数据的系统。同时期待本书的思路、方法和技术能为共享单车企业或者类似系统管理者带来管理启发和应用实践。

本书的完成，得到多方的大力支持，在此特别感谢导师寇纲教授对本研究工作的指导和支持；感谢国家自然科学基金项目（编号71961025）和内蒙古自治区自然科学基金项目（编号2023MS07005）的资助；感谢我的学生郭珍珠参与撰写本书第四、五章，张梦蝶参与撰写本书第四、十章，郑冉参与撰写本书第六、七、八章，刘珅言参与撰写本书第三、九、十一章；向为本书出版提供支持的中国社会科学出版社致谢。

衷心感谢家人一路的理解、支持和鼓励。无数次给爱人讲解我要开展的研究的思路和创新点，爱人的质疑成了启迪我破解新思路的那道光。作为一名父亲，感慨对女儿的陪伴太少，只期待本书出版时，懵懂的女儿能为此感到骄傲。

此为后记。

周　瑜

2024 年 1 月 16 日